职业教育工业互联网人才培养系列教材

工业互联网平台综合应用

湖南三一工业职业技术学院
树根互联股份有限公司 | 组编

主 编 徐作栋 李 斌 傅子霞
副主编 甘庆军 陈晓柳 王 铭
参 编 罗宇智 刘 照 张志有 陈立峰 赵丽微

U0331445

机械工业出版社
CHINA MACHINE PRESS

本书根据工业互联网平台在工业企业数字化转型中的典型应用案例编写而成，从概念理解到应用实践对工业企业实施数字化转型的过程进行了详细讲解，突出工业互联网平台在企业数字化转型过程中的实际应用。

　　本书首先对工业互联网平台进行了系统介绍，从概念、体系架构、应用价值等方面进行了全面分析；其次从企业数字化转型需求出发，对工业互联网项目进行了需求分析；最后以工业设备数字化改造及工业数字化应用开发实施为主线，按照工业现场实施项目流程，将工业互联网平台在工业现场应用中需要用到的知识和技能融入6个项目中，分别为工业指标体系搭建、工业数据采集与接入平台、工业互联网平台建模、工业互联网平台数据计算、工业互联网平台数据应用和工业设备数字化运维App开发。

　　本书配有课程标准、教学计划、电子课件、习题库等教学资源，重点任务配有操作视频，扫描书中二维码即可观看。凡选用本书作为教材的教师，登录机械工业出版社教育服务网（http：//www.cmpedu.com）注册后可免费下载。咨询电话：010-88379375。

　　本书可作为高等职业院校工业互联网相关专业的教材，还可供从事工业互联网相关工作的工程技术人员参考。

图书在版编目（CIP）数据

工业互联网平台综合应用/徐作栋，李斌，傅子霞主编. —北京：机械工业出版社，2024.3

职业教育工业互联网人才培养系列教材

ISBN 978-7-111-75218-9

Ⅰ．①工⋯　Ⅱ．①徐⋯　②李⋯　③傅⋯　Ⅲ．①互联网络 – 应用 – 工业发展 – 职业教育 – 教材　Ⅳ．①F403–39

中国国家版本馆 CIP 数据核字（2024）第 046058 号

机械工业出版社（北京市百万庄大街22号　邮政编码100037）

策划编辑：王英杰　　　　　　　　责任编辑：王英杰
责任校对：李可意　李　杉　　　　封面设计：王　旭
责任印制：邹　敏
北京富资园科技发展有限公司印刷
2024年5月第1版第1次印刷
184mm×260mm・16印张・405千字
标准书号：ISBN 978-7-111-75218-9
定价：49.80 元

电话服务　　　　　　　　　网络服务
客服电话：010-88361066　　机 工 官 网：www.cmpbook.com
　　　　　010-88379833　　机 工 官 博：weibo.com/cmp1952
　　　　　010-68326294　　金 书 网：www.golden-book.com
封底无防伪标均为盗版　机工教育服务网：www.cmpedu.com

职业教育工业互联网人才培养系列教材
编审委员会

顾问					
三一集团有限公司	胡江学				
金川集团股份有限公司	吕苏环				
浙江大学	贺诗波				
天津职业技术师范大学	李士心				
委员					
树根互联股份有限公司	贺东东	叶 菲	梁敬锋	陈立峰	韩玉春
湖南三一工业职业技术学院	贺 良	徐作栋			
广东轻工职业技术学院	桂元龙	廖永红	伏 波		
广州番禺职业技术学院	卢飞跃	甘庆军			
深圳信息职业技术学院	高 波				
湖南工业职业技术学院	李德尧	段义隆			
湖南信息职业技术学院	李 斌	左光群			
长沙职业技术学院	傅子霞	沈 建			
长沙民政职业技术学院	雷翔霄	陈 英			
河南机电职业学院	张 艳	耿美娟	赵冬玲		
惠州城市职业学院	张方阳				
广州城市职业学院	温炜坚	唐万鹏			
广东科学职业技术学院	吴积军	余正泓			
广州科技贸易职业学院	田 钧				
东莞职业技术学院	郭 轩				
塔城职业技术学院	何清飞				
长春职业技术学院	宋 楠				
沈阳职业技术学院	赵新亚				
山东劳动职业技术学院	张雅美				
济南职业学院	罗小妮				
烟台汽车工程职业技术学院	张 萍				
烟台工程职业技术学院	苏慧伟				
山东信息职业技术学院	韩敬东				
济宁职业技术学院	孟凡文				
山东理工职业技术学院	杨明印				
平凉职业技术学院	靳江伟	惠小军			
新疆能源职业技术学院	殷 杰				
伊犁职业技术学院	陈辉江				

序

工业互联网是新一代网络信息技术与制造业深度融合的产物，是赋能企业进行数字化转型的重要抓手之一，是实现产业数字化、网络化、智能化发展的重要基础设施。我国将工业互联网纳入新型基础设施建设范畴，希望把握住新一轮的科技革命和产业革命，推进工业领域实体经济数字化、网络化、智能化转型，赋能中国工业经济实现高质量发展。

工业企业通过工业互联网技术迈向数字化、智能化已经成为其转型升级的必经之路。而企业数字化转型中的任何业务环节都需要依赖技术能力的支撑，因此需要大量的技术人员基于各类业务场景将工业互联网技术与业务融合，如研发创新、生产制造管理、数字化供应链管理、售后服务运维等。工业互联网人才需要在各种工业应用场景中做到既理解业务又具备专业技术，才能成为企业数字化转型急需的复合型人才。而随着工业互联网的快速发展和产业应用的深入，这类复合型人才匮乏的问题逐渐凸显。目前，我国工业互联网行业人才培养缺乏体系化的教材和课程等资源，且人才分类培养体系尚未形成，如何让人才不再成为发展工业互联网的瓶颈是当下急需解决的问题。

在此背景下，由三一集团有限公司、金川集团股份有限公司、树根互联股份有限公司、湖南三一工业职业技术学院、浙江大学、天津职业技术师范大学等企业和高校组成的编审委员会，深入学习理解党的二十大精神，针对工业互联网人才培养和发展现状进行梳理和研究，围绕工业互联网技术技能人才的培养目标编写了"职业教育工业互联网人才培养系列教材"。本套教材包含《工业互联网技术基础》《工业数字孪生建模与应用》《工业数据采集技术与应用》《工业互联网平台综合应用》《工业边缘计算应用》《工业互联网安全项目实践》《工业数据处理与分析》《工业可视化应用》《设备数字化运维工业 App 的开发与应用》《工业管理软件应用》《工业标识解析应用》等。希望本套教材可以为职业院校工业互联网新赛道的人才培养提供有价值的教材和资源，充分贯彻党的二十大报告中关于"实施科教兴国战略""推进新型工业化"的要求。

编审委员会

　　为贯彻《关于深化现代职业教育体系建设改革的意见》提出的开发专业核心课程与实践能力项目的指导思想，适应工业互联网产业的发展趋势以及复合型人才培养模式创新，本书以工业互联网设备数字化改造及工业数字化应用开发实施为主线，按照工业现场实施项目的真实流程组织编写，将工业互联网平台在工业现场应用中需要用到的知识和技能融入其中。

　　本书的主要内容包括工业指标体系搭建、工业数据采集与接入平台、工业互联网平台建模、工业互联网平台数据计算、工业互联网平台数据应用和工业设备数字化运维 App 开发 6 个项目。每个项目所采用的案例均由树根互联股份有限公司的真实企业案例提炼、转化而来，融合了企业多年关于工业数据采集、工业数据分析、工程实践方面的经验以及代码规范等。

　　本书在项目实施过程中融入了人才素质培养的内容，强调人、机、料、法、环等各方面的精细化管理理念以及遵守代码规范、爱岗敬业的职业精神等。每个任务都介绍了不同岗位工程师的任务和职责，体现了涵盖工业互联网实施全流程所涉及的岗位价值。

　　本书由湖南三一工业职业技术学院徐作栋（编写绪论中的工业互联网平台概述、任务1.1）、湖南信息职业技术学院李斌（编写任务 2.1、任务 2.2）、长沙职业技术学院傅子霞（编写任务 3.1、任务 3.2）任主编，广州番禺职业技术学院甘庆军（编写任务 4.1）、湖南三一工业职业技术学院陈晓柳（编写任务 4.2）、湖南信息职业技术学院王铭（编写任务5.1）任副主编，参与编写的还有湖南三一工业职业技术学院罗宇智（编写任务 5.2）、湖南信息职业技术学院刘照（编写任务 6.1）、湖南信息职业技术学院张志有（编写任务 6.2）、树根互联股份有限公司陈立峰（编写绪论中的工业互联网项目案例需求分析）和赵丽微（编写附录、项目拓展、项目训练）。全书由徐作栋、李斌、傅子霞统稿。

　　在本书编写的过程中，树根互联股份有限公司的资深现场实施工程师李琦、平台技术中心高级总监陈奎亮等提供了许多宝贵的建议，在此深表谢意。

　　由于编者水平有限，书中难免存在疏漏或不足之处，敬请广大读者批评指正。

编　者

二维码索引

名称	二维码	页码	名称	二维码	页码
1. 批量添加"连接变量"属性		77	9. 查看设备报警物实例		101
2. 添加"设备状态"属性		80	10. 查看物实例的工况数据		103
3. 添加"今日开机时长"属性		81	11. 建立趋势分析		103
4. 添加"今日开机率"属性		82	12. 工业机器人实时数据开发		128
5. 添加"今日产量"属性		84	13. 工业机器人任务流运维		139
6. 调试"今日开机时长"属性		85	14. 添加数据源		156
7. 调试"今日产量"属性		86	15. 创建空白模板项目和页面布局规划		160
8. 添加"报警规则"		99	16. 设置设备信息容器		177

（续）

目　录

0.1　工业互联网平台概述

工业互联网是新一代信息通信技术与现代工业技术深度融合的产物，是制造业数字化、网络化、智能化的重要载体，也是全球新一轮产业竞争的制高点。

自 2017 年 11 月 27 日，国务院发布《深化"互联网+先进制造业"发展工业互联网的指导意见》以来，我国工业互联网产业快速发展，工业互联网应用涵盖领域已十分广泛，目前工业互联网已融入 45 个国民经济大类，产业规模超万亿元。产业体系较为健全，行业格局也基本形成。

工业互联网正在推动形成全新的生产制造和服务体系，正成为领军企业竞争的新赛道、全球产业布局的新方向、制造大国竞争的新焦点。作为工业互联网三大要素，工业互联网平台是工业全要素链接的枢纽，是工业资源配置的核心，对于振兴我国实体经济、推动制造业向中高端迈进具有重要意义。

0.1.1　工业互联网平台的认知

1. 工业互联网平台概念

工业互联网是实现第四次工业革命的重要基石。工业互联网为第四次工业革命提供了具体实现方式和推进抓手，通过人、机、物的全面互联，全要素、全产业链、全价值链的全面连接，对各类数据进行采集、传输、分析并形成智能反馈，正在推动形成全新的生产制造和服务体系，优化资源要素配置效率，充分发挥制造装备、工艺和材料的潜能，提高企业生产效率，创造差异化的产品并提供增值服务，加速推进第四次工业革命。

工业互联网产业联盟对工业互联网平台的定义："工业互联网平台是面向制造业数字化、网络化、智能化需求，构建基于海量数据采集、汇聚、分析的服务体系，支撑制造资源泛在连接、弹性供给、高效配置的工业云平台。"

工业互联网平台的本质是"数据+数字化模型＝服务"，如图 0-1-1 所示。其中，数据是工业领域产品和服务全生命周期产生和应用的数据，包括但不限于工业企业在研发设计、生产制造、经营管理、运维服务等环节中生成和使用的数据，以及工业互联网平台企业（以下简称平台企业）在设备接入、平台运行、工业 App 应用等过程中生成和使用的数据。

数字化模型是为一定目的对部分现实世界而做的抽象简化描述，图 0-1-2 所示数字化模型分为两种：一种是机理模型，包括基础理论模型集、流程逻辑模型集、部件模型集、工艺

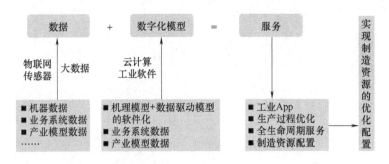

图 0-1-1　工业互联网平台本质

模型集、故障模型集、仿真模型集等。其中，基础理论模型集包括飞机、汽车、高铁等制造过程涉及的流体力学、热力学、空气动力学等模型；流程逻辑模型集包括供应链管理等业务流程中蕴含的逻辑关系；部件模型集包括飞机、汽车、工程机械等涉及的零部件三维模型；工艺模型集包括集成电路、钢铁、石化等生产过程中涉及的多种工艺、配方和参数模型；故障模型集包括设备故障关联、故障诊断模型等；仿真模型集包括风洞、温度场模型等。机理模型本质上是各种经验知识和方法的固化，其更多的是从业务逻辑原理出发，强调的是因果关系。随着大数据技术的发展，一些大数据分析模型也被广泛使用，包括数据分析模型、机器学习模型以及智能控制结构模型。其中，数据分析模型包括对数据做回归、聚类、分类等基本处理的算法模型；机器学习模型包括神经网络等模型，可对数据进行进一步辨识、预测等。大数据分析模型更多的是从数据本身出发，不过分考虑机理原理，更加强调相关关系。

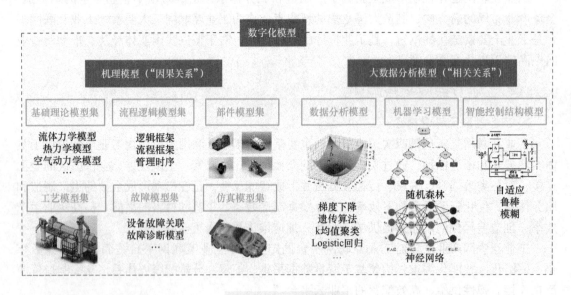

图 0-1-2　数字化模型

　　服务指基于模型对各种数据进行分析、挖掘、处理和展示，以满足协同研发设计、生产设备优化、企业运营决策、设备预测性维护、产品质量检测和产品全生命周期管理等场景需求。

　　工业互联网产业联盟在《工业互联网体系架构（版本 2.0）》中提出了多层级的工业互联网平台架构，包括边缘层、PaaS 层和应用层，如图 0-1-3 所示。

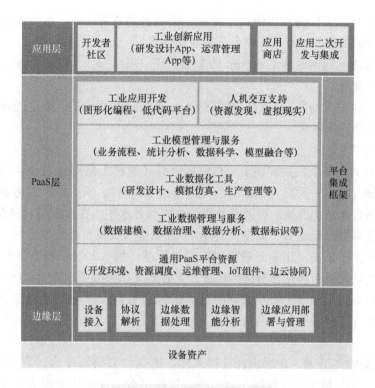

图 0-1-3　工业互联网平台架构

边缘层是工业互联网平台架构的基础，负责工业数据的连接、转换和管理，可实现多维度以及深层次的数据采集，利用协议转换实现工业数据的互联互通和互操作，借助边缘分析和处理能力，满足工业场景低时延的业务需求，为工业互联网平台构建数据基础。

PaaS（平台即服务）层是工业互联网平台架构的核心，提供资源管理、工业数据与模型管理、工业建模分析和工业应用创新等功能，具体介绍如下。

（1）通用 PaaS 平台资源　包括通过云计算 PaaS 等技术对系统资源进行调度和运维管理，同时还集成了边云协同、人工智能、微服务等各种框架，为实现上层业务功能提供支撑。

（2）工业数据管理与服务　包括面向海量工业数据提供数据治理、数据分析、数据建模等服务，以及进行工业模型的分类、标识、检索等集成管理。

（3）工业数据化工具　融合了应用模拟仿真、研发设计、生产管理等工具。

（4）工业模型管理与服务　包括工业机理建模方法和统计分析、人工智能等数据科学建模方法，以实现工业数据价值的深度挖掘分析。

（5）工业应用开发　采用低代码开发、图形化编程等技术来降低开发门槛，帮助业务人员能够不依赖程序员而独立开展高效灵活的工业应用创新。

（6）人机交互支持　PaaS 具备资源发现、虚拟现实等功能，可以实现设备、人、计算机等的互动。

应用层提供工业创新应用、开发者社区、应用商店、应用二次开发与集成等功能。

（1）工业创新应用　针对研发设计、工艺优化、能耗优化、运营管理等智能化需求，构建各类工业 App 应用解决方案，帮助企业实现提质降本增效。

（2）开发者社区　打造开放的线上社区，提供各类资源工具、技术文档、学习交流等服务，吸引海量第三方开发者入驻平台开展应用创新。

（3）应用商店　提供成熟工业 App 的上架认证、展示分发、交易计费等服务，支撑实现工业应用价值变现。

（4）应用二次开发与集成　对已有工业 App 进行定制化改造，以适配特定工业应用场景或是满足用户个性化需求。

2. 根云工业互联网平台

2021 年 1 月，中华人民共和国工业和信息化部（简称工信部）发布了《工业互联网创新发展行动计划（2021—2023 年）》，从"建平台、用平台、筑生态"三方面共同推进，加快工业互联网平台体系化升级，持续提升平台应用服务水平。在懵懂探索和真实的市场验证后，中国工业互联网已经结束"野蛮发展期"，开始进入成长发展阶段。

目前，国内为了落实《工业互联网创新发展行动计划（2021—2023 年）》，促进跨行业跨领域的工业互联网平台强化自身能力建设，更好地支撑和服务制造业高质量发展，工信部开展了多次跨行业、跨领域工业互联网平台（简称"双跨"平台）遴选工作。"双跨"平台代表着国内工业互联网平台的最高水平，也肩负着国家打造有国际影响力的工业互联网平台的使命。

工信部从 2019 年开始，在国内已连续 4 年，遴选"双跨"平台。表 0-1-1 列出了部分2022 年跨行业、跨领域工业互联网平台名单，这些平台不仅代表着国内工业互联网平台的最高水平，也传递出了工业互联网平台纵深发展的政策导向。

表 0-1-1　2022 年跨行业、跨领域工业互联网平台名单

公司名称	平台名称
海尔卡奥斯物联生态科技有限公司	卡奥斯 COSMOPlat 工业互联网平台
航天云网科技发展有限责任公司	航天云网 INDICS 工业互联网平台
徐工汉云技术股份有限公司	汉云工业互联网平台
北京东方国信科技股份有限公司	东方国信 Cloudiip 工业互联网平台
树根互联股份有限公司	根云工业互联网平台
浪潮工业互联网股份有限公司	浪潮云洲工业互联网平台
用友网络科技股份有限公司	用友精智工业互联网平台
重庆忽米网络科技有限公司	忽米 H-IIP 工业互联网平台
阿里云计算有限公司	阿里云 supET 工业互联网平台
……	……

在工业互联网领域，全球著名 IT 研究机构 Gartner 魔力象限从 2018 年开始，对全球工业互联网平台进行评价，并发布了《Magic Quadrant for Industrial IoT Platforms》（全球工业互联网平台魔力象限报告）。其中，2021 年发布的《全球工业互联网平台魔力象限报告》中，列出了全球主要的工业互联网平台，部分名单见表 0-1-2。

表 0-1-2　魔力象限展示工业互联网部分平台名单

公司名称	平台名称
ABB	ABB Ability
Altizon	Datonis IIoT Platform

（续）

公司名称	平台名称
Amazon Web Services	Amazon Web Services
Braincube	Braincube
Davra	Davra
Envision Digital	Envision Operating System
Eurotech	Everyware Cloud
Exosite	Exosite's Murano IoT Platform
树根互联股份有限公司	ROOTCLOUD

值得一提的是，从 2019 年开始，国内头部工业互联网企业树根互联股份有限公司的根云平台（ROOTCLOUD），连续三年作为唯一的中国工业互联网平台被 Gartner 纳入《全球工业互联网平台魔力象限报告》，意味着工业 4.0 时代，中国的工业互联网技术与全球领先企业同步起跑。

本书所涉及的工业互联网平台的操作基于根云平台，同时，根云平台着力于强化工业互联网平台纵深，是帮助工业企业打造从设备接入、物联呈现到行业应用的端到端深度价值解决方案的运营平台，为工业企业落地工业互联网提供端到端成本最低、效率最优、可靠性最强的解决方案，专注打造工业互联网操作系统，为产业数字化转型提供新基座。

图 0-1-4 所示为根云平台的核心能力，根云工业互联网操作系统包括根云操作系统内核、工业大数据引擎、数据智能模型库和应用赋能开发服务四大组成部分，具备完整的操作系统能力；工业边缘服务提供工业设备及生产要素的连接、数据采集和边缘计算等服务；工业 App 是数据驱动的工业应用。

根云工业互联网操作系统核心能力主要包含以下几点。

（1）工业大数据　基于工业设备接入与指令下发、工业数据存储与查询、工业数据建模与计算三大模块，通过快速接入设备、获取设备数据、创建管理模型和数据计算任务、存储数据信息等功能服务，提供物联网应用所需的基础数据一站式接入管理与服务，实现用户对设备的全面信息化管理和智能化控制。

（2）工业数据管理　基于工业大数据能力，提供对 IoT（物联网）设备管理和组织业务主数据管理，帮助用户有效地管理存储在其他各业务系统中的数据（包括设备台账数据、生产工艺数据、产品产量数据、组织和人员数据等），实现 IT/OT（信息技术/操作技术）融合的整合数据管理，支撑运营指标计算或数据共享订阅。

（3）工业模型管理　包括工业指标模型、工业算法模型、工业设备健康模型等工业机理模型的创建、沉淀和复用，实现工业经验与知识工艺的延续，同时可以支撑业务数据的统计分析和可视化，最终为生产运营决策提供有效依据。

（4）应用赋能平台　为应用开发者提供依托于根云平台快速构建业务应用的能力，包括在项目交付过程中积累的通用组件和行业组件、直观简单的低代码开发工具、统一的容器及开发框架等能力，让开发者可以更加专注于业务逻辑的实现，降低研发、运营和运维成本，缩短应用开发周期。

（5）统一运维平台　为客户和运维人员提供包括基础设施、中间件、应用服务和业务等各层级的监控覆盖能力，通过提供日志管理、监控指标可视化、告警通知和处理等功能，

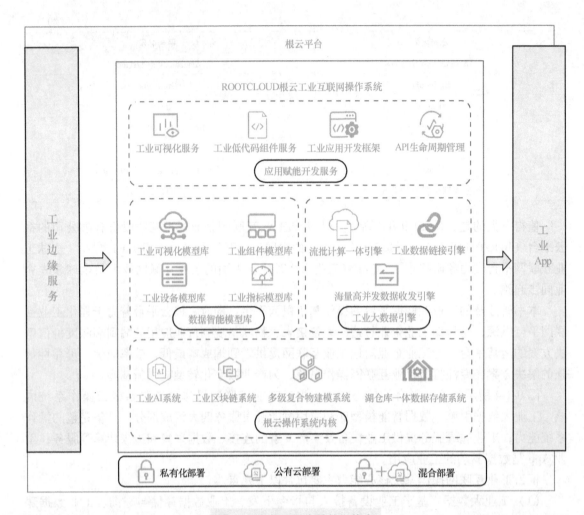

图 0-1-4　根云平台的核心能力

最终形成"监、管、控、营、服"一体化、全方位的可视、智能运维管理体系。

0.1.2　工业互联网平台的价值

当前，我国"十四五"规划将发展工业互联网作为重点工作之一，中国工业互联网发展正在扎实稳健推进。工业互联网平台作为工业互联网的关键支撑，从工业互联网平台实现的技术架构上看，其主要价值包含以下三点。

（1）连接　可以帮助企业实现全要素、全价值链的连接。

（2）数据　利用大数据帮助企业做决策。

（3）智能化的决策或者决策的自动化　实现精准决策。

如何理解工业互联网平台带来的应用价值呢？在当今经济大环境下，企业经营者的关注点有四大类：成本、收入、质量、安全，如图 0-1-5 所示，这带来了如下关键问题：

1）生产成本和制造费用核算是否精准？能否进一步优化？

2）设备利用率到底如何？工人的生产效率是否最优？生产瓶颈、冗余设备在哪里？生产节拍是否可以进一步优化？

3）产品、服务的知识和经验能否固化？能否提前预知风险事件，而非事后纠偏？安全环保的要求是否真正被满足？

图 0-1-5　企业经营者的关注点

因此，企业需要借助新的数字化手段，借助工业互联网平台，帮助企业做相应的提升。从工业互联网平台实际应用上看，其价值主要体现在三个方面：盘活物理资产、盘活信息资产、盘活知识资产。因此，需解决下面三个问题：

1）如何盘活企业的物理资产。如何将生产要素（人、机、料、法、环）连接起来，以提升生产要素的效率。

2）如何盘活信息化资产。对于已有的 IT 系统，如何提升数据及时有效性、数据标准一致性。

3）如何盘活知识资产。将人力资产传承以及"人治+经验"向"数智+规则"升级。

1. 盘活物理资产

图 0-1-6 所示是某汽车生产企业（以下以"小树汽车"代指）内部的设备采购审批流程，数据逐级上报，经过综合分析，再经过多层级的人工判断，最终做出决定。

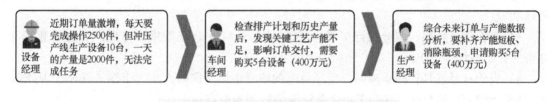

图 0-1-6　小树汽车内部的设备采购审批流程

传统的 IT 管理是由设备生产数据（工人计件、班长核件均为人工统计，部分企业为 MES 统计）到车间产能数据（人工收集汇总统计，部分企业为 MES 统计），再到数据交叉分析（人工汇总统计），最后，基于传统 IT 管理的流程做出的决策就是要购买设备，这一决策也存在相关风险。

与传统管理做法不同的是基于工业互联网的做法，从设备生产数据（自动采集）到车间产能数据（自动运算），再到数据交叉分析得出分析结论（报告自动导出）。工业互联网的监控将设备分为待机、生产及关机状态，自动采集相关数据，发现实际生产时间只占设备总体运行的 40%，结合监控视频观察分析，发现 30% 的时间在等料，生产节拍有问题，基于工业互联网的管理，调整工厂生产流程就能解决关键问题，节省购买设备的费用。

通过工业互联网平台，可以获取直接的生产效率数据，从而对设备的采购及封存做出科学的决策，这就是工业互联网平台体现的价值之一：盘活物理资产，能够科学地做出决策，更好地利用存量资产。

2. 盘活信息化资产

一般制造业企业已经建立了大量的信息化系统，其依据数据的时效性等级划分如图 0-1-7 所示。具体如下：

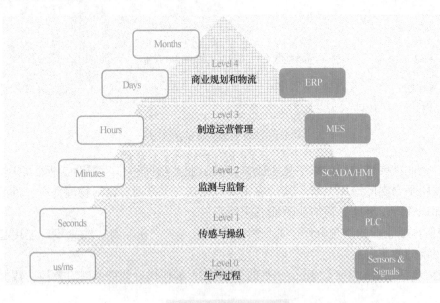

图 0-1-7　信息化系统

1）在生产过程中，首先要通过传感器、执行器和可编程逻辑控制器（PLC）将所有物理对象和参数进行数字化。

2）然后，通过监控和数据采集系统（SCADA）对数据进行采集，以供车间的生产控制和诊断。

3）在管理信息层，制造执行系统（MES）从 SCADA 获取数据，将生产状态提供给企业资源计划系统（ERP）。

4）当所有系统都正确集成时，生产订单的信息也以反向的方式（下游）流动，从 ERP 到 MES，然后到 SCADA，有助于将企业资源部署到制造订单中。

但是，传统信息化系统架构存在许多问题，例如，数据逐层传递，缺乏准确性、时效性、标准性，系统底层架构和设计缺乏一致性。

通过工业互联网平台，可以打破数据壁垒，可以将 OT 数据和 IT 数据进行融合，形成一种新型的、统一的基础架构。工业互联网还可以将工业设备数据和 IT 数据直接连接到工业互联网平台，开发出各种新型工业 App，在数据侧优化质量，统一数据入口，技术侧统一技术架构，基于工业互联网平台进行应用开发、集成、迭代等，兼容传统信息化内容。这就是工业互联网平台的另一个价值：盘活信息化资产，以新技术为支撑，激活企业的信息化资源，提高企业的经营效率。

3. 盘活知识资产

企业随着业务的发展会沉淀下来大量的经验，有些经验是存在资深工人或工程师的"脑子"里的，有些经验是散落在各个业务领域里。通过工业互联网平台，将设备连接起来，把 IT 系统打通，实现对业务经验的挖掘；将业务经验通过量化和固化存储到工业 App，例如，提升产品研发效率、挖掘工艺优化机会，进行物流调度、采集使用行为以分析产品力，实现减碳环保，运用运维知识图谱提升后市场服务等；通过对设备数据的实时获取，通过建立模型与数据之间的指标关系，实现对数据价值和工业知识资产的挖掘。这就是工业互联网的第三个价值：盘活知识资产，挖掘业务经验，量化并固化至新型工业 App 中。

工业互联网平台解决方案主要面向工业企业的生产制造，对企业生产现场的各类生产要素和生产数据（主要包括设备数据和信息系统数据）进行采集和建模，并基于数据和模型对生产设备、生产效率、产品质量、能源、现场安全等进行分析计算，形成数据和模型驱动的各类型工业应用。工业互联网平台可帮助企业实现业务变革，改变原有的业务流程，将传统的高阶、断开滞后的数据转变为实时的、可操作的、一致化的信息，使数据高度标准化，将孤立的决策和行动转变为整体洞察力驱动的、以价值为导向的决策。

0.2　工业互联网项目案例需求分析

0.2.1　行业背景

经过多年发展，中国制造企业的信息化意识越来越强，建设步伐也越来越快，广泛应用 OA（办工自动化）、进销存等管理系统，中大型企业普遍上线 ERP 系统、MES 系统，在流程管理方面奠定了较好的信息化、数字化基础。

但是从总体上来看，许多行业的信息化、数字化系统建设情况并不理想，特别是生产制造车间的数字化、自动化、智能化方面，普遍存在统筹建设不足、业务融合不紧密、全员参与度不够等问题。企业缺乏统一的数据标准，存在数据共享差、平台集成难、"信息孤岛"现象严重以及数字化平台应用水平低等问题。

0.2.2　案例背景

小树汽车是一家乘用车整车制造企业，致力于服务全球用户的智能出行，其业务包括汽车及零部件设计、研发、生产、销售和服务，并在动力电池、氢能、太阳能等清洁能源领域进行全产业链布局，年营业额超过 100 亿元人民币。

小树汽车经过多年的数字化建设，有较好的信息系统基础，但是在日常生产的经营管理中，依然存在不少问题和挑战，以下是小树汽车数字化部门在与生产业务部门多次调研之后，总结的一些典型的问题。

1）设备资产利用率提升难，管理主要靠人工经验，特别是申请采购新设备时，经常要打报告申请很久，没有有效数据支撑，领导决策困难。

2）设备运维方面，经常面临被动抢修，导致非计划停机，维修成本居高不下，设备动力部工作非常被动。

3）生产管理方面，公司推行深入应用精益管理，不断下发优化指标，要求提高生产效率，优化生产节拍，但是一线管理人员无从下手。

1. 设备资产利用率提升难

设备资产利用率低的直接现象为：当车间订单量增加时，发现产能跟不上，无法完成任务，打报告申请采购新设备时，领导要求层层汇报，多轮开会论证，依然难以做决策，导致耗时耗力，效率非常低。

这里的直接矛盾是：领导认为设备产能是足够的，问题是由产能利用不充分造成的，而现场管理人员经过统计分析认为设备是不够用的，需要采购新设备。根本原因是：现场管理人员缺乏准确的数据支持，数据主要来自现场人工统计，如工人计件、班长核件，设备使用靠人工记录，再逐一人工收集汇总，这就高度依赖人工，数据的准确性、完整性都无法得到保障，因此现场管理人员的统计分析很难得出科学、准确的结论。

同样，没有有效的数据支持，现场设备的管理高度依赖人工经验，设备的利用率取决于管理人员的水平、经验以及工人的自觉性。

2. 设备运维被动、成本高

小树汽车是汽车整车制造企业，整车企业的产能往往是产品交付的主要瓶颈，经常会听到汽车企业"产能爬坡"，热门车型需要预付定金、数月后才交车等情况。因此，整车企业设备的持续健康运行对保障持续生产尤为重要。

但是机械设备持续生产运行，设备部件的磨损及其固定使用寿命到期不可避免。特别像汽车生产中的压力机设备，具有设备大型化、造价高、设备运行时承受冲击振动大、故障多的特点，这就导致设备可能面临抢修甚至需要进行不停机维修，而且设备故障维修时间长、费用高，而停产导致的损失更大。

以上情况给维修人员工作带来非常大的挑战和压力，传统企业通过规章制度规范维修人员的行为来保障设备稳定性的方式（如定期巡检、定期保养），已经无法满足生产管理需要，特别是经常面临被动报修、抢修的情况。

企业生产效率的提升、成本的节约来自各个环节的精细化管理和优化，而在现有管理方式下，管理的优化常常面临无从下手，或是因为管理手段的欠缺导致管理成本高而效率低。例如，公司要求优化生产节拍，这时候需要安排现场人员统计单工位上/下料时间数据、单工位加工时间，再从 MES 系统获取订单数据、产量数据等，人工进行等待时间统计和等待频次分析，基于此，再进行排产优化方案设计和优化指令下达。这种原始数据采集效率低且不可持续、人工汇总分析效率低且易失真的优化方式耗时耗力，而且准确性难以保障。

0.2.3 解决方案

针对以上问题，小树汽车公司联系了国内多家企业数字化服务公司，希望通过加强数字化能力进行改善和优化。经过多轮调研和评估，最终选用某工业互联网公司的解决方案。

根据某工业互联网公司的调研和分析，小树汽车当下面临的种种问题，其根本原因主要与数据的获取、整合和应用相关，过于依赖人工采集、层层整合，效率较低、效果一般、效益较差。据统计，在离散制造企业中，70%以上的生产管理问题与数据的准确性差、及时性和完整度低有关，数据的透明化是关键。

这背后有管理成熟度不足、管理手段欠缺等方面的原因，还有一个重要的共性原因：传统制造企业的信息化架构是一种金字塔型架构，导致数据在层层整合中失真，形成了数据金字塔。传统架构存在以下几方面的不足：

1）数据源方面：核心业务数据依赖人工输入，数据准确性、真实性难以得到保证。

2）数据整合方面：层层抽象和聚合，层次越高，原始数据越少，数据完整性、及时性和全面性缺失。

3）数据应用方面：数据利用率低，还停留在基础的报表、台账层面，深度分析无法开展。

当今是信息化与工业化深度融合的时代，工业互联网平台的关键作用是人、机、物的全面连接，人、机、料、法、环数据的采集，融合 IT 和 OT 数据，综合治理、建立数据的全面透明化。透明化是工业数字化转型的必经阶段，透明化的本质在于通过建立实时、准确和全面的数据来实现数字化精益管理，透明化也是走向智能工厂的重要基础。

针对小树汽车面临的问题，优选的解决方案是导入工业互联网平台，其系统实施架构如图 0-2-1 所示。连接现场人、机、料、法、环等各项数据，打通已有信息化系统，对数据进行整合、编排，实现全方位数据透明、精益管理和智能制造。

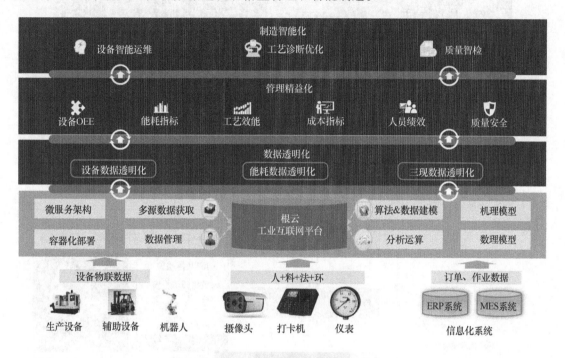

图 0-2-1　系统实施架构

以上解决方案，首先实现了数据的透明化，通过对 IoT 数据进行采集、数字化建模和 IT/OT 数据融合分析，保障了数据的实时性、准确性和完整性，保障了数据可得性。基于实时、准确的数据进行分析和计算，支持设备资产盘活、管理决策、生产优化，实现更科学、更高效、更广泛、更持久的管理优化。

在设备利用率管理方面，通过对设备数据的分析，搭建设备能效指标体系，开发设备数字驾驶舱（图 0-2-2），可以实时、准确地掌握设备的关键指标数据，如开机率、作业率、产量等，在进行设备利用率分析，或者资产采购时可以提供准确、充分的数据支持，管理人员再也不用进行层层汇报、讨论，可以高效、科学地做出决策。

在设备运维方面，开发基于设备实时工况驱动的设备数字化运维系统（图 0-2-3），实现设备的预防性、预测性维护。例如，可以通过设备工况、工艺参数，实时计算关键部件的使用次数和使用时长，从而主动触发预防性保养工单，或者根据设备异常工况参数，触发维修工单。更进一步导入工业人工智能技术，对设备数据进行机器学习、算法建模和分析，可以进行故障预测和设备健康建模。从而变被动为主动，让定期维保变为预防性维保，从根本上解决过往被动抢修的工作模式。

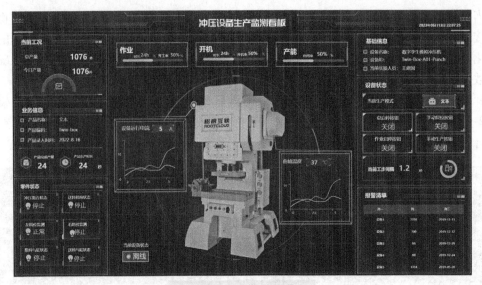

图 0-2-2　设备数字驾驶舱

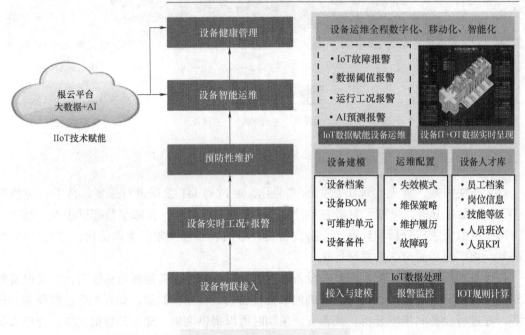

图 0-2-3　设备数字化运维系统

0.2.4　方案实施

　　某工业互联网公司为小树汽车公司规划了基于工业互联网平台的完整解决方案，从工厂现场数字化改造，人、机、料、法、环的全面连接和数据采集，导入领先的工业互联网平台进行数字建模和数据处理，该平台具备良好的扩展性，支持小树汽车持续、全面的数字化转型升级。但是从项目落地实施上，需要分步实施，先解决一部分问题，取得一定成效，再继续深入。整体规划、分步实施也是企业数字化转型过程中最典型的做法。

本书聚焦解决设备利用率管理和设备运维管理两个方面的问题，基于工业互联网平台开发实施设备数字驾驶舱和设备数字运维两个系统。具体的实施工作包括以下6个步骤。

（1）设备指标体系搭建　企业上线一个数字化系统，首先要清楚其需要解决什么问题。业务分析员，分析业务需求，进行设备利用率优化或产能利用率提升，需要哪些数据和指标支撑；进行生产节拍优化，又需要哪些指标作为依据。这就是工业互联网项目实施中首先要进行的工作——业务需求分析。这里，该环节最重要的产出物是设备能效指标。

（2）工业数据采集　数据是一切的源头，项目实施工程师对现场设备进行调研评估，根据设备情况有针对性地设计数据采集方案，进行数据采集设备的安装与调试，完成设备联网和数据采集。

（3）工业互联网平台设备数字建模　数据工程师在工业互联网平台对设备进行数字建模，并完成设备数据接入平台和验证。同时，根据设备机理特征，进行机理建模和设备故障模型管理。

（4）工业数据分析和计算　BI（商业智能）工程师或数据分析工程师根据业务指标需求，对采集到的平台设备数据进行数据计算、任务流开发和调试，完成指标计算并存入数据库。

（5）设备数字驾驶舱搭建　设备数字驾驶舱搭建属于工业数据应用，BI工程师或系统实施工程师基于小树汽车公司现场管理需求，设计和配置设备数字驾驶舱，将设备实时工况、能效指标、产量数据等全面、实时地展示出来，支持直观、准确、实时的现场管理。

（6）设备数字化运维系统开发　应用开发工程师或系统实施工程师，基于低代码平台，开发设备数字运维系统，并进行系统发布和维护。本书选取设备数字运维系统中最典型的业务流程进行开发实现。整体实施方案路径如图0-2-4所示。

图0-2-4　整体实施方案路径

项目 1
工业指标体系搭建

任务 1.1 工业设备指标体系搭建

1.1.1 任务说明

【任务描述】

企业在数字化改造之前，需要先对设备进行数字化改造，数据分析师对数据进行收集、加工和分析，并根据分析结果向管理层提出合理的建议，推动企业数字化改造，实现数据驱动决策。其中，指标体系的搭建是企业数字化改造的关键环节，其目的是通过指标体系的搭建，明确业务方向，提高整体运营效率和质量，并且根据建立的指标体系，制订合理的指标管控方法。搭建指标体系的具体流程包括以下几方面。

1）明确指标构建思路（业务目标、运营要求、业务场景）。

2）梳理运营指标来源（业务需求、运营流程）。

3）构建指标体系框架（一级、二级、三级）。

指标体系的合理搭建可以推动业务的正常开展，因此，本任务中的数据分析师需要根据设备规划，搭建运营指标体系，主要完成以下两项任务。

1）为确保指标体系的合理性，数据分析师需要与各部门沟通，确定各部门的需求，如需明确业务目标、运营场景等。确定指标来源，如业务需求、运营流程。

2）在确定指标来源后，数据分析师需要根据指标体系确定数据采集指标。针对关键指标，进行指标拆解，确定一级指标、二级指标、三级指标以及数据采集指标。

【学习导图】

图 1-1-1 所示为工业设备指标体系搭建的学习导图

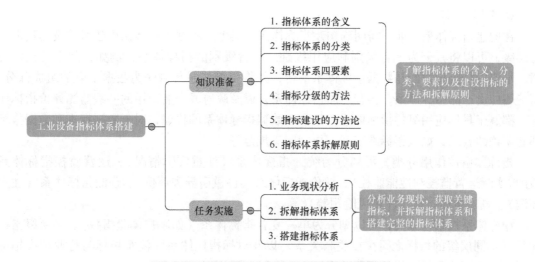

图 1-1-1　工业设备指标体系搭建的学习导图

【任务目标】

知识目标	技能目标	素质目标
1）了解指标体系的含义。 2）了解指标体系的分类。 3）了解指标体系的要素。 4）掌握指标分级的方法。 5）掌握常用的指标建设的方法论。 6）掌握指标体系拆解的 MECE 法则。	1）能够根据企业业务情况和目标规划分析路径。 2）能根据业务目标制订关键指标。 3）能够根据关键指标拆解指标体系。 4）能根据业务需求搭建出运营指标体系。	1）培养学生的逻辑思维和分析问题的能力。 2）培养学生独立思考和解决问题的能力。

1.1.2　知识准备

1. 指标体系的含义

在日常生活中，人们常常接触到的身高、体重、温度等指标，其共同的特性是载体都为数值，差别在于本身的含义不一样。指标是用来定量抽象事实的一个数值，这个抽象过程可以是一次也可以是多次，当一个事实比较容易理解，如某个物品的轻重，可以用"质量"这一个指标来衡量；当一个事实较为复杂的时候，如某个人的胖瘦，就无法用质量来解释，可以经过两次抽象，用"体脂率"来描述；当事实变得更加复杂时，有多层复杂抽象，涉及大量数据，就需要一整套指标体系来量化这个复杂的事实。

指标体系是指将零散单点的、具有相互联系的指标系统化地组织起来，通过单点看全局，通过全局解决单点的问题。它主要由指标和体系两部分组成。指标是指将业务单元细分后量化的度量值，它使得业务目标可描述、可度量、可拆解，是业务和数据的结合，是统计的基础，也是量化效果的重要依据。体系是由不同的维度组成的，是若干有关事务互相联系而构成的整体。维度是指用户观察、思考与表述某事物的思维角度，是指标体系的核心；没有维度，单纯说指标是没有任何意义的。指标体系即多个指标按照一定关系构成的一个整体。

2. 指标体系的分类

在构建指标体系之前，需明确构建指标体系的类型。根据指标体系构建所涉及的数据平台层级，可以将其分为平台级别和应用级别。平台级别的指标体系，例如，阿里巴巴、美团、平安银行等构建的是数据指标体系平台，并将指标体系平台作为数据中台的组成部分。而美团外卖产品指标体系、抖音产品指标体系，以及政府或企业运用的一些监测评价指标体系，都属于具体应用级的指标体系。平台级数据指标体系的构建，对于数据标准和数据指标都有明确的要求，如数据标准统一、指标定义规范等。

指标体系按作用分类，可划分为统计指标体系（注重实际情况）、运营监控指标体系（注重实时运营监控和性能监控）、评价指标体系（注重引导和评价）、预测指标体系（注重预测）、风险指标体系（注重风险预警）等。

指标体系按结构分类，可以划分为单一复合指标体系（如客户体验指数）、多层级指标体系（不同层级的指标之间存在关联关系）以及对标指标体系（注重指标与行业标准指标的对比，而不注重指标间的因果关系）。

指标体系按目标分类，可以划分为战略层次指标（以组织高层为主）、业务运营指标（以组织中层为主）、操作层指标（以基层为主）。

3. 指标体系四要素

指标体系四要素包含关键指标、子指标、过程指标以及指标之间的关系，这种关系通常体现为四则运算，如图 1-1-2 所示。根据指标体系的四要素可以构建一级指标和二级指标的要素关系，类似地可以构建二级和三级指标的要素关系。

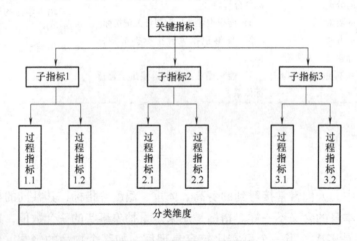

图 1-1-2　指标体系四要素

关键指标是以来自核心业务的重要数据作为衡量标准，直接反映出业务的重要性。关键指标不会单独呈现，通常是伴随其他关键指标出现一同进行综合评价。

子指标是根据关键指标的计算逻辑分解得到的，每个关键指标分解方式不尽相同，除了遵循独立且穷尽原则外，还需注意关键指标与下级的子指标存在的计算逻辑，一个关键指标可能会被分解成多个子指标。

过程指标是若干个业务中组成子指标的指标，单一的过程指标不能反映最终结果，但会影响关键指标的形成，有一个过程指标不理想，就有可能导致最终的关键指标不理想，过程指标一般用于做高频和实时的追踪。

指标之间的关系通常体现为四则运算,需要注意的是,四则运算需要考虑指标的分类维度,在建立指标体系的过程中,可从时间维度、空间维度、组织维度等维度来构建指标体系。时间维度有日、月、年的统计范围;空间维度包括不同的厂房和产线;组织维度的划分主要有不同的生产组织和生产班组。

4. 指标分级的方法

在进行整个指标分级时,需先思考一级、二级指标能否反应设备当前的运营情况,三级、四级指标能否帮助一线人员解决定位问题,从而指导运营工作。

(1)T1 指标(一级指标) 公司战略层面指标,用于衡量公司整体目标的达成情况,通常设定在 5~8 个指标。这类指标与业务紧密结合,按照行业标准进行制订,有可参考的行业标准指标,且这类指标针对全公司所有员工均具有核心的指导意义。例如,工厂设备常见的一级指标有开机率、作业率、维修率、产量和能耗等。

(2)T2 指标(二级指标) 业务策略层面指标,为了实现一级指标,企业会制订一些策略,二级指标通常与这些策略有所关联。可以简单理解为一级指标的实现路径,用于更快定位一级指标的问题。例如,某工厂一级指标是产量,那么二级指标可以设定为不同产品的产量。当一级指标出现问题的时候,可以快速查询到问题的所在点。

(3)T3 指标(三级指标) 业务执行层面指标,三级指标是对二级指标的路径拆解,用于定位二级指标的问题。三级指标通常是可以指导一线人员开展工作的指标内容。三级指标的要求是一线人员看到指标后,可以快速做出相应的动作。例如,某工厂二级指标为不同产品的产量,那么三级指标可以设定为生产节拍、每个工序的工作时长、完成率等,通过观察这些数据,可以有针对性地做调整。例如,某个工序的工作时长特别长,导致生产节拍长,那么应该增加人员去降低工作时长。

5. 指标建设的方法论

常用指标建设的方法论为 OSM(Obejective,Strategy,Measurement)模型,分别代表业务目标、业务策略、业务度量。

首先,在建立数据指标体系之前,务必了解清楚业务目标,即模型中的 O(Objective)。即业务目标是业务的核心 KPI(关键绩效指标),了解业务的核心 KPI 有助于快速理清指标体系的方向。

其次,了解业务目标方向之后,就需要制定相应的行动策略,即模型中的 S(Strategy),行动策略的制定可根据产品生命周期或者用户行为路径进行拆解。

最后,需制定较详细的评估指标,即模型中的 M(Measurement),评估指标的制定是将产品链路或者行为路径中的各个核心 KPI 进行数据下钻。

6. 指标体系拆解原则

MECE 法则,是麦肯锡公司在《金字塔原理》中提出的一个重要的原则。

按照 MECE 法则将某个整体划分为不同部分时,必须保证划分后的各个部分符合以下要求:①各个部分之间相互独立,在同一维度上,并有明确区分、不可重复;②所有部分完全穷尽,内容全面、完整、没有遗漏或缺失。如图 1-1-3 所示,把学生分为男生和女生,做到"相互独立,完全穷尽"符合 MECE 法则,把顾客分为大人和小孩以及把学校分为老师和教授就不符合 MECE 法则,有遗漏和重叠。

MECE 法则常用的四种方法如下

(1)二分法 将事物分为 A 部分和非 A 部分,例如,"白天、黑夜""男人、女人"。

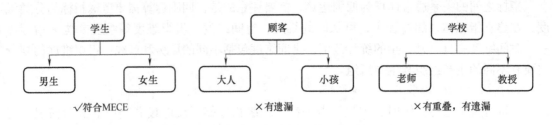

图 1-1-3　MECE 法则拆解案例

（2）流程法　按照事情发展的时间、流程、程序，对过程进行逐一的拆解。例如，汽车成型的流程，如图 1-1-4 所示。

图 1-1-4　汽车成型流程

（3）要素法　要素法主要用于确定事件由哪些要素（部分）组成，把一个整体划分成不同的构成部分，在拆解要素时需保持维度的一致性，否则会出现重叠和遗漏等问题。

（4）公式法　公式法是按照公式设计的要素进行分类，公式成立，则要素的分类符合 MECE 原则，例如，电费＝能耗×电费系数。

1.1.3　任务实施

1. 业务现状分析

（1）业务介绍　某公司的数字化部门第一期重点工作是对企业内部大型设备进行数字化改造，企业设备包含焊接机器人、码垛机器人、搬运机器人等，其中搬运机器人数量最多，是重点改造对象。由此，数字化部门调研了其中一台搬运机器人，进行数据采集、数据接入、数据建模、数据处理、数据可视化等研究性工作。

数字化部门通过调研发现，搬运机器人总数量有 100 台，实际生产中搬运机器人只有 70 台在工作，调研人员与工厂员工沟通后得知，每台搬运机器人每天开机 8h，但不能实际统计每天的工作时间。搬运机器人每天搬运数量也不能得到实时统计。据现场实施工程师了解，设备维修比较频繁，报警维修最多的是光栅报警、温度报警、电流报警，但难以实时监控到哪台设备出故障。

（2）确定关键指标　工程师根据业务确定了搬运机器人的关键指标，见表 1-1-1。

表 1-1-1　搬运机器人关键指标

维度	指标
设备监控维度	今日开机率
	今日作业率
	今日待机率
	今日报警率

（续）

维度	指标
业务维度	总产量
	今日产量

2. 拆解指标体系

在设备运行过程中，指标的合理拆解有利于业务快速获取需求信息以及定位问题。依据 OSM 模型对指标进行拆解，本书示例对"今日开机时长""今日开机率"和"今日产量"三个指标进行拆解。

1）"今日开机率"指标拆解如图 1-1-5 所示，今日开机率 $=\dfrac{今日开机时长}{自然时长}$，今日开机时长是根据对设备状态的开机情况进行监测获得。

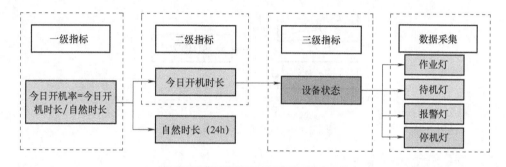

图 1-1-5　"今日开机率"拆解流程

2）"今日作业率"指标拆解如图 1-1-6 所示，今日作业率 $=\dfrac{今日作业时长}{今日开机时长}$，今日作业时长和今日开机时长都是根据对设备状态的监测获得的。

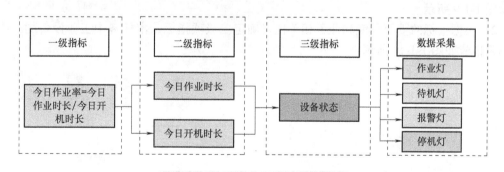

图 1-1-6　"今日作业率"拆解流程

3）"今日待机率"指标拆解如图 1-1-7 所示，今日待机率 $=\dfrac{今日待机时长}{今日开机时长}$。同样地，今日待机时长是根据对设备状态的待机情况进行监测获得的。

4）"今日产量"指标拆解如图 1-1-8 所示，今日产量是根据对设备执行信号的实时监测获得的，对当天执行信号进行监测，当执行信号为执行时，则今日产量增加。

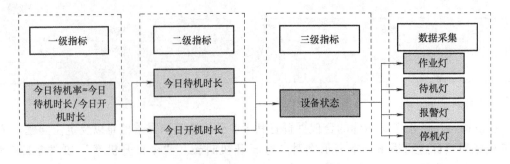

图 1-1-7 "今日待机率"拆解流程

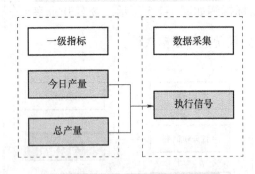

图 1-1-8 "今日产量"拆解流程

> **说明：**作业信号、待机信号、报警信号与停机信号分别对应作业灯、待机灯、报警灯与停机灯，并根据信号灯情况判断设备的工作状态。

3. 搭建指标体系

1）根据采集指标的可获取性，确定三级项指标，本任务中工业设备的三级指标体系搭建如图 1-1-9 所示。

2）根据指标的重要程度和业务相关性，确定二级项指标，本任务中工业设备的二级指标体系搭建如图 1-1-10 所示。

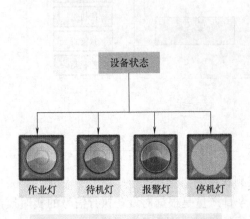

图 1-1-9 工业设备的三级指标体系

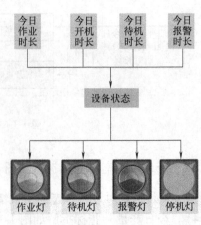

图 1-1-10 工业设备的二级指标体系

3）根据二级指标的权重和重要性，确定一级项指标，本任务中工业设备的一级指标体系搭建如图 1-1-11 所示。

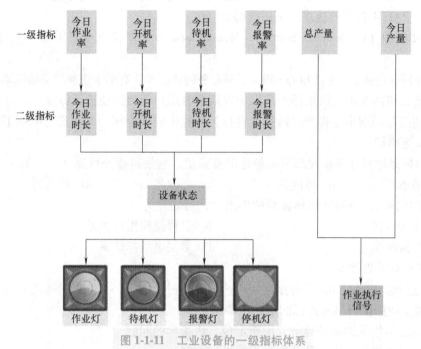

图 1-1-11　工业设备的一级指标体系

项目训练

1. 单项选择题

（1）关于指标体系、指标、维度的描述不正确的是（　　）。

A. 指标体系即多个指标按照一定关系构成的一个整体

B. 指标是指将业务单元细分后量化的度量值

C. 维度是指用户观察、思考与表述某事物的思维角度，是指标体系的核心；没有维度，单纯说指标是没有任何意义的

D. 维度是业务和数据的结合，是统计的基础，也是量化效果的重要依据

（2）指标体系的分类从指标体系的作用上，不能划分为（　　）。

A. 统计指标体系　　　　　　　　　B. 运营监控指标体系

C. 评价指标体系　　　　　　　　　D. 战略层次指标体系

（3）以下对指标体系要素的描述不正确的是（　　）。

A. 指标体系四要素包含关键指标、子指标、过程指标以及指标之间的关系

B. 关键指标是以来自核心业务的重要数据作为衡量标准，直接反映出业务的重要性

C. 过程指标是在若干个业务过程中组成子指标的指标，单一的过程指标不能反映最终结果，但会影响关键指标的形成

D. 子指标是以核心指标作为衡量业务的最直接、最重要的指标

（4）关于公司战略层面指标的描述正确的是（　　）。

A. 用于衡量公司整体目标达成情况，通常设定在 5~8 个指标

B. 是一级指标的实现路径，用于更快定位一级指标的问题

C. 是对二级指标的路径拆解，用于定位二级指标的问题

D. 要求一线人员看到指标后，可以快速做出相应的动作

（5）对于 OSM 模型的描述，不正确的是（　　）。

A. OSM 模型（Obejective，Strategy，Measurement）分别代表业务策略、业务度量、业务目标

B. 业务目标也就是业务的核心 KPI，了解业务的核心 KPI 有助于快速理清指标体系的方向

C. 行动策略的制定可以根据产品生命周期或者用户行为路径进行拆解

D. 评估指标的制定是将产品链路或者行为路径中的各个核心 KPI 进行数据下钻。

2. 多项选择题

（1）指标是指将业务单元细分后量化的度量值，它使得业务目标（　　）。

A. 可描述　　　　　B. 可度量　　　　　C. 可拆解　　　　　D. 可运算

（2）指标体系的分类从指标体系的作用上，可划分为（　　）。

A. 统计指标体系　　　　　　　　　B. 运营监控指标体系

C. 评价指标体系　　　　　　　　　D. 多层级指标体系

（3）指标体系四要素包含（　　）。

A. 关键指标　　　　B. 子指标　　　　C. 过程指标　　　　D. 指标之间的关系

（4）对于业务执行层面指标的描述正确的是（　　）。

A. 是对二级指标的路径拆解，用于定位二级指标的问题

B. 通常可以指导一线人员开展工作的指标内容

C. 要求一线人员看到指标后，可以快速做出相应的动作

D. 用于更快定位一级指标的问题

（5）以下指标体系划分不符合 MECE 法则的有（　　）。

A. 把学生分为男生和女生

B. 把顾客分为大人和小孩

C. 把学校员工分为老师和教授

D. 把电子游戏划分为电脑游戏和手游

3. 判断题

（1）指标体系即多个指标按照一定关系构成的一个整体。（　　）

（2）指标体系从结构上可以划分为战略层次指标（以组织高层为主）、业务运营指标（以组织中层为主）、操作层指标（以基层为主）。（　　）

（3）在进行整个指标分级的时候，需要先思考：一级、二级指标能否反应设备当前的运营情况；三级、四级指标能否帮助一线人员定位问题，指导运营工作。（　　）

（4）常用的指标建设的方法论为 OSM 模型。OSM（Obejective，Strategy，Measurement）模型分别代表业务目标、业务策略、业务度量。（　　）

（5）按照 OSM 模型将某个整体划分为不同部分时，必须保证划分后的各个部分符合以下要求：①各个部分之间相互独立；②所有部分完全穷尽。（　　）

项目拓展

企业指标管理体系复杂多样，如图 1-1-12 所示。大部分企业的指标管理体系分为战略层、经营管理层和现场管理层，自上而下分析，战略层主要由集团管理层参与，执行监控平

台和业绩管理平台，分析日/周/季/年报表，对营业额、利润、成本、消耗进行把控和分析，以及对未来战略方向进行决策。

经营管理层主要由营销部门、生产部门、财务部门、售后部门、研发部门、运营部门等组成，主要对盈利情况、项目进度、运营情况进行监控，各个部门又有不同的关键指标，例如，营销部门的"销售增长率"和"销售目标达成率"，生产部门的"订单完成率"和"产量分析"，财务部门的"净利润"和"资金周转率"，售后部门的"维修率"和"客户满意度分析"，研发部门的"投入产出分析"和"项目进度分析"，运营部门的"资源利用分析"和"设备性能监控"等。

现场管理层主要包含人、机、料、法、环的管理。人是指员工，员工是企业最大的财富，也是最重要的资源，如何选人、用人、育人和留人，是企业管理的核心课题。人员指标有"工作时长""工作产量""操作规范"等，通过对人员的数据分析，调整人员工作分配，以及监控操作员的操作规范、人员考勤等。机是指机器，包括设备、工装夹具等，是生产现场的利刃，对其进行充分利用是管理者的职责之一。机器指标有"开机率""运行状态""能耗"等，通过对设备的数据分析，调整每台设备运行策略，监控设备实时工况和故障情况。料是指材料，材料是企业生产的重要资源，大多数企业中，材料成本是产品成本的主要成分，因此材料应作为管理的重要资源。材料的指标有"库存""良好率""成本"等，通过对生产材料的分析，调整库存管理策略和物料调度方案。法是指方法，包括生产中的技术手段、工艺水准等。方法的指标有"操作方法""生产环境""工装"等，通过对不同操作的方法分析，调整操作流程策略，优化作业方法。环是指环境，包括工作地的温度、湿度、照明等。环境指标有"光线""湿度""温度"等，通过对环境的监测分析，合理管理工厂设备和保障人员安全。

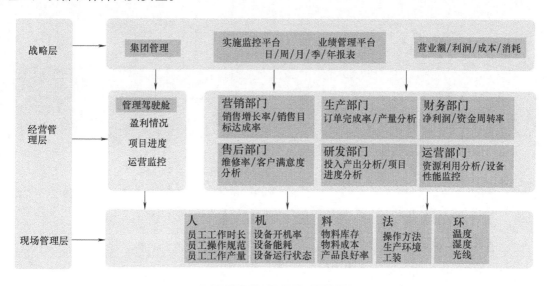

图 1-1-12　企业指标管理体系

项目小结

工业数据在不断增长，只有对设备的"表现"进行量化，建立一个精良的指标体系，才能帮助企业做出科学的决策。

在互联网行业中，不同派系有着不同的指标划分，例如，在数据仓库建模方面，阿里巴巴公司的指标体系中，指标可以被划分原子指标、衍生指标和派生指标；华为公司的指标体系中，指标又可以被划分为原子指标、衍生指标和复合指标。

在工业互联网行业中，从业务角度出发，企业需要关心业务的核心指标，掌握业务逻辑，定义运营指标，建立指标的优先级，并拆解出业务指标体系；从数据角度出发，企业需要关注数据，通过实现数据价值，发现新的业务机会。因此，工业互联网行业的指标体系是由业务逻辑驱动的，对工业互联网的理解、业务场景分析、行业数据分析是构建指标体系的基础。

不同行业有着不同的业务逻辑和业务场景。从业务逻辑来看，例如，制造业重点关注生产效率、产能利用、设备运营状况等；工程行业重点关注质量和成本；软件服务行业重点关注项目进度、客户满意度等。从指标体系来看，指标体系建设中最重要的就是符合业务需求。不同的业务场景下有不同的核心诉求。所以，指标体系的建立主要基于以下两个方面：①明确企业的核心业务，对业务的核心诉求进行深入理解；②制定适合企业业务现状和发展阶段的指标体系。

项目 2
工业数据采集与接入平台

任务 2.1　工业设备数据采集

2.1.1　任务说明

【任务描述】

随着智能制造技术的发展，传统的工业生产管理模式已经不能满足当今社会对于智能制造生产的要求。为了实现工业生产环节中的自动化控制与数字化管理，需要对工业现场生产流转的数据进行采集并上传到平台，在平台进行处理与分析，满足企业自动化、数字化应用的需求。为此需要使用工业网关来实现对各种工业设备数据的采集和传输。

为了实现对小树汽车企业各个车间及仓库内的搬运机器人等设备的管理，项目实施工程师需要使用工业网关对这些工业设备的数据进行采集，便于后续对采集上来的数据进行分析处理。在本任务中，项目实施工程师需要配置工业网关，具体包含以下两项内容。

1）在工业网关软件中配置网关与工业设备的通信信息和采集信息。

2）配置工业网关的网络地址，配置采集通信参数（网络协议、发送方式及接收方式等），配置采集的数据信息（数据类型、数据信息）等，使工业网关与工业设备能够正常通信。

【学习导图】

工业设备数据采集的学习导图如图 2-1-1 所示。

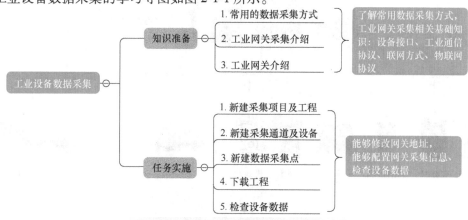

图 2-1-1　工业设备数据采集的学习导图

25

【任务目标】

知识目标	技能目标	素质目标
1）了解工业物联网关。 2）了解联网方式、协议。 3）掌握常用数据采集方式。	1）能够修改工业网关地址。 2）能够配置网关采集信息。 3）能够在工业互联网平台建立模型和实例。 4）能够配置网关推送信息。	1）培养学生实际操作的能力。 2）培养学生数据采集的能力。

2.1.2 知识准备

1. 常用的数据采集方式

工业设备常用的数据采集方式有 4 种，分别是通过工业网关进行采集、通过在采集终端加装信号转换器件进行采集、上位机系统采集、平台与设备直接通信采集。实际工业场景中，需要根据不同的应用场景需求、设备条件以及工业现场环境综合来选择合适的工业数据采集方式。

（1）通过工业网关采集　绝大多数工业设备都不具备直接联网的基础，要实现采集工业设备的数据并接入工业互联网平台或数据采集系统服务器，就需要借助工业网关。工业网关一端与设备连接，一端通过网络与系统连接，起到承"上"启"下"的桥梁作用，如图 2-1-2 所示。"上"是指工业互联网平台或应用系统（MES）的数据采集服务器等，"下"是指可编程逻辑控制器（PLC）、数控机床（CNC）、仪表和传感器等。工业网关实现了工业异构设备的互联互通，即可以通过安全网关发送至云端，实现工业现场设备的上云。因此，工业网关是实现工业互联的基础设备。

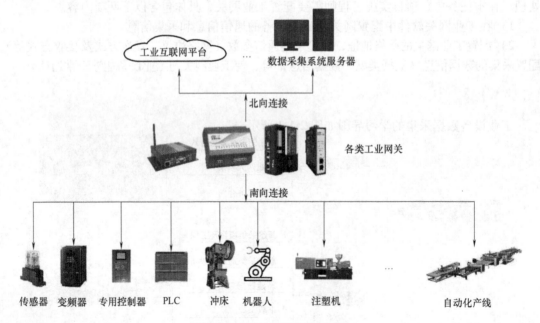

图 2-1-2　工业网关采集数据

（2）通过加装信号转换器件采集　通过加装专业信号转换器件采集，是指通过对设备电气系统的分析，确定需要采集的信号，在设备上加装信号转换器件并连接到采集终端，由采集终端将这些信号（如数字信号、模拟信号）上传到工业互联网平台或数据采集服务器。该采集方式主要针对的是在没有控制系统的设备（行业内称为"哑设备"），不具备拓展功能的老旧设备或者是协议对接难度大、接口不开放、成本高的自动化设备等情况下使用。

（3）通过上位机系统采集　通常上位机系统是指设备自带的控制系统，这类设备往往自动化程度和信息化程度都比较高，并且其上位机系统往往已经对设备层的数据进行了采集和存储。因此，对于这种有上位机系统的设备，首选的数据采集方案就是直接从上位机系统中获取设备的数据，而不是去和设备打交道。这样就能够把一个 OT 的问题（设备层的数据采集）转化为 IT 的问题（两个信息系统的信息集成）。

广义上，上位机指的是 SCADA/MES/ERP 等软件所在的计算机；狭义上，上位机一般指的是触摸屏等用于画面操作，来给 PLC 指令的设备。

（4）平台与设备直接通信采集　平台与设备直接通信采集，是指借助设备自身的通信协议、通信接口，不加装任何工业网关、采集终端等硬件，通过有线或无线网络，把已经存在设备控制器中的数据上传到工业互联网平台。这种采集方式要求设备内部本身集成了 IO、PLC 或其他控制单元的相关功能。例如，高端数控系统都自带用于进行数据通信的以太网口，通过不同的数据传输协议，即可实现对数控机床运行状态等数据的采集，从而在平台端对数控机床进行实时监测。平台与设备直接通信采集的特点是采集精准、速度快，在自动化程度高的生产线应用比较多。

2. 工业网关采集介绍

目前通过工业网关进行协议采集，是比较主流的工业设备数据采集的方式。当然，在这种设备场景下，也可以使用软网关采集，软网关采集是指脱离了硬件，直接把工业网关里面的嵌入式软件作为边缘采集软件安装在上位机系统中运行，也是通过对工业通信协议解析把设备数据转换为网络数据，然后上传至工业互联网平台或采集服务器。以下分别对工业网关采集涉及的设备接口、工业通信协议、联网方式和物联网协议进行介绍。

（1）设备接口　设备接口是指硬件构成或者是允许人和计算机、通信系统或者其他电子信息系统互动的元件系统。本书只介绍工业现场常用的串行接口和以太网口。串行接口也称串口（通常指 COM 接口），是采用串行通信方式的扩展接口，数据逐位顺序传送。常用的串行接口按电气标准及协议分为 RS232、RS485、RS422。以太网口可分为电口和光口，电口就是常用的 RJ45 以太网口（一般的网线），光口就是光纤接口。工业设备之间的通信一般使用 RJ45 以太网口。

（2）工业通信协议　工业通信协议主要是负责子网内设备间的通信，从开放性来分，可分为私有协议和公有协议。私有协议就是企业内部自定的协议标准，只适用于本企业生产的设备产品，如西门子的 S7 通信协议就是西门子公司的私有协议。与私有协议对应的就是公有协议，目前受到广泛支持的公有协议有 Profinet、Modbus 等。

（3）联网方式　常见的工业网关与工业互联网平台的联网方式有以太网、4G、WiFi 等。根据采集传输的数据量大小、传输速度、传输的距离和工业现场环境综合考虑选择。对于速度要求高、传输数据量大的需求，在工业现场能实现的情况下可选择以太网方式；不方便布线且传输数据量小的场景，可选用无线（如 4G/WiFi 等）的方式。

（4）物联网协议　此处的物联网协议主要是指运行在传统互联网 TCP/IP 等协议之上的

通信协议，负责在设备与工业互联网平台之间进行数据交换及通信，常见的物联网协议有 MQTT、HTTP、CoAP 等。目前，大多数工业互联网平台使用 MQTT 协议作为设备联网通信的"第一语言"，如树根互联的根云工业互联网平台、华为云的物联网平台、腾讯云的物联网平台、阿里云的物联网平台以及微软的 Microsoft Azure 的物联网平台等。

3. 工业网关介绍

工业网关是采用嵌入式硬件的计算机设备，具有多个用于连接设备的下行通信接口（行业内称为"南向接口"），一个或者多个用于连接工业互联网平台或采集系统的上行网络接口（行业内称为"北向接口"），如图 2-1-3 所示。工业网关通过连接两个或多个异构的网络，使之能够互相通信，实现不同协议之间的数据交互。简单来说，工业网关能实现本地设备（如数控系统、工业机器人、PLC、扫码枪等）与云端系统（如工业互联网平台、MES系统等）之间的通信。

工业网关能够实现桥梁作用的关键是因为其具有协议转换功能，把工控协议转换为物联网协议，这是它最重要的功能。工业生产设备使用的控制器（如数控系统、工业机器人、PLC 等）一般采用工控协议。常见的标准工控协议有 Modbus、Profibus 和 OPC UA 等，工业网关与设备连接时，需要对这些工控协议进行解析。工业网关连接互联网，使用的是物联网协议，如 MQTT、CoAP 等协议，工业网关需要将从设备获取的数据封装为物联网协议所需的数据包格式，才能发送到工业互联网平台。此外，针对不同的应用场景，工业网关还有存储、安全管理、设备管理、网关配置等功能。

本任务使用的工业网关是 GBox 网关，这款网关支持以太网、2G、3G、4G、WiFi 等方式上网；具有客户端，方便远程配置；支持采集西门子、三菱、欧姆龙等品牌的 PLC 设备；具备边缘计算功能。GBox 网关的实物外观如图 2-1-4 所示。

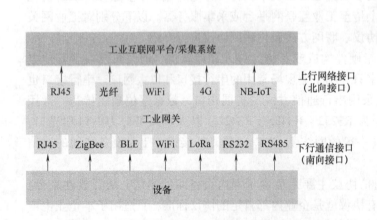

图 2-1-3　工业网关示意图　　　　　图 2-1-4　GBox 网关实物外观

2.1.3　任务实施

1. 新建采集项目及工程

（1）新建项目

步骤 1：打开"GBox 开发系统"软件，软件界面如图 2-1-5 所示。

图 2-1-5　"GBox 开发系统"软件界面

说明：安装 GBox 软件的操作步骤详见附录 E。

步骤 2：在"工程管理"窗口中右击，选择快捷菜单中的"新建项目"命令；弹出"项目"对话框，输入自定义名称为"工业机器人"，选择安装路径，单击"确定"按钮，完成项目的创建，如图 2-1-6 所示。

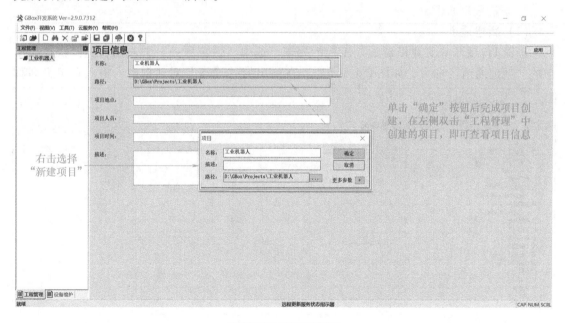

图 2-1-6　创建项目

（2）新建工程　选择"工业机器人"项目并右击，在快捷菜单中选择"新建工程"命令；弹出"工程-新建"对话框，输入自定义名称"工业机器人"，其他内容无须更改，单击"OK"按钮，完成工程的创建，如图 2-1-7 所示。

> **说明：** 在本书使用的网关软件中，"工程"表示由多个配置文件构成的文件夹。

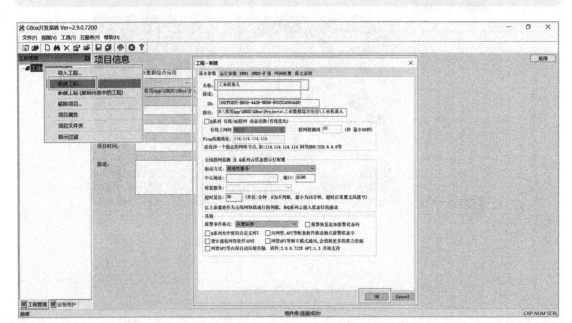

图 2-1-7 创建工程

2. 新建采集通道及设备

（1）新建通道

步骤 1：展开"工业机器人"工程的列表，选中"采集服务"并右击，选择快捷菜单中的"新建通道"命令，如图 2-1-8 所示。在弹出的"通道"对话框中，输入自定义名称

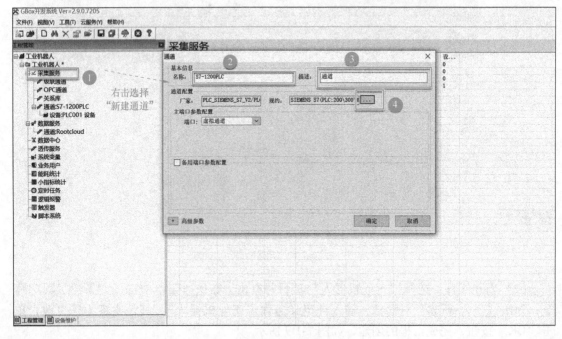

图 2-1-8 新建通道

"S7-1200PLC"，"描述"为"通道"，单击"规约"后的"…"按钮。

> **说明：** "通道"属于本书使用的工业网关软件中的专有名词，包括采集、转发、级联和虚拟通道等端口。它主要表示传送信息和数据的通路，协助控制、管理外部设备。通道有特定的协议，通过各种接口如串口（RS232/RS485）、以太网（TCP/IP、UDP/IP）、CAN 和 GPRS 等，与生产现场底层设备进行连接。

步骤2：在弹出的"请选择驱动"对话框中，选择"PLC"列表下的"SIEMENS S7（PLC：200\300\400\1200\1500）"，单击"确定"按钮，如图2-1-9所示。

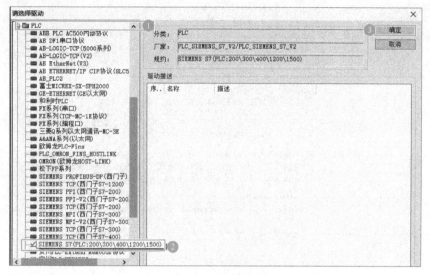

图 2-1-9　选择驱动

步骤3：选择与底层设备通信使用的通信端口，这里"端口"设置为"虚拟通道"，其他配置无须更改，如图 2-1-10 所示。

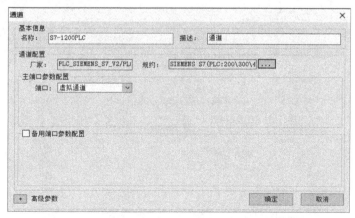

图 2-1-10　完成"通道"配置

（2）新建设备

步骤1：选择"通道 S7-1200PLC"并右击，在快捷菜单中选择"新建设备"命令。在弹出的"设备"对话框中，输入自定义名称"PLC001"，"描述"为"设备"，其他设置无须更改，单击"确定"按钮，完成设备的创建，如图 2-1-11 所示。

> **说明：** 此处的设备指带通信接口的设备、模块或系统。

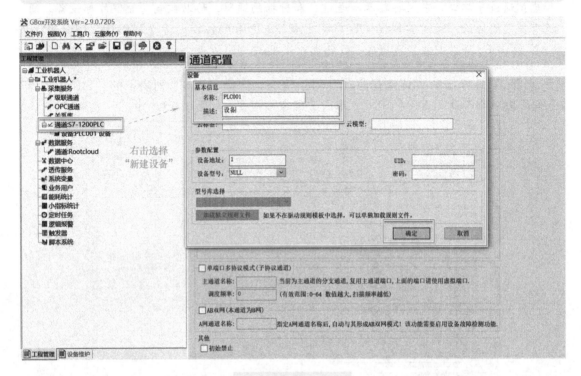

图 2-1-11　创建设备

步骤 2：创建完成设备后，单击该设备，在"设备配置"对话框的"高级参数"中配置地址、端口和槽号信息。本示例使用的设备地址为"192.168.0.1"，槽号为"1"，其他信息无须更改，如图 2-1-12 所示。

图 2-1-12　配置设备"高级参数"

注意：不同项目需要根据企业客户设备的实际地址和端口进行配置，以上信息由企业客户的工程师提供，不可直接套用。本示例使用的是 PLC 设备，已经给出设备地址与槽号。

3. 新建数据采集点

1）本任务需要采集点的信息见表 2-1-1。

表 2-1-1　采集点信息表

采集点名称	描述	区域	地址	编码	位偏移
Work_light	采集设备工作状态，0：作业灯不亮，1：作业灯亮	Q	0	位	3
Standby_light	采集设备待机状态，0：待机灯不亮，1：待机灯亮	Q	0	位	2
alarm_light	采集设备报警状态，0：报警灯不亮，1：报警灯亮	Q	0	位	0
close_light	采集设备停机状态，0：停机灯不亮，1：停机灯亮	Q	0	位	1
Emg	急停，0：非急停；1：急停	I	0	位	3
Alarm	采集设备报警状态，0：不报警，1：温度报警，2：电流报警，3：光栅报警	M	1	位	4
Mode	工作模式，0：手动；1：自动	I	0	位	5
workIO	执行信号	I	0	位	0

说明："区域"是指寄存器类型，根据使用情况选择内存区；"地址"是指偏移地址，内存区变量偏置，从 0 开始；"编码"是变量的数据格式，支持位、8 位、16 位、32 位、字符串等类型；如果读取数据需要按位解析，则位偏移是指位的偏置，16 位数据可以填 1~15，共 16 个。

区域的说明和解释见表 2-1-2。

表 2-1-2　区域的说明和解释

区域	说明	解释
I	PLC 的输入信号	输入继电器用"英文字母 I+数字"进行标识，每个输入继电器均与 PLC 的一个输入端子对应，用于接收外部开关信号
Q	PLC 的输出信号	输出继电器用"英文字母 Q+数字"进行标识，每个输出继电器均与 PLC 的一个输出端子对应，用于控制 PLC 外接的负载
M	辅助继电器内部信号	通用辅助继电器，又称为内部标志位存储器，如同传统继电器控制系统中的中间继电器，用于存放中间操作状态，或存储其他相关数字，用"英文字母 M+数字"进行标识
DB	数据块	数据块是几组按顺序连续排列在一起的数据记录，是主存储器与输入、输出设备或外存储器之间进行传输的一个数据单位；是数据的物理记录，这与数据的逻辑记录（即逻辑上有联系且在存储器中占有一组邻接单元的数据单位）有对应关系

（续）

区域	说明	解释
C	计数器	在西门子 PLC 梯形图中，计数器的结构和使用与计时器基本相似，也是应用广泛的一种编程元件，用来累计输入脉冲的次数，经常用来对产品进行计数；用"英文字母 C+数字"进行标识，数字从 0~255，共 256 个
T	定时器	在西门子 PLC 梯形图中，定时器是一个非常重要的编程元件，用"英文字母 T+数字"进行标识，数字从 0~255，共 256 个

2）把"设备配置"中的选项卡切换到"采集点表"，在编辑窗口中右击，选择快捷菜单中的"新建 IO 点"命令，如图 2-1-13 所示。

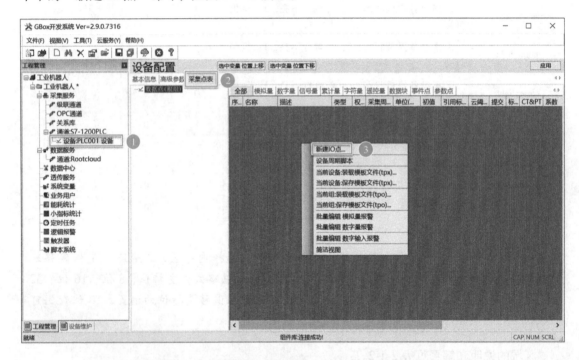

图 2-1-13　新建 IO 点

说明：本书中的 IO 点是对所采集的底层设备（如 PLC，智能设备，仪表等）中的信号的映射。通过 IO 点的名称、描述等属性，可以准确地表达所采集的底层设备（如 PLC、智能设备、仪表等）中的信号（如温度、压力等）。

3）在弹出的"IO 数据点-新建"对话框中，"名称"和"描述"可自定义输入，本示例采集的 IO 数据点是报警信息，"名称"输入为"Alarm"，"描述"输入为"报警"，配置内容如图 2-1-14 所示。

4）在创建"Alarm"的 IO 数据点时，设置"区域"为"M"，"地址"为"1"，"位偏移"为"4"。按照表 2-1-1 所示的采集点信息，创建其他 IO 采集点，如图 2-1-15 所示。

图 2-1-14　创建 IO 数据点

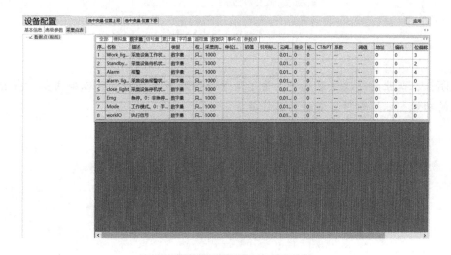

图 2-1-15　创建其他 IO 采集点

IO 点类型及描述见表 2-1-3。

表 2-1-3　IO 点类型及描述

类型	描述
模拟量	模拟量是指变量在一定范围连续变化的量，在一定范围（定义域）内可以取任意值，如电压、温度、流量等
数字量	数字量是分立量不是连续变化量，只能取几个分立值，二进制数字变量只能取两个值，如开关信号、有无等实际开关类型的采集点
信号量	信号量是一个非负整数（车位数），所有通过它的线程/进程（车辆）都会将该整数减一（通过它是为了使用资源），当该整数值为零时，所有试图通过它的线程都将处于等待状态；和数字量类似，但信号量一般用来代表设备发出的信号，而非现场实际存在的开关设备

（续）

类型	描述
电能量	累积量的一种具体表现形式
字符量	用来存储字符的一种变量
遥控量	接受控制的量，一般为设定值或者控制开关
数据块	是几组按顺序连续排列在一起的数据记录；数据块的大小可以是固定的或是可变的，块与块之间有间隙
事件点	存储设备事件信息的一种点类型
设备点	存储设备状态信息的一种点类型

5）配置完采集信息之后，注意要单击"保存"按钮，如图 2-1-16 所示。

图 2-1-16　保存配置

说明： 在工业网关软件配置中，为了便于备份及多次复用，可以采用批量导出/导入采集点的功能，以提升项目实施的工作效率。

4. 下载工程

（1）新建设备

步骤 1：切换到"设备维护"标签，如图 2-1-17 所示。

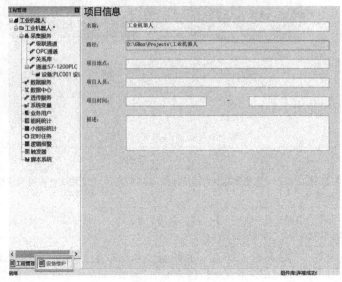

图 2-1-17　切换到"设备维护"

步骤 2：选择"设备列表"并右击，在快捷菜单中选择"新建"命令，如图 2-1-18 所示。

步骤 3：选择"设备列表"中的"区域（PLC001）"，并右击，选择快捷菜单中的"新建"命令，如图 2-1-19 所示。

图 2-1-18　新建区域

图 2-1-19　新建设备

步骤 4：在弹出的"工程"对话框中，名称可自定义输入"PLC001"，"IP"输入为"192.168.0.245"（此处的 IP 需要对应工业网关配置网口 1 的地址），"端口"使用默认的"9200"，单击"确定"按钮完成修改，如图 2-1-20 所示。

> 说明：工业网关配置网口 1 默认的地址是"192.168.0.245"，该地址与本任务中 PLC 的 IP 地址在同一个域，因此可直接使用；如果不在同一个域，则需登录工业网关的管理后台更改其 IP 地址。

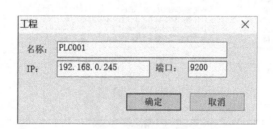

图 2-1-20　配置参数

（2）登录设备

步骤 1：双击"PLC001｛192.168.0.245｝"，弹出图 2-1-21 所示的"远程维护"窗口。

> 说明：此步骤需在 GBox 网关通电运行且与计算机处于联网状态下操作。

步骤 2：计算机连接到 GBox 设备后，使用默认的用户名"Admin"（密码为空）登录设备。进入远程维护主界面，如图 2-1-22 所示。

（3）更新工程

步骤 1：单击"更新工程"按钮，弹出选择需要更新的"工程文件"对话框，单击对话框中"工程"后的"…"按钮，如图 2-1-23 所示。

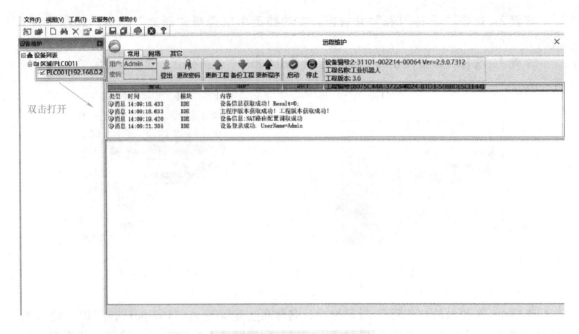

图 2-1-21 "远程维护"窗口

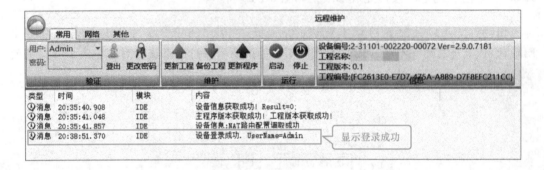

图 2-1-22 登录设备

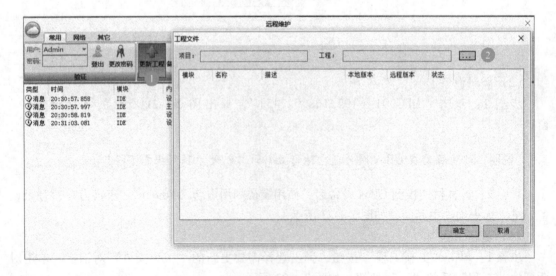

图 2-1-23 更新工程

步骤 2：选择"请选择工程"对话框中的"工业机器人"工程，单击"确定"按钮，如图 2-1-24 所示。

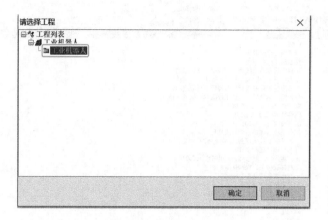

图 2-1-24　选择工程

步骤 3：选择工程后的界面列出了相关的程序和工程配置，给出了"本地版本"和"远程版本"（连接的 GBox 工业网关中的版本）的对比。工程文件默认被勾选且不能取消；如内核程序的本地版本高于 GBox 中的版本，也会默认勾选工程文件，但可取消勾选。单击"确定"按钮完成选择，如图 2-1-25 所示。

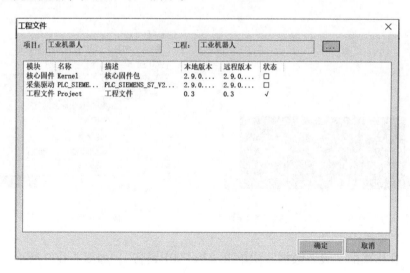

图 2-1-25　选择工程文件

步骤 4：完成更新之后的界面如图 2-1-26 所示。工程更新完成后，GBox 会自动重启，新的工程生效，整个过程持续 10s 以上。

5. 检查设备数据

登录 GBox 网管系统的步骤如下。

步骤 1：双击"GBox 网管系统"快捷方式，打开软件，如图 2-1-27 所示。

步骤 2：进入软件后，在"导航窗口"下右击，选择快捷菜单中的"添加"命令，如图 2-1-28 所示。

图 2-1-26 完成更新界面

图 2-1-27 打开"GBox 网管系统"软件

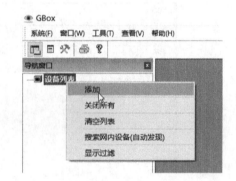

图 2-1-28 添加设备

步骤 3：在出现的"设备数据"中单击"PLC001 设备"，如图 2-1-29 所示。

图 2-1-29 选择设备数据库

注意：在 GBox 网管系统中，设备列表的设备 IP 地址为在上一步中的设备 IP，本任务中的 IP 为 "192.168.0.245"。若设备列表中无设备，可自行右击添加新设备，IP 地址为 GBox 网口 1 的 IP 地址。

步骤 4：操作设备上对应的按钮，以便产生信号，并对比 "GBox 网管系统" 上对应数据是否与操作结果一致。按下设备上的启动按钮，启动信号为 "1"；Work_light（作业灯）数据值也对应变化为 "1"，则说明 GBox 工业网关准确采集了设备数据。

步骤 5：按照步骤 3 的操作方法，检查其他采集点当前的数据值是否与实际操作结果一致；如果不一致，则需检查 IO 采集点的地址是否配置正确。

说明：若某个质量戳出现 "255"，则说明 IO 采集点出现输入错误，或类型选择错误，应重新检查核对。

在实际工业现场中，每个采集点都需要一一检查，确保工业网关采集到的数据是准确的。

任务 2.2　工业设备接入平台

2.2.1　任务说明

【任务描述】

完成对工业设备的数据采集配置工作后，需要在工业互联网平台建立对应设备模型和网关模型，并根据对应的设备模型和网关模型建立网关物实例和设备物实例，将通过物实例配置生成的认证标识和认证密钥，填入网关软件的转发配置相应的参数中，使工业网关与工业互联网平台通信成功。本任务中需要注意的是：认证标识和认证密钥是互相对应的关系。

【学习导图】

工业设备接入平台的学习导图如图 2-2-1 所示。

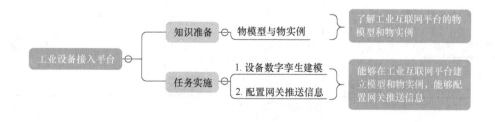

图 2-2-1　工业设备接入平台的学习导图

【任务目标】

知识目标	技能目标	素质目标
1）了解工业互联网平台的物模型。 2）了解工业互联网平台的物实例。 3）了解认证标识和认证密钥的作用。	1）能够在工业互联网平台建立模型和物实例。 2）能够配置网关推送信息。	1）培养学生对复杂系统的理解与把握能力。 2）培养学生自我学习和信息获取的能力。

2.2.2　知识准备

物模型与物实例

（1）创建物模型　物模型是从现实世界的实体中以属性、服务和事务 3 个维度抽象出来并用数字化形式表示的模型，用于对产品功能进行定义。例如，在工业应用中，设备的开机继电器能够读取设备开机关机状态等。

抽象物模型是各模型通用的参照源，当引用模型创建时，抽象物模型可以对引用模型实现权限控制。一旦抽象物模型内容被定义且被引用，就无法做出修改。抽象物模型还充当组织间模型标准的传承载体，因此，可以基于抽象物模型创建具体物模型，以便实现同步更新。在创建物模型时，平台支持引用抽象物模型创建的方式。同时，平台也提供了单独创建物模型和批量导入物模型的选项。

创建单个物模型的步骤如下：

1）登录控制台。

2）进入"接入与建模"界面，在菜单栏中选择"物 > 物模型"。

3）单击右上角的"创建"按钮，在直接创建物模型时，可选择设备、复合物、网关 3 种不同的类型，见表 2-2-1。

表 2-2-1　物模型类型

> **说明**：本任务涉及设备物模型和网关物模型，复合物物模型内容可在"职业教育工业互联网人才培养系列教材"中的《工业数据处理与分析》中查阅。

4）从弹框中选择物的类型，并完成参数配置，关键参数说明见表 2-2-2。

表 2-2-2 关键参数说明

类型	参数	是否必填	说明
设备/网关	模型名称	是	自定义模型名字，如"智能电表 NB-001"
	分类	是，仅设备类型有此参数	选择设备的分类，可输入关键字查询，如"电力器材"
	支持自动组网	否，仅设备类型有此参数	打开开关后，设备可以与网关之间自动组成通信网络，参见自动组网章节。一旦开启了网关的自动组网功能，新注册的该模型下的网关物实例默认为开启，网关物模型的自组网开关开启和关闭不影响已注册网关物实例自组网功能的开启和关闭
	支持自动注册物实例	否	开关打开后，平台会自动为设备注册物实例，参见自动注册章节
	模型认证标识、模型认证密钥	是，自注册开关打开后需要填写	自动注册物实例场景中，用于设备与平台建立连接时进行设备身份认证，以便于获取认证标识和认证密钥；模型认证标识：由 4~64 位英文字母、数字或符号组成，支持_#:-@. 等特殊字符，支持使用自动生成的模型 ID；模型认证密钥：由 12~64 位英文字母、数字或特殊字符组成
复合物	模型名称	是	自定义模型名字，如"双面镗 T001"
	采样周期方案	是	复合物采集各节点工况值的时间周期用于实现复合物属性各节点工况数据时间的对齐，单位为 s，填写范围为 15~600s，可以添加多个方案，然后在添加属性时根据需要选择不同的方案 例如，采样周期为 15s，则每 15s 复合物会获取一次每个节点属性最新的工况值，作为计算自身属性的输入值
	自动清空窗口	否	勾选该选项，该采样周期内若没有工况数据，则上报空值；不勾选该选项，该采样周期内若没有工况数据，则上报前一采样周期的值

5）单击"创建"按钮，平台自动跳转至设备详情页面，此时物模型状态为"未发布"。物模型发布后不能修改参数，未发布的物模型无法创建物实例。

6）添加节点。该操作仅需复合物模型执行。节点是当前复合物与设备、网关或其他复合物的连接点，一个复合物需要存在至少一个节点。平台支持单个添加节点和批量添加节点。一个节点仅对应一种物模型，复合物模型未发布时，平台支持更换节点关联的模型，一个节点允许部署该物模型下的多个物实例。

7）单击右上角的"发布"按钮，将模型发布到平台上。物模型发布后不能修改参数，未发布的物模型无法创建物实例。

对于"已发布"的物模型，进入详情页面后，首先需要单击"修改模型"按钮，编辑物模型的信息、属性、指令和报警等数据后，再单击"更新发布"按钮才能生效，否则修改的部分将以草稿状态存在。可以查看和编辑物模型的历史版本，以生成新的版本。物模型编辑后，需要发布才会正式生效。

（2）创建物实例　物模型创建并发布后，需要注册物实例才能将物理设备与平台进行连接。物理设备接入平台后，用户在云端可以对相应类型的一个或多个设备进行远程控制和工况管理等操作。

注册物实例的操作如下。

1）登录控制台。

2）单击"接入与建模"按钮，进入"物 > 物实例"页面。

3）单击"注册"按钮，完成参数配置，关键参数说明见表2-2-3。

表 2-2-3　关键参数说明

参数	是否必填	说明
选择物模型	是	仅能选择已经创建并发布的设备或网关模型
实例名称	是	自定义物实例的名称，如"1号水塔等"
物标识	是	物标识平台用来识别云上这个物实例对应的是线下哪个实体设备；物标识是物理设备在根云平台中的唯一标识；通常可以使用设备的序列号、IMEI号、MAC地址等，也可以由用户自定义
标签	否	用于标记设备，便于后续查找；可批量添加标签，每个设备最多可添加10个标签
联网方式	是	设备与平台的连接方式：直接连接、通过网关连接 设备与网关的连接方式：动态组网
密钥认证	是	使用认证标识（用户名）和认证密钥（密码）进行设备与平台连接的MQTT身份验证；选择证书认证时，为非必填项
证书认证	是	使用X.509客户端证书进行设备与平台连接的MQTT身份验证；选择密钥认证时，为非必填项
认证标识 认证密钥	是	用于设备与平台建立连接时进行设备身份认证，当设备与平台具有相同的认证标识后，设备才能接入平台并上报数据；同一套平台中，一个实例具有唯一的认证标识和认证密钥 认证标识：即Username，支持1~256位英文字母、数字或符号；仅支持_#：-.@，不能使用\$等其他字符，不能为空字符串 认证密钥：即Password，支持8~512位英文字母、数字或特殊字符（参考ASCII编码标准）；选择"证书认证"时，认证密钥为非必填项，填写后连接会进行双重认证；认证标识可以通过以下方式获取 1）设备厂商生成时下载配置到物理设备中，可联系设备厂商直接获取 2）随机生成，然后再下载配置到物理设备中 3）用户自定义，然后再下载配置到物理设备中
关联网关	是	仅能选择已经注册了实例的网关
通信标识	是	通信标识是平台识别网关子设备的唯一标识；一个网关下有多个子设备，这些子设备用同一个网关向平台上报数据，这个标识就是用来识别上报到平台的数据是哪个子设备上报的；默认为物标识，也可以由用户自定义

注册界面如图2-2-2所示。

4）单击"注册"按钮，完成物实例注册。对于网关而言，还需要配置南向协议参数、设备地址和点表等。

5）若该物实例关联的物模型有较多属性和报警信息，且处于调试发布状态，物实例详情页会出现提示："该实例所在物模型处于调试发布状态，已进行限流处理，需要物模型正式发布后设备才能上报实时工况"。

6）完成注册后，可在物实例的接入信息中查看认证标识和密钥，如图2-2-3所示。

图 2-2-2　注册界面

图 2-2-3　查看认证标识和密钥

2.2.3　任务实施

1. 设备数字孪生建模

（1）登录根云平台

1）打开浏览器，输入"https://console.rootcloud.com"后按<Enter>键，进入根云平台首页。在根云平台首页，可以通过单击"立即加入"按钮，进入根云平台的登录页面；也可以通过单击"进入控制台"按钮，进入根云平台的登录页面，如图 2-2-4 所示。

图 2-2-4　根云平台首页

说明：建议使用谷歌浏览器登录根云平台。

2）在登录页面，分别输入用户名和密码，单击"登录"按钮，如图 2-2-5 所示。

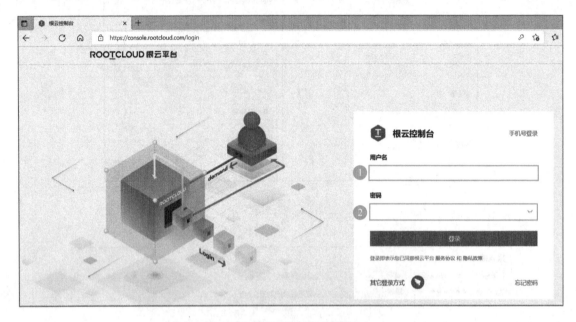

图 2-2-5 平台登录页面

3）成功登录后即进入根云平台租户页面，如图 2-2-6 所示。

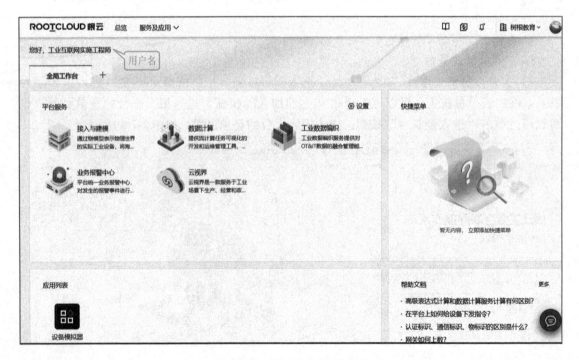

图 2-2-6 根云平台租户页面

说明：根云平台租户页面显示的平台服务是租户已经采购的平台功能。不同租户采购的服务不一样，显示的页面也会不同。

（2）创建网关物模型

1）单击"接入与建模"，页面会显示该租户下所有已经创建的物实例和物模型，显示已经接入的设备的状态；如果还未创建，则显示的数值为 0，如图 2-2-7 所示。

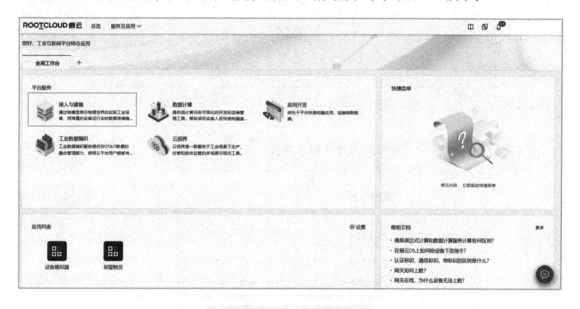

图 2-2-7　单击"接入与建模"

2）单击"物"节点右侧的上三角形按钮，展开隐藏的节点，然后单击"物模型"，如图 2-2-8 所示。

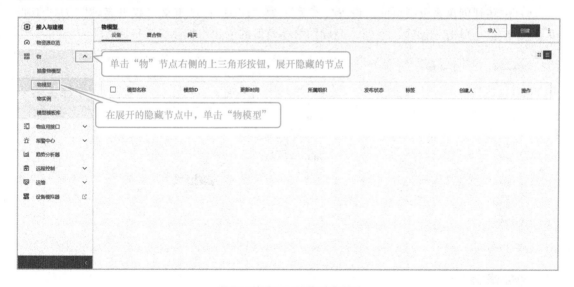

图 2-2-8　单击"物模型"

3）如图 2-2-9 所示，进入物模型列表页面，单击"创建"按钮，创建一个新的物模型。

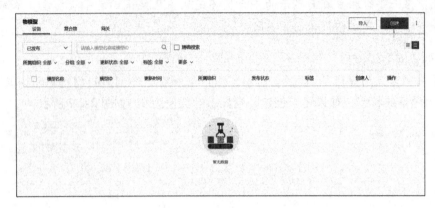

图 2-2-9　单击"创建"按钮

4）如图 2-2-10 所示，在弹出的对话框中选择"直接创建"。

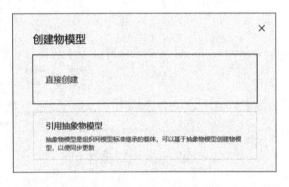

图 2-2-10　选择"直接创建"

5）跳转到创建物模型页面，设置"类型"为"网关"；自定义"模型名称"为"工业机器人网关"，单击"创建"按钮，完成网关物模型的创建，如图 2-2-11 所示。

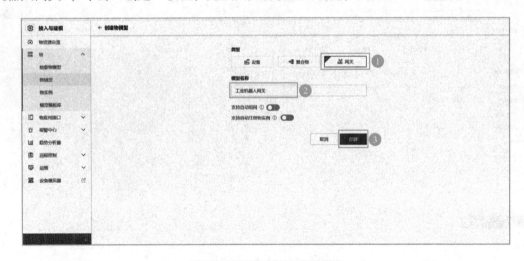

图 2-2-11　创建网关物模型

6）网关物模型创建完成之后，系统会跳转到"工业机器人网关"物模型的配置页面，如图 2-2-12 所示，单击"发布"按钮。

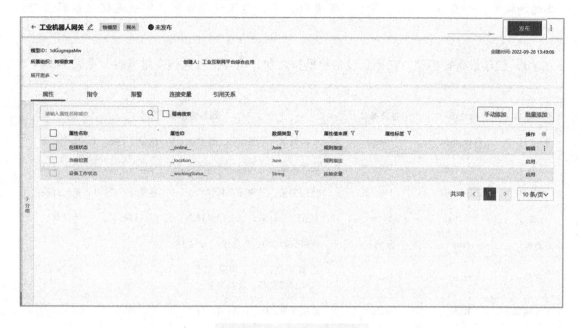

图 2-2-12 发布网关物模型

7）物模型发布成功之后，会在页面右下角弹出"模型已成功发布"的消息弹窗，模型状态会变为"已发布"状态，如图 2-2-13 所示。此时，如果需要修改模型，可以单击"修改模型"按钮，把物模型切换到编辑状态。

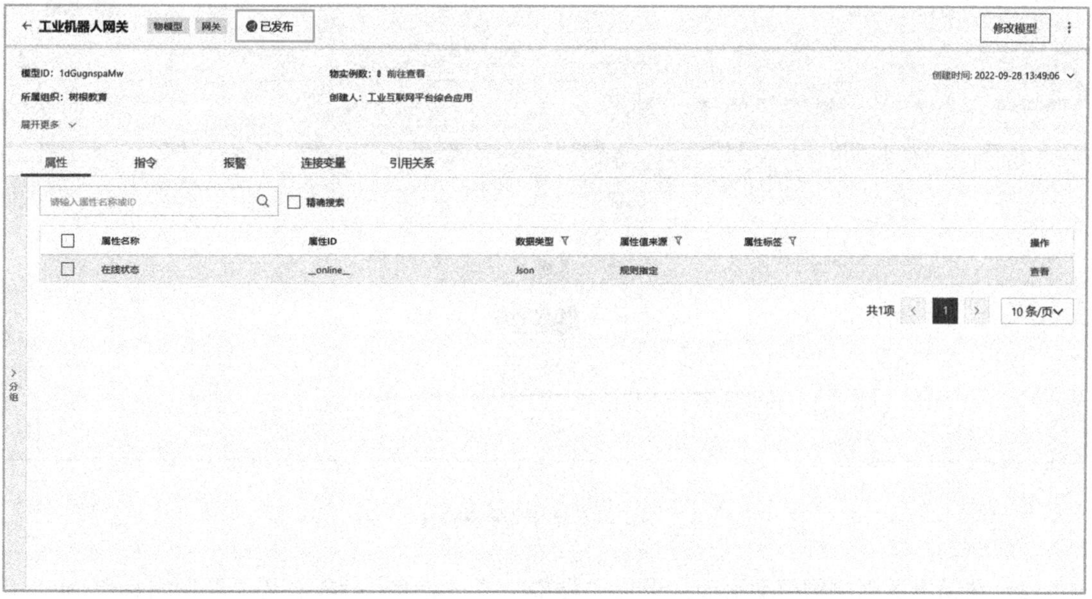

图 2-2-13 已发布模型

> **说明：** 本示例中的网关模型不需要做其他修改，因此可直接发布物模型。对于设备类的物模型，如有添加属性、指令、报警灯需求，建议认真审核，审核无误之后再进行发布。

（3）创建设备物模型　在创建设备物模型之前，需要梳理连接变量点表，见表2-2-4。

表 2-2-4　连接变量点表

属性名称	属性 ID	数据类型	属性值来源及规则
作业灯	work_light	Integer	连接变量；采集设备工作状态，0：作业灯不亮，1：作业灯亮
待机灯	wait_light	Integer	连接变量；采集设备待机状态，0：待机灯不亮，1：待机灯亮
报警灯	alarm_light	Integer	连接变量；采集设备报警状态，0：报警灯不亮，1：报警灯亮
停机灯	close_light	Integer	连接变量；采集设备停机状态，0：停机灯不亮，1：停机灯亮
急停	Emg	Integer	连接变量；0：非急停；1：急停
报警	Alarm	Integer	连接变量；采集设备报警状态，0：不报警，1：温度报警，2：电流报警，3：光栅报警
工作模式	Mode	Integer	连接变量；0：手动；1：自动
执行信号	workIO	Integer	连接变量；0：执行，1：不执行

1）返回物模型列表页面，单击"创建"按钮，使用"直接创建"方式创建一个新的物模型，如图 2-2-14 所示。

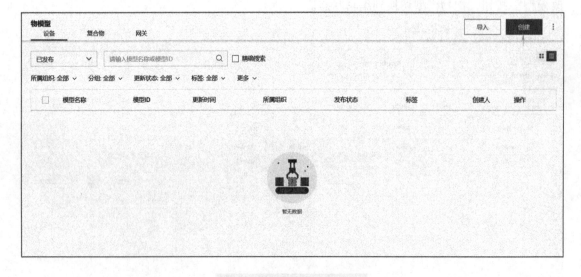

图 2-2-14　物模型列表页面

2）在弹出的创建物模型页面，设置"类型"为"设备"；自定义"模型名称"为"工业机器人"，设置"分类"为"教学设备"，最后单击"创建"按钮，如图 2-2-15 所示。

3）物模型创建完成之后，系统会弹出"工业机器人"物模型的配置页面，在"属性"列表页下，单击"手动添加"按钮，开始配置模型属性，如图 2-2-16 所示。

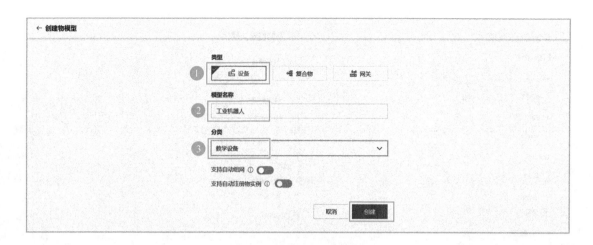

图 2-2-15　创建设备物模型

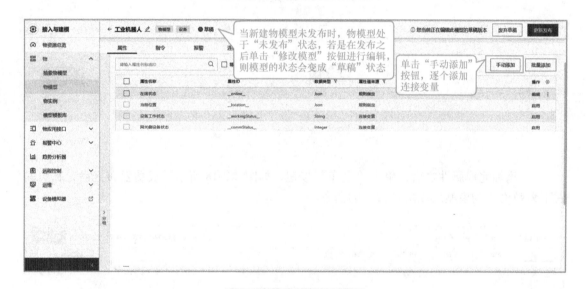

图 2-2-16　手动添加属性

4）在弹出的对话框中，参考表 2-2-4 添加"设备状态"属性，如图 2-2-17 所示，自定义"属性名称"为"设备状态"，填写"属性 ID"为"Status"，设置"数据类型"为"Integer"，"读写操作设置"为"读写"，"属性值来源"为"连接变量"，并在下方输入连接变量名称为"Status"，"历史数据保存方式"为"全部保存"，"取值范围"为"0～2"。完成属性的基本信息、属性值配置及其他配置后，单击"确定"按钮保存。以同样的方法添加其他连接变量的属性。

说明：①属性名称、属性 ID、属性标签、属性描述都可以自定义。在项目实施中，一般建议属性 ID 和工业网关软件配置中的采集 IO 点名称一致，方便对应查验数据。

②采集点表列举了主要属性采集点，实际工业现场需要根据业务需求整理所需的属性，进行统一添加。属性值来源为连接变量的属性，主要是根据采集点表信息确定的。

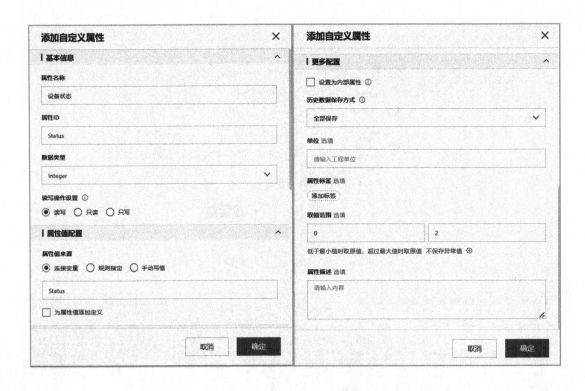

图 2-2-17 "设备状态"属性设置

5）添加完成属性之后，单击"发布"按钮，如图 2-2-18 所示。成功发布之后，在页面右下角弹出"物模型已成功发布"的消息。

图 2-2-18 发布模型

6）发布完成之后的效果如图 2-2-19 所示，此时设备状态为"已发布"状态。

（4）注册网关物实例

1）进入"接入与建模"页面，选择左侧菜单栏中的"物实例"，单击"注册"按钮，如图 2-2-20 所示。

图 2-2-19　设备为"已发布"状态

图 2-2-20　注册物实例

2）页面跳转到"注册物实例"页面，如图 2-2-21 所示。设置"类型"为"网关"，"选择模型"为"工业机器人网关"，自定义填写"实例名称"为"工业机器人网关"，填写"物标识"为"Gbox0001"，选择"密钥认证"后随即生成密钥。

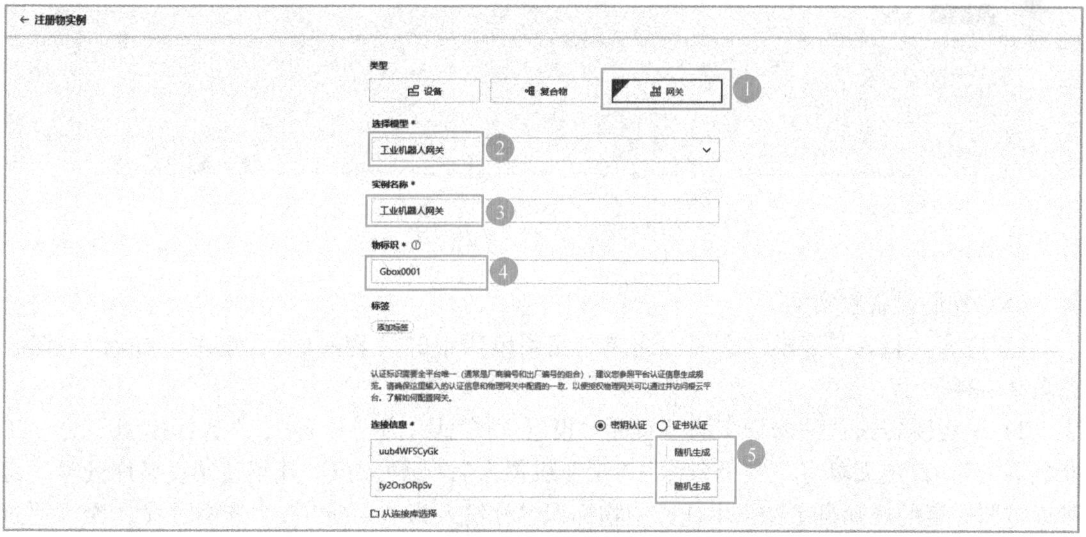

图 2-2-21　配置物实例

3）注册成功后，系统会弹出注册成功的提示，如图 2-2-22 所示。

图 2-2-22　实例注册成功提示

4）单击图 2-2-22 所示页面的"前往查看"按钮，跳转到网关实例信息页面，可以查看该实例的信息，如图 2-2-23 所示。该页面中的"认证标识"和"认证密钥"是平台与设备通信的关键。此时，由于网关实例与实物网关还未建立通信，因此处于未激活状态。

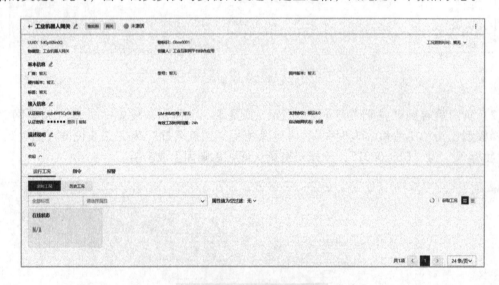

图 2-2-23　查看物实例信息

（5）注册设备物实例

1）进入"接入与建模"页面，选择左侧菜单栏中的"物实例"，单击"注册"按钮，如图 2-2-24 所示。

2）页面跳转到"注册物实例"页面，设置"类型"为"设备"，"选择模型"为"工业机器人"，自定义填写"实例名称""工业机器人"，"物标识"建议使用设备序列号，也可以按照一定的规则自定义，本任务中物标识名称输入为"Gbox1"，"连网方式"为"通过网关连接"，"关联网关"设置为本任务前面步骤创建的"工业机器人网关 Gbox0001"，"通信标识"会根据"物标识"内容自动生成，最后单击"注册"按钮，完成设备实例的注册，如图 2-2-25 所示。

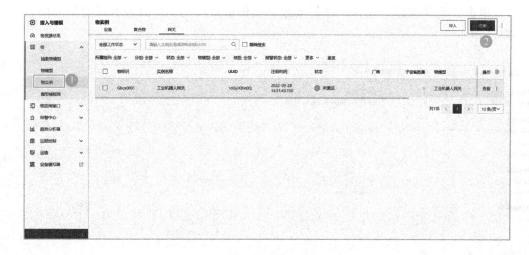

图 2-2-24　注册物实例

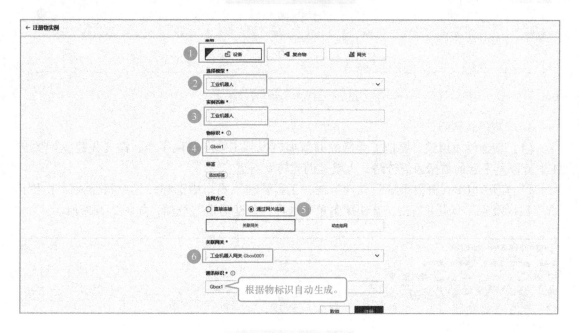

图 2-2-25　配置物实例

3）注册成功后，系统会弹出注册成功的提示，如图 2-2-26 所示。

图 2-2-26　实例注册成功提示

4）单击"前往查看"按钮，跳转到设备实例信息页面，可以查看该实例的信息，如图 2-2-27 所示。

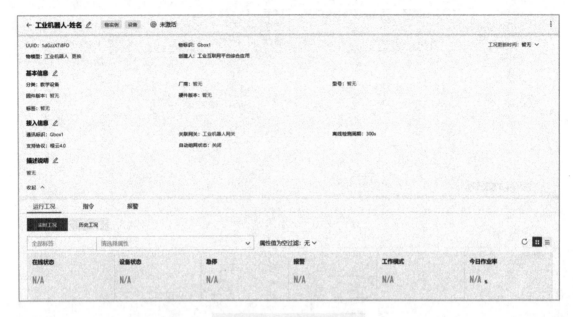

图 2-2-27　查看物实例信息

2. 配置网关推送信息

（1）新建转发通道　要把工业网关的数据转发到工业互联网平台，需要先建立网关与工业互联网平台的数据通信链路，也就是创建转发通道。

1）打开"GBox 开发系统"软件，在"工程管理"窗口中选择"工业机器人"节点下的"数据服务"节点并右击，在快捷菜单中选择"新建通道"选项，如图 2-2-28 所示。

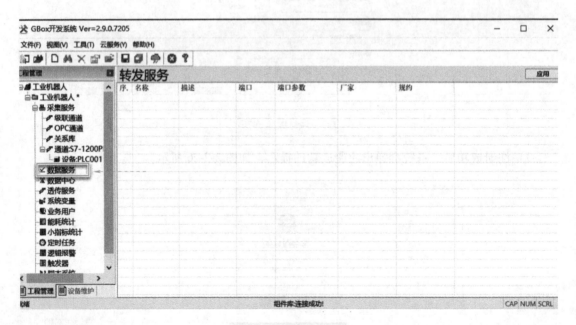

图 2-2-28　新建通道

2）在弹出的"通道"对话框中，输入自定义的通道名称，本示例使用"Rootcloud"，单击"规约"后的"…"按钮；如图 2-2-29 所示。

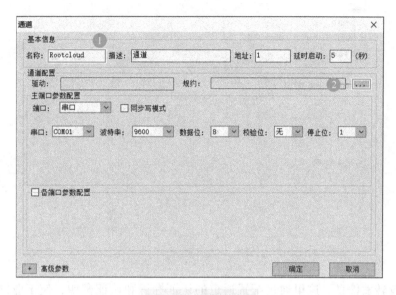

图 2-2-29　配置通道

3）在"请选择驱动"对话框中，选择"系统成套"节点下的"根云 V4.0"节点，单击"确定"按钮，完成驱动的选择，如图 2-2-30 所示。

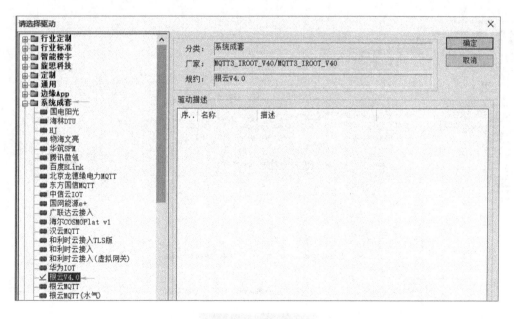

图 2-2-30　选择驱动

4）完成上一步骤的操作后，系统弹出"通道"对话框，此时可以看到"通道配置"中的"驱动"和"规约"文本框都已经自动填充。在本任务中，"端口"设置为"TCP客户端"，"远程 IP"输入"mqtt-broker. rootcloud. com"，"远程端口"输入"1883"。转发根云平台的 IP 地址和端口是固定的，不可自定义。最后单击"确定"按钮，完成通道的创建，如图 2-2-31 所示。

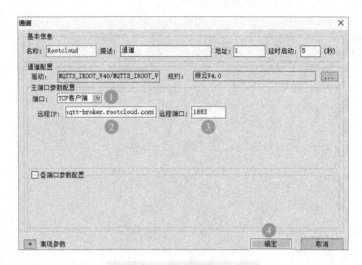

图 2-2-31　完成通道的创建

（2）配置转发信息　这里通过配置通道的认证标识和认证密钥，使工业网关采集的设备与工业互联网平台上的实例建立一一对应的映射关系。

1）选中创建好的"Rootcloud"通道，切换到"基本信息"选项卡，在当前页面中单击"高级配置"按钮，如图 2-2-32 所示。

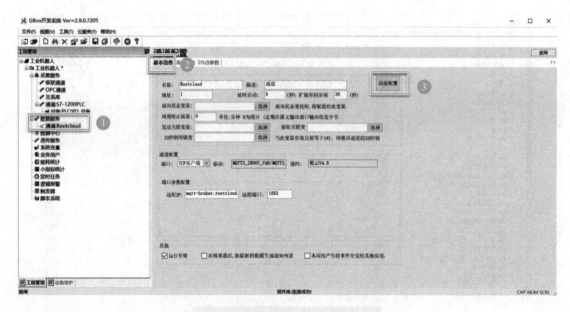

图 2-2-32　单击"高级配置"按钮

2）在弹出的"参数配置"对话框中输入根云平台的服务器地址"mqtt-broker.rootcloud.com"和服务器端口"1883"；在"CliendID"和"用户名"文本框中输入需要接入平台的物实例的认证标识，在"密码"文本框中输入认证密钥，本示例使用"工业机器人网关"物实例的认证密码和认证密钥；最后单击"确定"按钮完成配置，如图 2-2-33 所示。

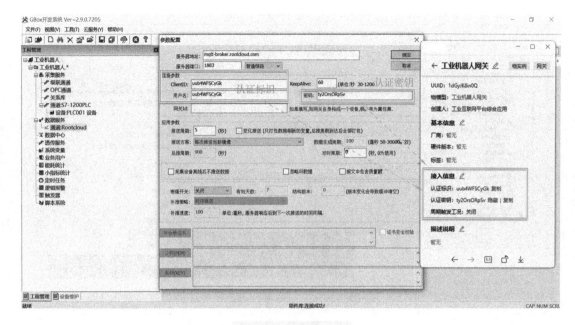

图 2-2-33　配置参数

（3）配置 DS 点参数

1）在"通道配置"页面中切换到"点表参数"选项卡；选中"通道根点表"并右击，在快捷菜单中选择"新建虚拟设备"选项，如图 2-2-34 所示。

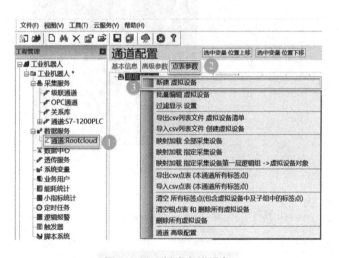

图 2-2-34　新建虚拟设备

2）在弹出的"转发虚拟设备"对话框中自定义"名称"，本示例输入"PLC001"，在"deviceId"文本框中输入创建的物实例的通信标识，最后单击"确定"按钮完成设置，如图 2-2-35 所示。

3）创建完成后，在灰色区域右击，选择快捷菜单中的"加载采集信息"选项，如图 2-2-36 所示。

4）在弹出的"映射采集点"对话框中，按图 2-2-37 所示进行配置，只保留部分采集类型，勾选需要加载的采集设备，最后单击"确定"按钮，即完成了设备的加载。

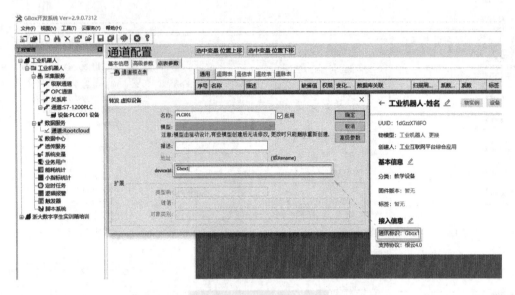

图 2-2-35　配置虚拟设备

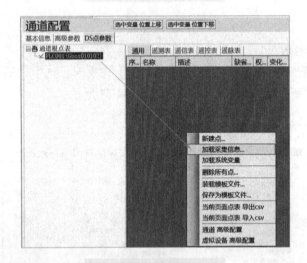

图 2-2-36　加载采集信息

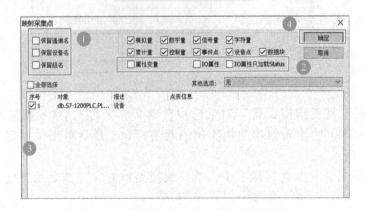

图 2-2-37　勾选需要加载的采集设备

（4）更新网关工程　完成以上配置后，保存更新后的工程，并按照下载工程操作步骤，把更新后的工程下载到 GBox 网关硬件。

项目训练

1. 单项选择题

（1）工业物联网关能实现本地设备与云端系统之间的通信，以下不属于本地设备的是（　　）。

A. 数控系统　　　　B. 工业机器人　　　C. PLC　　　　　　D. MES 系统

（2）以下哪个不属于常见的标准工控协议。（　　）

A. Modbus　　　　B. Profibus　　　　C. HTTP　　　　　D. BACnet

（3）以下哪一种设备通常不具备拓展功能，需要通过加装信号转换器件进行数据采集。（　　）

A. 自带以太网口的高端数控系统　　　B. 拥有自动控制系统的自动化设备

C. 老旧设备或"哑设备"　　　　　　D. 配备有 SCADA/MES/ERP 软件的设备

（4）在工业设备数据采集的方式中，工业网关采集的特点是什么？（　　）

A. 需要加装外部硬件　　　　　　　B. 直接在上位机系统上运行

C. 无法进行协议转换　　　　　　　D. 工业设备不能连接互联网

（5）工业网关的主要功能是什么？（　　）

A. 数据存储　　　　B. 安全管理　　　　C. 协议转换　　　D. 设备运作控制

2. 多项选择题

（1）常见的标准工控协议包括（　　）。

A. Modbus　　　　B. Profibus　　　　C. UDP　　　　　D. BACnet

（2）常见的工业设备包括（　　）。

A. 数控机床　　　　B. 注塑机　　　　C. 工业机器人　　D. 注射机

（3）常见的控制系统包括（　　）。

A. PLC（可编程逻辑控制器）　　　　B. 分布式控制系统（DCS）

C. 现场总线控制系统（FCS）　　　　D. Linux

（4）工业数据采集中常用的工业通信协议包括哪些？

A. Modbus　　　　B. ProfiNet　　　　C. OPC UA　　　D. S7

（5）常见的数据采集方式有（　　）。

A. IO 采集　　　　　　　　　　　B. 工业网关采集

C. 上位机采集　　　　　　　　　　D. 直接通信采集

3. 判断题

（1）工业物联网关（也称为物联网关或网关）是一款采用嵌入式硬件的计算机设备，具有多个用于连接设备的下行通信接口，一个或者多个用于连接工业互联网平台或采集系统的上行网络接口。（　　）

（2）工业网关采集不适用于需要物理级别信号转换的场景。（　　）

（3）绝大多数工业设备都不具备直接联网的基础，这些无法直接联网的设备要实现设备接入工业互联网平台，就需要借助工业网关。工业网关一端与设备连接，另一端通过网络与系统连接，起到承"上"启"下"的桥梁作用。（　　）

（4）物模型是在现实世界的实体中从属性和事务两个维度抽象出数字化表示的模型，用于对产品功能进行定义。（　　）

（5）物模型创建并发布后，需要注册物实例才能将物理设备与工业互联网平台进行连接。（　　）

项目拓展

下面介绍几种常见的工业设备。

（1）数控机床（图2-2-38）　数控机床是以指令的形式记录各种加工信息，然后用数控装置（CNC）接收输入的加工信息并进行运算处理，再向伺服系统发出相应的脉冲。伺服系统把接收到的脉冲信号转换成机床运动部件的机械位移，用于实现数控机床的进给伺服和主轴伺服控制。数控机床的机械系统包括主轴部分、进给系统、刀库、自动换刀装置（ATC）和自动托盘交换装置（APC）等。数控机床作为工业自动化发展母机，几乎覆盖了所有行业，单纯地要分清应用范围比较困难，因为产业链的形成不是一个单一且独立的模块，而是一条完整的产业链条，涉及制造、化工、冶金、组装和仪器仪表等。可以说，有机械的行业都会用到数控机床。

图2-2-38　数控机床

（2）注塑机（图2-2-39）　又名注射成型机或注射机，在很多工厂中被称为啤机。它是将热塑性塑料或热固性塑料利用成型模具制成各种形状的塑料制品的主要成型设备。注塑机按照注射装置和锁模装置的排列方式，可分为立式、卧式和立卧复合式。注塑机具有可一次成形外形复杂、尺寸精确或带有金属嵌件的质地密致的塑料制品的能力，被广泛应用于国防、汽车、交通运输、建材、包装、农业、文教卫生以及人们日常生活中各个领域。

图2-2-39　注塑机

塑料工业发展迅速，注塑机无论在数量或品种上都占有重要地位，其生产总数占整个塑料成型设备的20%~30%，是塑料机械中增长最快、生产数量最多的机种之一。

（3）工业机器人（图2-2-40）　工业机器人是被广泛用于电子、物流、化工等各个工业领域中的多关节机械手或多自由度的机器装置，可依靠自身的动力源和控制能力实现各种工业加工制造功能。在我国，工业机器人被应用于制造业中居多，小到圆珠笔的生产，大到航天飞机、军用装备和高铁的制造都有广泛的应用，并且已经从较为成熟的行业延伸到食品、医疗等领域。由于机器人技术发展迅速，与传统工业设备相比，不仅在产品的价格上差距越来越小，而且产品的个性化程度高，因此，在一些工艺复杂的产品制造过程中，可以让工业机器人替代传统设备，实现经济效益的显著提高。

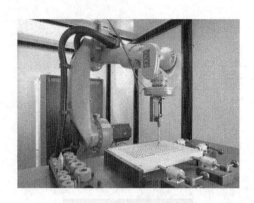

图 2-2-40　工业机器人

项目小结

随着工业企业的转型升级，新一代信息技术逐渐与传统制造业结合，在转型升级的过程中，存在数据采集难的问题。依据采集的设备不同，工业数据采集可以分为 3 类：①针对传感器、变送器、采集器等专用采集设备的工业数据采集；②针对 PLC、嵌入式系统等通用控制设备的工业数据采集；③对机器人、数控机床等专用智能装备的工业数据采集。工业数据的采集方式主要有 4 种：工业网关采集、加装信号转换器件采集、上位机系统采集、平台与设备直接通信采集。其中，工业网关采集可以采集不同设备的不同类型的数据，并将数据传输到工业互联网平台，实现对生产现场实时监测和数据采集，并可以根据业务需要进行二次开发和改造。

本项目根据指标体系使用相应的工业网关进行配置，一方面，对工业机器人进行数据采集，使工业网关与搬运机器人能够正常通信；另一方面，将工业机器人接入工业互联网平台，使采集的数据能上传到工业互联网平台。

项目 3
工业互联网平台建模

任务 3.1　配置设备物模型属性

3.1.1　任务说明

【任务描述】

由于工业设备的运营指标有很多，不同指标的计算方法也不尽相同，因此将运营指标体系进行拆解，可梳理出业务需求中对指标计算的需求，实现企业数据采集并接入工业互联网平台。

为了实现工业互联网平台与设备的数据接入，需要将设备属性采集点与工业互联网平台的指标计算模型进行映射，为物模型添加"连接变量"的属性。根据指标体系的拆解得到的相关指标规则，为物模型添加"规则指定"的属性，根据这些属性定义相应的条件变量，并将这些条件变量映射到运营指标计算公式中。然后，使用 Groovy 语言对需要运算的公式进行编程，计算公式的输入一般为"设备连接变量"，输出为"指标运算结果"。

因此在本任务中，数据工程师需要完成以下三项任务。

1）梳理设备的"连接变量"属性点表。

2）梳理运营指标计算的逻辑，并使用 Groovy 语言进行编程。

3）调试并验证属性的规则是否正确。

【学习导图】

配置设备物模型属性的学习导图如图 3-1-1 所示。

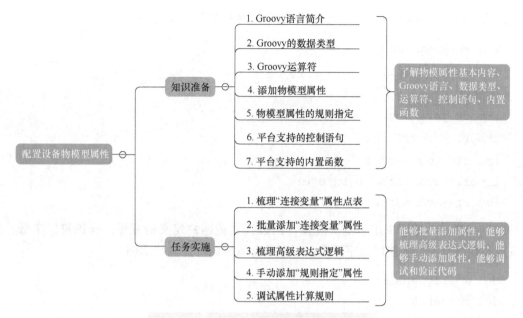

图 3-1-1　配置设备物模型属性的学习导图

【任务目标】

知识目标	技能目标	素质目标
1）了解创建物模型和物实例需设置的参数。 2）了解设备物模型的规则指定。 3）了解 Groovy 语言及其特点。 4）了解 Groovy 的数据类型。 5）熟悉平台支持的操作符。 6）熟悉平台支持的控制语句。 7）熟悉平台常用的内置函数。	1）能熟练地创建模型和物实例。 2）能根据业务需求，添加"连接变量"属性。 3）能编写"规则指定"的计算代码并进行调试。 4）能更新发布物模型并进行验证。	1）培养学生规范、有序的平台操作习惯。 2）培养学生独立思考、动手实践的能力。 3）培养学生良好的编程思维和逻辑分析能力。

3.1.2　知识准备

1. Groovy 语言简介

Groovy 是一种基于 Java 平台的面向对象的语言，其特点有：①Groovy 同时支持静态和动态类型；②支持运算符重载；③提供本地语法列表和关联数组；④提供对正则表达式的本地支持；⑤原生支持各种标记语言，如 XML 和 HTML；⑥Groovy 和 Java 的语法非常相似；⑦可以使用现有的 Java 库；⑧Groovy 扩展了 java. lang. Object。

（1）在 Groovy 中导入语句　在 Groovy 语言中可以用 import 导入语句，可以让代码通过 import 关键字来使用其他库的功能。下面的示例演示了如何使用 MarkupBuilder 类，它是创建 HTML 或 XML 标记的常用类之一。

```
import groovy. xml. MarkupBuilder
def xml=new MarkupBuilder()
```

默认情况下，Groovy 在代码中包括以下库，因此不需要显式导入。

```
import java.lang.*
import java.util.*
import java.io.*
import java.net.*
import groovy.lang.*
import groovy.util.*
import java.math.BigInteger
import java.math.BigDecimal
```

（2）标识符　标识符用于定义变量、函数或其他用户定义的变量。标识符以字母、符号 $ 或下划线开头，不能以数字开头。以下是有效标识符的一些示例。

```
def employeename
def student1
def student_name
```

其中，"def"是 Groovy 用来定义标识符的关键字。下面是一个如何在程序中使用标识符的代码示例，在此示例中，变量"x"被用作标识符。

```
class Example {
    static void main(String[ ] args){
        //One can see the use of a semi-colon after each statement
        def x=5;
        println('Hello World');
    }
}
```

（3）关键词　关键字是 Groovy 编程语言中保留的特殊字，表 3-1-1 列出了在 Groovy 中定义的关键字。

表 3-1-1　Groovy 中定义的关键字

as	assert	break	case	catch
class	const	continue	def	default
do	else	enum	extends	false
finally	for	goto	if	implements
import	in	instanceof	interface	new
pull	package	return	super	switch
this	throw	throws	trait	true
try	while			

（4）Groovy 令牌　Groovy 令牌可以是一个关键字、一个标识符、常量、字符串文字或符号。在以下的代码示例中有两个令牌，一个是关键词"println"，另一个是字符串"Hello World"。

```
println("Hello World");
```

（5）Groovy 注释　Groovy 注释可以是单行或多行。单行注释使用标识"//"，在该行的任何位置进行识别。以下代码是单行注释的使用示例。

```
class Example {
    static void main(String[ ] args){
        //Using a simple println statement to print output to the console
        println('Hello World');
    }
}
```

多行注释使用标识"/*"识别注释的开始位置，用标识"*/"识别注释的末尾位置。以下代码是多行注释的使用示例。

```
class Example {
    static void main(String[ ] args){
        /* This program is the first program
        This program shows how to display hello world */
        println('Hello World');
    }
}
```

（6）分号　就像 Java 编程语言一样，需要在 Groovy 定义的多个语句之间使用分号进行区分。在以下示例中，不同行的代码语句之间使用了分号";"进行区分。

```
class Example {
    static void main(String[ ] args){
        //One can see the use of a semi-colon after each statement
        def x=5;
        println('Hello World');
    }
}
```

（7）空白　在编程语言（如 Java 和 Groovy）中，空白用来表示空格、制表符、换行符和注释术语。在下面的代码示例中，关键字"def"和变量"x"之间存在的空白是为了让编译器知道"def"需要被使用，并且"x"是需要被定义的变量名的关键字。

```
def x=5;
```

（8）文字　文字在 Groovy 中表示固定值的符号。Groovy 语言的符号有整数、浮点数、字符和字符串。下面的示例是一些在 Groovy 程序中的文字。

```
12
1.45
```

'a'

"aa"

2. Groovy 的数据类型

byte 表示字节值，如"2"。

short 表示一个短整型，如"10"。

int 表示整数，如"1234"。

long 表示一个长整型，如"10000090"。

float 表示 32 位浮点数，如"12.34"。

double 表示 64 位浮点数，这些数字有时可能需要用更长的十进制数表示，如"12.3456565"。

char 表示单个字符文字，如"A"。

Boolean 表示一个布尔值，可以是"true"或"false"。

String 表示以字符串的形式表示的文本，如"Hello World"。

3. Groovy 运算符

运算符是一个符号，用于通知编译器执行特定的数学或逻辑操作。Groovy 中有 5 种运算符：算术运算符、关系运算符、逻辑运算符、位运算符和赋值运算符。

算术运算符的说明及例子见表 3-1-2。

表 3-1-2　算术运算符的说明及例子

算术运算符	说明	例子
+	两个操作数的加法	1+2 将得到 3
−	第一、第二操作数相减	2−1 将得到 1
*	两个操作数的乘法	2*2 将得到 4
/	两个操作数的除法	3/2 将得到 1.5
++	自增运算，在自身值的基础上加 1	INT X=5; X++; X 将得到 6
−−	自减运算，在自身值的基础上减 1	INT X=5; X−−; X 将得到 4

关系运算符的说明及例子见表 3-1-3。

表 3-1-3　关系运算符的说明及例子

关系运算符	说明	例子
==	测试两个对象是否相等	2==2 将得到 true
!=	测试两个对象是否不等	3!=2 将得到 true
<	检查左边的对象是否小于右边的对象	2<3 将得到 true
<=	检查左边的对象是否小于或等于右边的对象	2<=3 将得到 true
>	检查左边的对象是否比右边的对象大	3>2 将得到 true
>=	检查左边的对象是否大于或等于右边的对象	3>=2 将得到 true

逻辑运算符用于计算布尔表达式，逻辑运算符的说明及例子见表 3-1-4。

表 3-1-4　逻辑运算符的说明及例子

逻辑运算符	说明	例子
&&	逻辑"与"运算	true && true 得到 true
‖	逻辑"或"运算	true ‖ true 得到 true
!	逻辑"非"运算	! true 得到 false

Groovy 中有 4 种位运算符，其说明见表 3-1-5。

表 3-1-5　位运算符及其说明

位运算符	说明
&	按位"与"运算
		按位"或"运算
^	按位"异或"或异或运算符
~	按位反运算符

位运算符的真值表见表 3-1-6。

表 3-1-6　位运算符的真值表

p	q	p&Q	p	q	p^Q
0	0	0	0	0
0	1	0	1	1
1	1	1	1	0
1	0	0	1	1

赋值运算符的说明和例子见表 3-1-7。

表 3-1-7　赋值运算符的说明和例子

赋值运算符	说明	例子
+=	A+=B 等价于 A=A+B	DEF A=5 A+=3 输出将是 8
-=	A-=B 等价于 A=A-B	DEF A=5 A-=3 输出将是 2
*=	A*=B 等价于 A=A*B	DEF A=5 A*=3 输出将是 15
/=	A/=B 等价于 A=A/B	DEF A=6 A/=3 输出将是 2
(%)=	A(%)=B 等价于 A=A%B	DEF A=5 A%=3 输出将是 2

4. 添加物模型属性

添加物模型属性有手动添加和批量添加两种方式。

（1）手动添加

1）进入物模型配置页面，选择"属性"选项卡，单击"手动添加"按钮，设置"属性名称""属性ID""数据类型""读写操作设置"，如图3-1-2所示。

图 3-1-2 "添加自定义属性"对话框

2）打开"添加自定义属性"对话框中的"属性值来源"选项组，当选择"连接变量"时，如图3-1-3所示。需要输入连接变量名称、倍率和基数。其中，属性=倍率＊连接变量+基数。

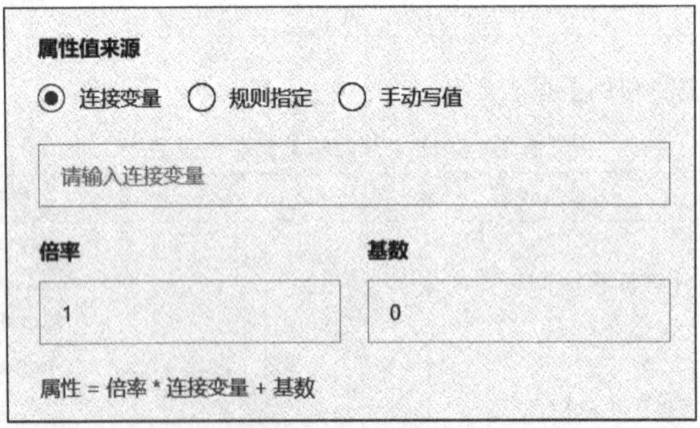

图 3-1-3 属性值来源中的"连接变量"

当选择"规则指定"时，如图3-1-4所示。勾选"允许添加使用时间窗口的属性"，使用 Groovy 语言进行规则指定的编写。

当选择"手动写值"时，如图3-1-5所示，在方框中填写属性的默认值。

3）更多配置。如图3-1-6所示，在"更多配置"中设置属性的"触发方式""属性值小数点位数保留方式"和"历史数据保存方式"。"属性值小数点位数保留方式"可以选择保留1~6位小数，"历史数据保存方式"有"周期保存""变化保存""全部保存"和"不保存"4种方式。

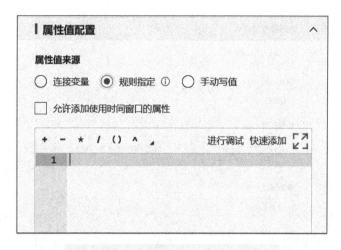

图 3-1-4　属性值来源中的"规则指定"

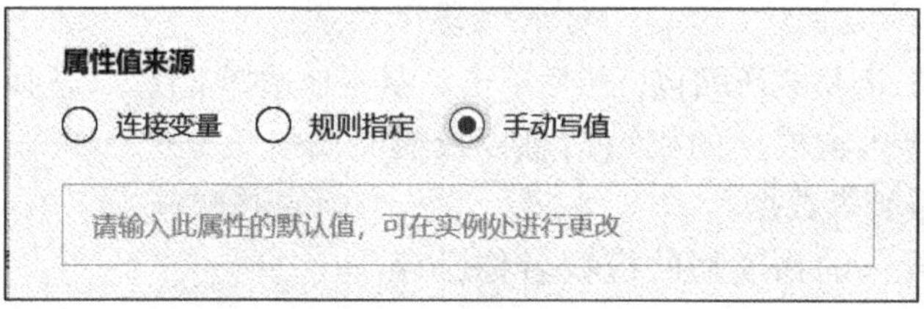

图 3-1-5　属性值来源中的"手动写值"

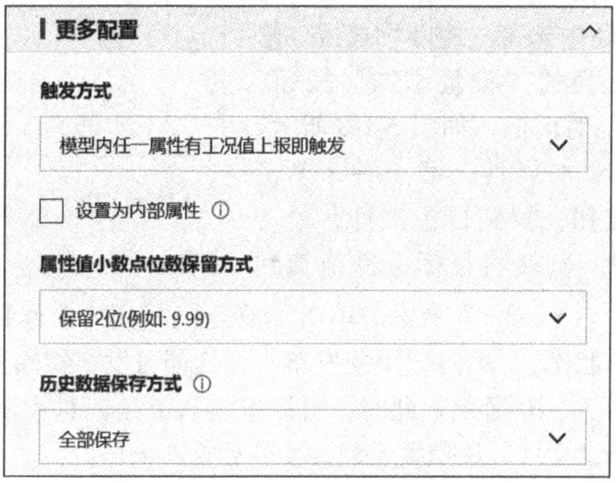

图 3-1-6　"更多配置"对话框

如图 3-1-7 所示，在添加属性时还可以设置属性的"工程单位""属性标签""取值范围"和"属性描述"。

（2）批量添加　进入物模型配置页面，选择"属性"选项卡，单击"批量添加"按钮，弹出"批量添加属性"对话框，如图 3-1-8 所示。若是首次使用批量导入功能，则需先单击"下载 Excel 模板"。根据模板里的提示说明和要求进行填写。一个物模型 Excel 模板支持导入一个物模型，若需同时导入多个物模型，则需填写多个相应的物模型 Excel 模板，置于同一

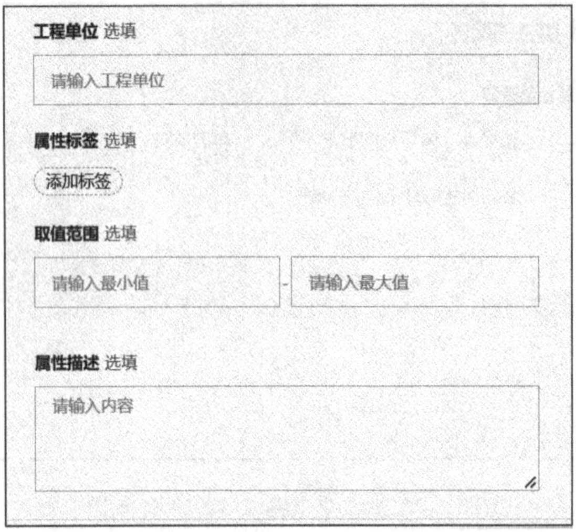

工程单位 选填
请输入工程单位
属性标签 选填
添加标签
取值范围 选填
请输入最小值
请输入最大值
属性描述 选填
请输入内容

图 3-1-7　其他属性配置

个文件夹中并压缩成 zip 格式压缩包，然后单击“从本地选择文件”，选择该压缩包上传。

平台支持批量导入物模型的模型信息以及模型的属性、指令、报警等数据。

操作背景：若导入的物模型的模型名称已存在，系统将会对该名称对应的物模型进行更新，应谨慎使用。

操作步骤：①登录控制台。②进入“接入与建模”页面，在菜单栏中选择“物>物模型>修改模型”。③单击右上角的“批量添加”按钮，弹出“批量添加属性”对话框，如图 3-1-8 所示。

批量添加属性
上传属性
从本地选择文件
下载Excel模板
备注 选填
请输入备注
取消
确定

图 3-1-8 “批量添加属性”对话框

有两种方式批量添加属性，第一种：单击“从本地选择文件”按钮，找到目标文件，单击“打开”按钮；第二种：直接将目标文件拖拽到“从本地选择文件”处，如图 3-1-9 所示。单击“确定”按钮。返回物模型列表页面查看已导入的物模型（未发布状态），单击“更新发布”按钮即可发布物模型。

若导入失败，如图 3-1-10 所示。此时，可以单击右上角消息中心图标查看导入错误详情，并可以下载导入错误文件，按照提示修改文件后重新上传。

如图 3-1-11 所示，若导入成功，则刷新页面即可查看导入结果。

5. 物模型属性的规则指定

在需要对设备采集点属性或结合其他属性数据进行复杂计算时，“属性值来源”需要选择“规则指定”，如图 3-1-12 所示。而规则指定的函数表达式要使用 Groovy 语言编写。

①“使用时间窗口”：勾选该选项后，会对编写的表达式添加指定的时间窗口和表达式，多用于计算某段时间范围内的最大值、最小值和平均值等。

②“允许添加使用时间窗口的属性”：当表达式中参与计算的属性本身就是通过时间窗口计算所得时，必须勾选此选项，否则无法计算。

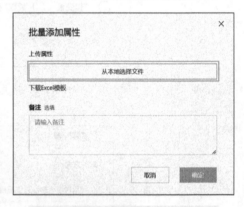

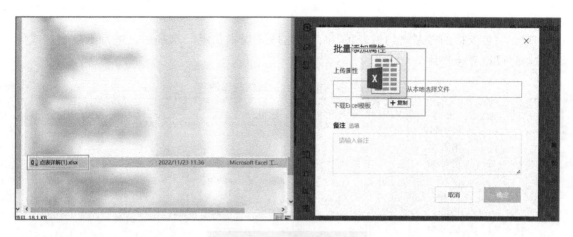

图 3-1-9 拖拽文件上传属性

图 3-1-10 查看属性导入失败的原因

图 3-1-11 属性导入成功

③ "优先级设置"：该参数可以根据需要按 0~9 自定义表达式的计算顺序，优先级默认设置为 0，0 为最高优先级。主动指定计算顺序有助于建立属性计算的依赖关系，使设备的属性定义更符合实际业务。

④ "规则触发方式"：仅 "规则指定" 类型的属性值允许选择该选项。例如，设备全部属性为 A、B、C、D、E、F、G，其中 D = A + B + C，则对 D 表达式而言，当选择 "模型内任一属性有工况值上报即触发" 的方式时，只要 A、B、C、E、F、G 中任一属性上传值，就会触发 D 的表达式；当选择 "参与规则的任一属性有工况上报即触发" 方式时，只要 A、B、C 中任一属性上传值，就会触发 D 的表达式；当选择 "参与规则的所有属性同时有工况上报即触发" 方式时，必须 A、B、C 属性同时上传值才会触发 D 的表达式。

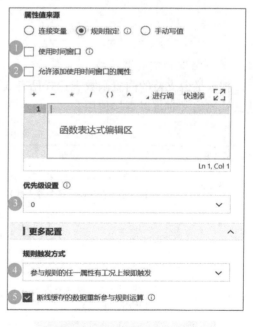

图 3-1-12 "规则指定" 关键配置

⑤ "断线缓存的数据重新参与规则运算"：仅 "规则指定" 类型的属性值允许勾选该选项。勾选该选项后，当出现网络故障等问题时，终端数据将暂时缓存至本地，等待故障恢复后再次上报。

6. 平台支持的控制语句

根云平台支持的控制语句见表 3-1-8，在选择"规则指定"选项后，进行函数表达式代码编写时可以直接使用。

表 3-1-8　根云平台支持的控制语句

语句	语法	示例
if	if（条件）{ 语句 #1 语句 #2 … ｝else｛ 语句 #3 语句 #4 … ｝	if（myAttribute>0）{ return "value1" ｝else｛ return "value2" ｝
for	for（def 元素变量名：数组变量名）{ 语句 #1 语句 #2 … ｝	sum＝0 def elements＝［0，1，2］ for（def i：elements）{ sum＝sum+i； ｝ println sum
while	while（循环条件）{ 语句 #1 语句 #2 … ｝	sum＝0 i＝0 while（i<10）{ sum++ i++ ｝

7. 平台支持的内置函数

根云平台支持的内置函数表达式见表 3-1-9，在选择"规则指定"选项后，进行函数表达式代码编写时可以直接使用。

表 3-1-9　根云平台支持的内置函数表达式

函数表达式	说明	举例
$ sum（）	累加多个浮点数，得到一个浮点数（整型会自动转换为浮点数）	$ sum（1，1.5，2） 返回：4.5

$ location（）	将经纬度转换为省市区信息（根据给定坐标系）	$ location（114.000863，22.598430）
		返回：{
		"country"："中国"，
		"city"："深圳市"，
		"latitude"：22.598430，
		"district"："南山区"，
		"districtCode"：440305，
		"locationSource"："GPS"，
		"state"："广东省"，
		"longitude"：114.000863
		}

（续）

函数表达式	说明	举例

$ online( )	根据给定布尔值，计算设备在线状态	$ online （true）
		返回：{
		　"connected" : "true"
		}

$ connect( )	参考当前计算上下文，计算设备在线状态。若工况中包含参数中的属性，则认为设备在线	$ connect （"__online__"）
		返回：当前设备为直连设备且工况中包含__online__的连接变量
		{
		　"connected" : "true"
		　"directlyLinked" : "true"
		}

$ recent( )	返回目标属性的当前有效值，参数为目标属性名称；如果目标属性当前工况有值上报，则取上报值，反之，取目标属性上一个非空值；如果目标属性从未被赋值，则返回 null 不支持复合物子节点属性，例如，$ recent （"node. property"）	$ recent （"speed"） 返回：speed 属性的当前有效值
$ lastState( )	返回目标属性的上一个有效值，参数为目标属性名称；无论目标属性当前工况是否有值，都取目标属性上一个非空值；如果目标属性从未被赋值，则返回 null 不支持复合物子节点属性，例如，$ lastState （"node. property"）	$ lastState （"speed"） 返回：speed 属性的上一次上数的有效值
$ timestamp( )	获取设备本次上数的时间，返回值为长整型表示的时间戳	$ timestamp( ) 返回：设备本次上数的时间，例如，1599475541447，表示 2020-09-07T10:45:41. 447Z
$ lastStamp( )	获取设备上一次上数的时间，返回值为长整型表示的时间戳	$ lastStamp( ) 返回：设备上一次上数的时间，例如，1599475541447，表示 2020-09-07T10:45:41. 447Z
$ max( )	计算同类型、可比较的不定参数中最大的一个，对象类型可以是数值型或字符串	$ max （1, 1.5, 2） 返回：2
$ min( )	计算同类型、可比较的不定参数中最小的一个，对象类型可以是数值型或字符串	$ min （1, 1.5, 2） 返回：1

（续）

函数表达式	说明	举例

$ dateFromTimestampString( )	将给定的时间字符串按照给定的格式转换为日期结构的 JSON	$ dateFromTimestampString（"2021-05-07 09：48：39"，"yyyy-MM-dd HH：mm：ss"）
		返回：{
		　"dayOfWeek"：5，
		　"hour"：9，
		　"month"：5，
		　"dayOfMonth"：7，
		　"year"：2021，
		　"second"：39，
		　"minute"：48
		}

$ hasProperty( )	判断当前计算上下文中是否有目标属性	$ hasProperty（"node"，"targetProperty"） 返回：true 如果输入中的 node 节点包含 targetProperty 属性，等价于 node? . targetProperty ！= null

> **说明：** 本任务示例是重点内置函数，完整的内置函数可参考附录 B。

3.1.3　任务实施

1. 梳理"连接变量"属性点表

在建立模型之后，需要根据真实设备梳理一份设备属性采集点表。回顾项目一指标体系的拆解和项目二设备数据采集，可得出工业机器人部分属性采集点表，见表 3-1-10。

表 3-1-10　工业机器人部分属性点表

属性名称	属性 ID	数据类型	读写操作设置
报警	Alarm	Integer	读写
工作模式	Mode	Integer	读写
执行信号	WorkIO	Integer	读写
作业灯	Work_light	Integer	读写
待机灯	Wait_light	Integer	读写
报警灯	Alarm_light	Integer	读写
停机灯	Close_light	Integer	读写
急停按钮	Emg	Integer	读写

2. 批量添加"连接变量"属性

1）如图 3-1-13 所示，登录根云平台，进入物模型列表页面，单击具体物模型右侧的

"查看"按钮,进入在任务 2.2 中创建的"工业机器人"物模型详情页面。

2)在"工业机器人"物模型详情页面,单击页面右上角"修改模型"按钮(图 3-1-14),页面跳转后进入可编辑页面。物模型的状态由"已发布"状态转为"草稿"状态。出现"手动添加"和"批量添加"按钮,如图 3-1-15 所示。

1. 批量添加"连接变量"属性

3)单击"批量添加"按钮,弹出图 3-1-16 所示对话框,将"工业机器人连接变量属性点表.xlsx"表格拖至"从本地选择文件"处,单击"确定"按钮,完成上传。

图 3-1-13 查看"工业机器人"物模型详情

图 3-1-14 "工业机器人"物模型详情页面

4)添加完成指标属性之后,返回到物模型的详情页面,单击"更新发布"按钮,重新发布物模型,如图 3-1-17 所示。

5)在成功发布物模型后,系统会弹出图 3-1-18 所示的"模型已成功发布"的提示框。

3. 梳理高级表达式逻辑

根据项目 1 的指标拆解,梳理设备各类指标代码逻辑,主要步骤为:①计算"设备状态";②计算"今日开机时长";③计算"今日开机率";④计算"今日产量"。

图 3-1-15 "草稿" 状态

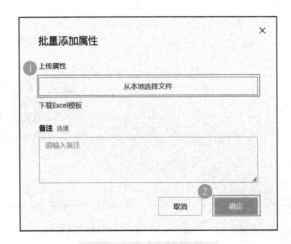

图 3-1-16 批量添加属性

图 3-1-17 "更新发布" 物模型

图 3-1-18 "模型已成功发布" 的提示框

1）根据项目 1 中介绍的拆解指标体系，"设备状态"与作业灯、待机灯、报警灯、停机灯有关，已知这几种灯不同时亮。绿灯亮，设备状态为 1，即工作；黄灯亮，设备状态为 2，即待机；红灯亮，设备状态为 3，即故障；其他情况发生时，设备状态为 0，即停机。

2）依据项目 1 中"今日开机时长"的指标拆解逻辑，"今日开机时长"与"设备状态"相关，梳理"今日开机时长"拆解逻辑。如图 3-1-19 所示。获取当前开机状态的值，为空时默认为停机；获取当前的开机时长，当前属性值是空时默认为 0；获取当前时间戳和上一次上云时间戳；判断日期是否相等，不相等则"开机时长"清零，起始时间设置为今日 0 时 0 分 0 秒。

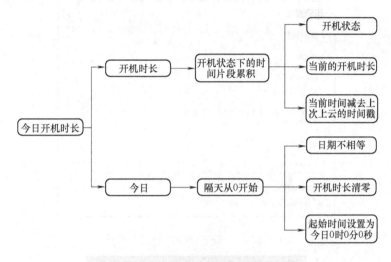

图 3-1-19　"今日开机时长"的拆解逻辑

3）计算"今日开机率"逻辑：①今日开机率，先获取当前的开机时长，当前属性值为空时默认为 0；②公式，开机时长÷自然时长×%100。

4）如图 3-1-20 所示，计算"今日产量"逻辑步骤为：①获取当前今日产量的值，为空时默认为 0；②获取当前的执行信号，当前属性值为空时默认为 0；③对当前执行信号值进行判断，如果执行信号为 1，则今日产量加 1，否则今日产量保持不变；④判断日期是否相等，不相等则产量清零。

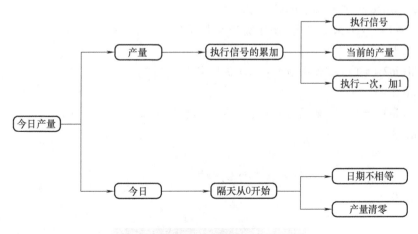

图 3-1-20　"今日产量"的拆解逻辑

4. 手动添加"规则指定"属性

本任务需要根据项目 1 中拆解的一级、二级、三级指标进行计算。本任务示例根据"今日开机时长""今日开机率"和"今日产量"指标进行计算。

（1）添加"设备状态"属性

2. 添加"设备状态"属性

1）进入物模型详情页面，单击"手动添加"按钮，添加"设备状态"属性的基本信息。这里，设置"属性名称"为"设备状态"，"属性 ID"为"device_status"，"数据类型"为"Integer"，"读写操作设置"为"读写"，如图 3-1-21 所示。

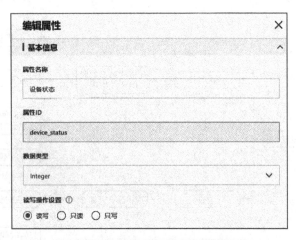

图 3-1-21 "设备状态"的基本信息

2）进行"设备状态"属性配置。"属性值来源"选择"规则指定"，根据高级表达式的逻辑梳理，"设备状态"属性的代码内容如下。

```
//获取当前作业灯取值
def io1 = $ recent("work_light")?:0
//获取当前待机灯取值
def io2 = $ recent("wait_light")?:0
//获取当前报警灯取值
def io3 = $ recent("alarm_light")?:0
if(io1 == 1){//如果绿灯亮,设备状态为 1:工作
    return 1
}else if(io2 == 1){//如果黄灯亮,设备状态为 2:待机
    return 2
}else if(io3 == 1){//如果红灯亮,设备状态为 3:故障
    return 3
}
else{//其他情况为停机,设备状态为 0:停机
    return 0
}
```

3）为"设备状态"属性添加定义，"优先级设置"为 0，如图 3-1-22 所示，添加 0 为停机，1 为作业，2 为待机，3 为报警。

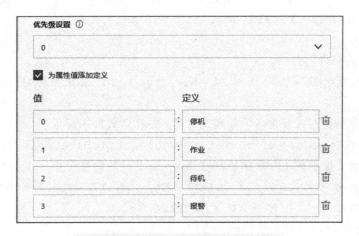

图 3-1-22　"设备状态"的属性值定义

（2）添加"今日开机时长"属性

1）单击"手动添加"按钮，添加"今日开机时长"基本信息。这里，设置"属性名称"为"今日开机时长"，"属性 ID"为"open_hour"，"数据类型"为"Number"，"读写操作设置"为"读写"，如图 3-1-23 所示。

3. 添加"今日开机时长"属性

图 3-1-23　"今日开机时长"的基本信息

2）进行"今日开机时长"属性配置，"属性值来源"选择"规则指定"，根据高级表达式的逻辑梳理，"今日开机时长"属性的代码内容如下。

```
//修改变量名称,符合通用设置,根据传入的状态时长属性 ID 获取该状态当前时长
def tempDuration = $ recent("open_hour")?:0
//获取当前设备运行状态
def runningStatus = $ recent("Status")?:0
//获取当前时间戳(单位:ms)
```

```
long dataTimestamp=__timestamp__.longValue()
//获取上次上云时间戳(单位:ms)
long lastStamp=$lastStamp()?:dataTimestamp
//判断隔天
//指定'年-月-日'转化格式
java.text.SimpleDateFormat sf=new java.text.SimpleDateFormat("yyyy-MM-dd")
//将格式为长整型的当前时间戳转化为'年-月-日'格式的字符串
String nowTimeStr=sf.format(new java.util.Date(dataTimestamp))
//将格式为长整型的上一时间戳转化为'年-月-日'格式的字符串
String lastTimeStr=sf.format(new java.util.Date(lastStamp))
//如果当前时间和上一时间不相等,则判断为隔天
if(nowTimeStr<=>lastTimeStr){
    //初始化今日开机时长为0
    tempDuration=0
    //指定'年-月-日-时-分-秒'转化格式
    java.text.SimpleDateFormat sdf_convert=new java.text.SimpleDateFormat("yyyy-MM-dd HH:mm:ss")
    //上一时间戳设置为当天的0时0分0秒,并将其转化为数值格式
    lastStamp=(sdf_convert.parse(nowTimeStr+" "+"00:00:00")).getTime()
}
//判断隔天结束
//根据传入的状态时长修改条件(0为停机,1为作业,2为待机,非0为开机)
if(runningStatus!=0){
    //状态时长与转化成小时的时间片段累加
    tempDuration=tempDuration+(dataTimestamp-lastStamp)/1000/3600
}
//返回时长
return tempDuration
```

3)在"今日开机时长"属性的"更多配置"选项组中,"属性值小数点位数保留方式"设置为"保留6位",时间戳数的毫秒单位换算为小时后,保留位数需6位以上,如图3-1-24所示。

4. 添加"今日开机率"属性

(3)添加"今日开机率"属性

1)单击"手动添加"按钮,添加"今日开机率"基本信息。这里,设置"属性名称"为"今日开机率","属性ID"为"open_rate","数据类型"为"Number","读写操作设置"为"读写",如图3-1-25所示。

2)进行"今日开机率"属性配置。"属性值来源"选择"规则指

图 3-1-24　"今日开机时长"属性的"更多配置"选项组

图 3-1-25　"今日开机率"的基本信息

定",根据高级表达式的逻辑梳理,"今日开机率"属性的代码内容如下。

```
//获取当前今日开机时长
def openHour = $ recent("open_hour")
//返回今日开机时长 * 100/自然时长
return openHour * 100/24
```

3)在"今日开机率"属性的"更多配置"选项组中,设置"属性值小数点位数保留方式"为"保留 2 位","历史数据保存方式"为"全部保存","工程单位"为"%",如

图 3-1-26 所示。

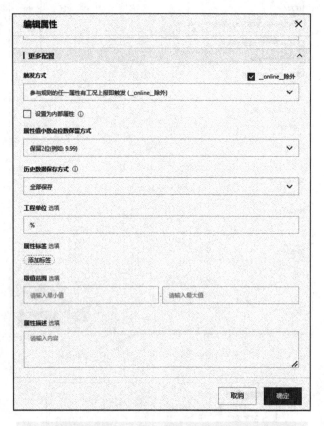

图 3-1-26 "今日开机率"属性的"更多配置"选项组

（4）添加"今日产量"属性

1）单击"手动添加"按钮，添加"今日产量"基本信息。这里设置"属性名称"为"今日产量"，"属性 ID"为"today_output"，"数据类型"为"Number"，"读写操作设置"为"读写"，如图 3-1-27 所示。

5. 添加"今日产量"属性

图 3-1-27 "今日产量"的基本信息

2）进行"今日产量"属性配置。"属性值来源"选择"规则指定"，根据高级表达式的逻辑梳理，"今日产量"属性的代码内容如下。

```
//获取当前今日产量
def todayProductOutput = $ recent("today_output")?:0;
//获取当前执行信号
def nowCount = $ recent("workIO")?:0;
//获取当前时间戳
long now = __timestamp__. longValue();
//获取上次上云时间戳
long last = $ lastStamp()?:now;
//指定'年-月-日'转化格式
java. text. SimpleDateFormat sf = new java. text. SimpleDateFormat("yyyy-MM-dd")
//将格式为长整型的当前时间戳转化为'年-月-日'格式的字符串
String nowTimeStr = sf. format(new java. util. Date(now))
//将格式为长整型的上一时间戳转化为'年-月-日'格式的字符串
String lastTimeStr = sf. format(new java. util. Date(last))
//判断是否为隔天,隔天产量重新计算
if(nowTimeStr < = >lastTimeStr) {
//返回今日产量为 0
return 0;
}
//获取执行信号的上一个有效值,不包括当前值
def lastCount = $ lastState("workIO")?:0;
//如果上一执行信号等于当前执行信号,或者当前执行信号为 0,则计数返回 0,否则返回 1
def count = lastCount = = nowCount ‖ nowCount = = 0 ? 0 :1;
//返回今日产量+count
return todayProductOutput+count;
```

3）在"今日产量"属性的"更多配置"选项组中，设置"属性值小数点位数保留方式"为"保留 2 位"，"历史数据保存方式"为"全部保存"，如图 3-1-28 所示。

5. 调试属性计算规则

下面以"今日开机时长"和"今日产量"属性为例介绍如何进行调试。

（1）调试"今日开机时长"属性

1）编辑"今日开机时长"属性，代码编写完成之后，单击"进行调试"按钮，对所编写的代码进行调试，如图 3-1-29 所示。

2）在调试窗口的"属性赋值"栏单击"添加"按钮，如图 3-1-30 所示，分别输入代码中使用的属性 ID "device_status""open_hour"和"__timestamp__"，并设置初始值进行调试，单击"开始运行"按钮。若成功运行，单击"运行详情"按钮可以查看运行结果；若运行出现错误，单

6. 调试"今日开机时长"属性

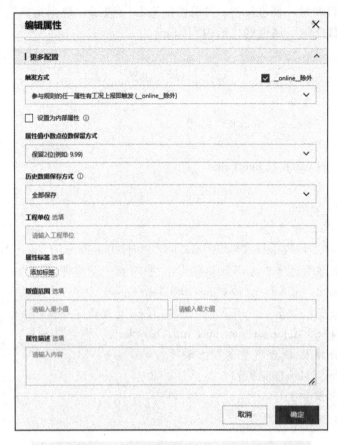

图 3-1-28　"今日产量"属性的"更多配置"选项组

```
设置属性计算规则
+  -  *  /  ()  ^                                                   进行调试  快速添加
1   //修改变量名称,符合通用设置,根据传入的状态时长属性ID获取该状态当前时长
2   def tempDuration = $recent("open_hour")?:0
3   //获取当前设备运行状态
4   def runningStatus = $recent("Status")?:0
5   //获取当前时间戳(单位ms)
6   long dataTimestamp = __timestamp__.longValue()
7   //获取上次上云时间戳(单位ms)
8   long lastStamp = $lastStamp()?:dataTimestamp
9
10  //判断隔天
11  java.text.SimpleDateFormat sf = new java.text.SimpleDateFormat("yyyy-MM-dd")
12
13  String nowTimeStr = sf.format(new java.util.Date(dataTimestamp))
14
```

图 3-1-29　"今日开机时长"属性的调试

7. 调试"今日产量"属性

击"错误"按钮可以查看错误提示信息。

（2）调试"今日产量"属性

1）编辑"今日产量"属性，代码编写完成之后，单击"进行调试"按钮，对所编写的代码进行调试。

2）在调试窗口的"属性赋值"栏单击"添加"按钮，如图 3-1-31 所示，分别输入代码中使用的属性 ID "today_output" "workIO" 和 "__times-

属性赋值 请对上方规则使用的属性进行赋值
运行详情
错误
开始运行
清空
属性ID
属性当前值
属性上一值
open_hour
8
不填 默认为null
device_status
1
不填 默认为null
__timestamp__
4
不填 默认为null
添加
1
8
2

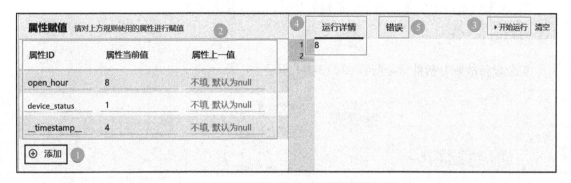

图 3-1-30　“今日开机时长”属性的赋值

tamp__”，并设置初始值进行调试，单击“开始运行”按钮。当属性 ID“today_output”的当前值为“9”、“workIO”为“1”时，说明设备正在作业，今日产量增加 1，在运行详情处查看运行结果为 10，则说明代码正确。

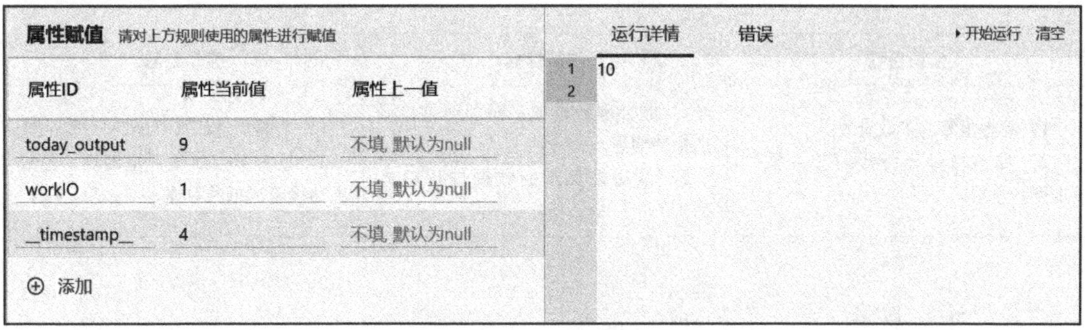

属性赋值 请对上方规则使用的属性进行赋值
运行详情
错误
开始运行
清空
属性ID
属性当前值
属性上一值
today_output
9
不填 默认为null
workIO
1
不填 默认为null
__timestamp__
4
不填 默认为null
添加
1
10
2

图 3-1-31　“今日产量”属性的调试

任务 3.2　工业设备故障分析

3.2.1　任务说明

【任务描述】

工业设备故障分析是指通过数据采集分析技术，对工业设备运行数据进行分析，将设备的状态信息以直观、可视化的方式进行展示，及时发现和判断故障。同时根据设备运行情况和维修经验，结合生产工艺及故障信息，对设备进行预防性维修和状态检修，及时发现异常并提前预警，减少停机时间，提高生产效率。

小树汽车对工业机器人、发电机、油泵电机等工业设备进行运维管理，建立工业设备运维监控系统，实现对各车间及重要设备的实时监测。根据小树汽车的业务需求进行监测得知，工业机器人可靠性差，异常报警停机较多。

因此，在本任务中，数据工程师需要完成以下两项任务。

1）梳理设备报警点表和报警规则，建立设备报警管理。

2）根据设备维护信息，建立设备趋势分析，定位异常问题。

【学习导图】

工业设备故障分析的学习导图如图 3-2-1 所示。

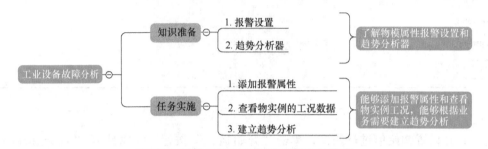

图 3-2-1　工业设备故障分析的学习导图

【任务目标】

知识目标	技能目标	素质目标
1）熟悉报警的参数设置。 2）熟悉趋势分析器的基本操作步骤。	1）能合理地添加报警和查看、筛选报警信息。 2）能对采集到的数据进行趋势分析。	1）培养学生认真严谨的分析能力。 2）培养学生的学习主动性，形成主动检验成果的习惯。

3.2.2　知识准备

1. 报警设置

（1）添加报警　在添加报警信息时，需要添加的自定义报警参数包括报警的名称、报警 ID、报警级别、设置报警触发规则、设置报警解除规则、报警方式、设置报警延迟时间、设置与报警同时上报的属性值、报警原因和解决方案等。

1）报警名称。用户自定义，例如，水温过高报警。

2）报警 ID。用户自定义，例如，alarm001。

3）描述。关于此报警的描述，例如，此报警用于监控水温的变化。

"添加报警"设置页面如图 3-2-2 所示。

4）报警级别。报警级别是由用户在物模型中设置报警规则时自定义的，用于表示报警严重程度的标识。按照从严重到一般的程度划分，报警级别及其说明见表 3-2-1。

图 3-2-2　"添加报警"设置页面

表 3-2-1　报警级别及其说明

级别	说明
紧急	报警对应资源发生紧急故障，影响业务视为紧急报警
重要	报警对应资源存在影响业务的问题，对问题相对较严重，有可能会阻碍资源的正常使用
警告	报警对资源存在相对不太严重的问题，此问题不会阻碍资源的正常使用
一般	报警对应资源存在潜在的错误可能影响到业务
不确定	报警对应资源是否影响到业务尚不明确

如图 3-2-3 所示，系统默认的报警级别有紧急、重要、警告、一般和不确定。

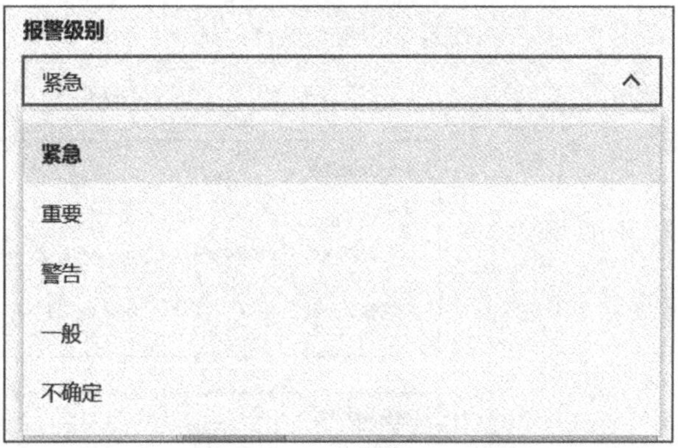

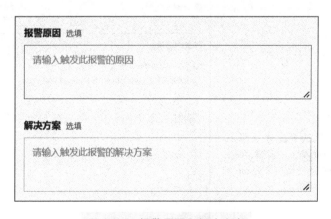

图 3-2-3　报警级别

5）原因/解决方案。报警产生后，为方便定位故障原因，可在这里提供相应的排查和解决方法，提高报警处理能力。如图 3-2-4 所示，在添加报警时，可以选填报警原因和解决方案。

图 3-2-4　报警原因和解决方案

6）报警标签。用户自定义，用于对报警进行分类，便于查询。一个报警可以添加多个标签（如温度类），可批量添加或导出标签。

7）与报警同时上报的属性值。报警上报时可以把指定属性的值也一起展示出来。例如，水温大于100℃时产生报警，同时上报的属性值选择水温和燃油温度，此时上报到平台的数据为水温105℃，燃油温度200℃，那么在上报这条报警的同时，也会展示水温105℃，燃油温度200℃的数据。如图3-2-5所示，可通过下拉菜单选择与报警同时上报的属性值。

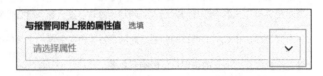

图 3-2-5　与报警同时上报的属性值

8）设置报警触发规则。报警触发规则有三种方式：简单规则、多条件规则和 Groovy 表达式，见表3-2-2。

表 3-2-2　报警触发规则

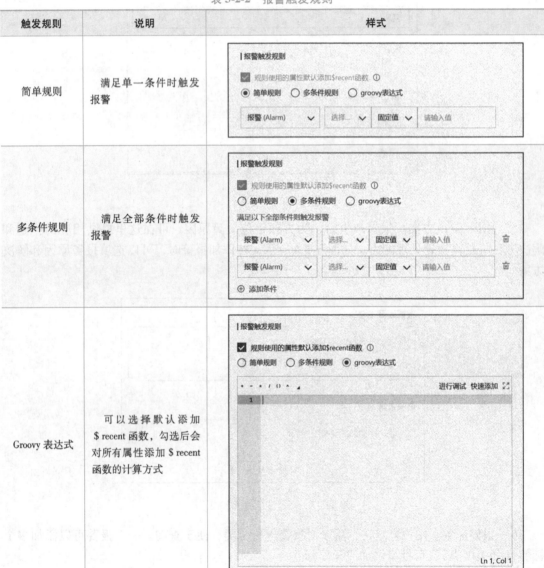

触发规则	说明	样式
简单规则	满足单一条件时触发报警	
多条件规则	满足全部条件时触发报警	
Groovy 表达式	可以选择默认添加 \$recent 函数，勾选后会对所有属性添加 \$recent 函数的计算方式	

　　说明：当使用 Groovy 表达式时，触发的规则受属性的限制，只能对创建的属性进行报警；同时为了保证表达式有效，系统会自动调用 $recent 函数补齐数据。例如，已经创建了"Water Temperature"水温属性，可以设置当水温大于 100℃时产生报警，创建后，该报警在列表的"报警条件"中显示为：$recent（"waterTemperature"）>"100"。

　　9）报警规则最小执行间隔（ms）。在设定范围内，工况出现异常则触发报警规则，生成报警信息，一个间隔内最多只执行一次报警规则，一般应用于属性值累计不需要频繁执行报警规则的场景，以节约计算资源。

　　10）报警方式。

　　① 仅报警一次：设备触发规则后，平台产生一次报警，规则持续被触发，平台不再产生相同报警，如图 3-2-6 所示。

　　② 持续报警：如图 3-2-7 所示，设备触发规则后，平台产生一次报警，规则持续被触发，平台持续产生相同报警。最小时间间隔可设置 1min 报警一次，最多报警 5 次。

图 3-2-6　仅报警一次

图 3-2-7　持续报警

　　11）设置报警解除规则。勾选"报警触发后需手动确认"，如图 3-2-8 所示，则当报警触发后，工程师需要手动去确认报警事件。

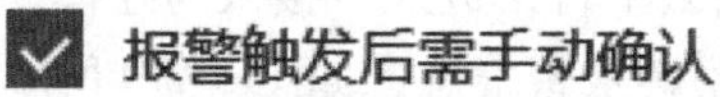

☑ **报警触发后需手动确认**

图 3-2-8　勾选报警触发后需手动确认

　　报警解除规则有"自动解除""简单规则""多条件规则""groovy 表达式"四种方式，见表 3-2-3。

表 3-2-3　报警解除方式

解除方式	说明	样式
自动解除	不满足报警触发规则后自动解除报警	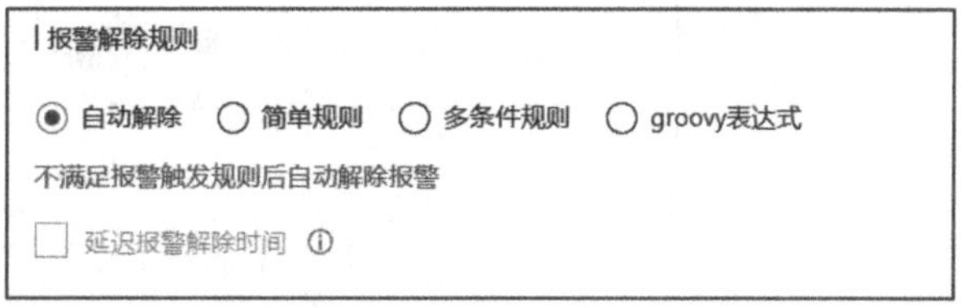 |报警解除规则 ◉ 自动解除　○ 简单规则　○ 多条件规则　○ groovy表达式 不满足报警触发规则后自动解除报警 ☐ 延迟报警解除时间 ⓘ
简单规则	满足某一条件时解除报警	 |报警解除规则 ○ 自动解除　◉ 简单规则　○ 多条件规则　○ groovy表达式 报警 (Alarm) ▽　选择... ▽　固定值 ▽　请输入值 ☐ __online__除外 ⓘ

（续）

解除方式	说明	样式
多条件规则	全部条件满足时解除报警	![报警解除规则样式]
groovy 表达式	Groovy 条件满足时解除报警	![报警解除规则 groovy 表达式样式]

（2）查看报警

1）查看报警概况。登录根云平台，进入"接入与建模"页面，单击"物资源总览"按钮，在页面右下角监控所有设备的报警信息，如图 3-2-9 所示。

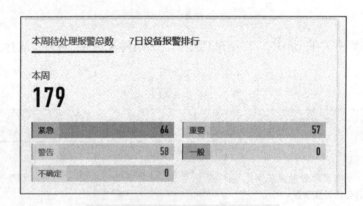

图 3-2-9　物资源总览中的报警信息

2）查看单个设备报警。

①　单击需要查看的物实例，进入对应的详情页面。

②　选择"报警"选项卡，查看某一个物实例的具体报警信息。如图 3-2-10 所示，可以查看设备报警的触发时间、解除时间、报警名称等信息。

如图 3-2-11 所示，在①处可以选择规则报警或故障码报警，在②处可以筛选报警的时

图 3-2-10 查看单个设备报警

间，在③处可以进行筛选报警名称和 ID，在④处可以筛选报警的级别、状态、确认情况和标签。

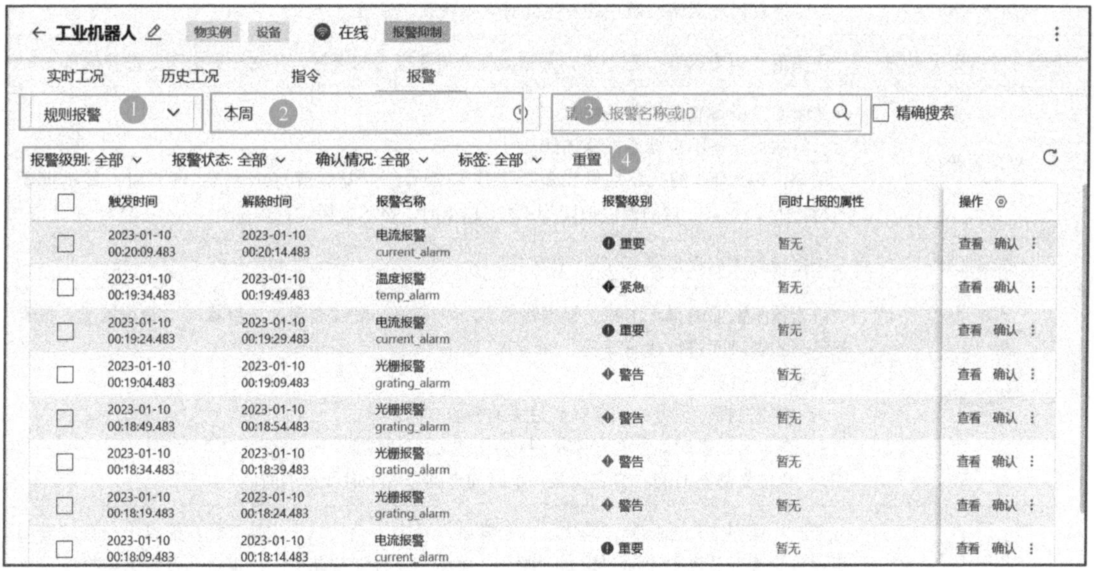

图 3-2-11 筛选报警

如图 3-2-12 所示，在"报警"选项卡右侧可以查看报警信息并进行报警确认。

3）查看全部设备报警（报警与事件）。除了在每个物实例的详情页面可以查看报警信息，本系统还支持统一展示报警，将本组织中的所有实时报警和设备报警信息展示在同一个页面中，见表 3-2-4，便于工程师快速确认和处理报警。查看路径为："接入与建模"→"报警与事件"→"报警消息"。

图 3-2-12　处理报警信息

表 3-2-4　报警与事件功能说明

功能	说明
查看报警列表	实时报警列表默认按照报警发生的时间先后顺序显示
查看并导出历史报警	切换至"历史报警"选项卡，筛选或搜索需要查看的报警，并支持导出历史报警信息
报警的状态	持续中：设备满足报警条件 已解除：设备不再满足报警条件 例如，alarm001 的报警规则设置为温度>100℃，当温度值持续大于 100℃时，显示报警"持续中"；当某个时间温度值降到 100℃以下时，显示报警"已解除"
搜索报警	根据报警名称或报警 ID 进行搜索
筛选报警	单击搜索框前的漏斗图标，根据物模型、物实例、报警级别、报警状态、确认情况、报警标签、报警时间进行过滤筛选 报警时间过滤选项如下： 1）快捷选择：预置的从现在到过去的一段时间 2）自定义动态时间：自定义从现在到过去的一段时间 3）自定义静态时间：自定义从一个时间点到另一个时间点的时间
确认报警	若在物模型中创建报警，勾选了"报警触发后需手动确认"，则当报警信息上报到报警与事件后，管理员需要手动"确认"报警。报警与事件支持单个确认报警和批量确认报警
导出报警	勾选"报警"可批量导出报警信息，用于分析和处理
选择报警条件字段	单击列表右方的图标，可以展示所有可选报警字段，勾选的字段会显示在报警列表中

（3）禁用报警　在实际场景中，由于设备较多，在未对设备报警进行排查前，可能会产生大量报警，从而占用系统资源，因此平台提供禁用报警的功能。如图 3-2-13 所示，在物实例页面中，选择所要进行操作的物实例，单击①处图标，再选择"禁用报警"命令。

（4）抑制报警　在实际场景中，可能存在由于报警规则有误而导致当天某一台设备反

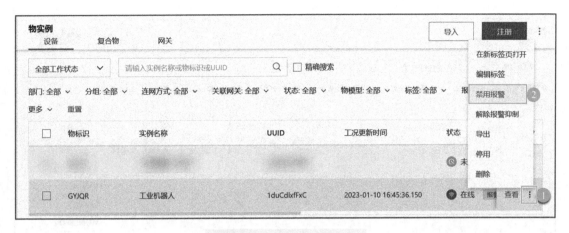

图 3-2-13 "禁用报警"命令

复产生大量报警的情况,对此,平台支持对该报警进行抑制。工程师可以根据报警的条数进行抑制,例如,设置超过多少条后当天不再产生报警。抑制后可以解除,抑制的设备可以进行过滤搜索。

设置报警抑制规则的路径为:"接入与建模"→"报警与事件"→"报警设置"。

1)单个实例单小时(当天)报警数量上限是指当实例在单小时(当天)报警数量达到设置的上限时,触发报警抑制状态,该实例在解除抑制前不会再产生新的报警。

2)解除抑制方式:在实例触发报警抑制状态后,只有达成解除抑制的条件才能解除报警抑制,产生新的报警。

① 次日零点自动解除说明:以小时为单位和以天为单位的抑制设置均适用,在触发报警抑制后次日 0:00 自动解除报警抑制。

② 次小时自动解除:仅支持以小时为单位的抑制设置,在触发报警抑制后的下一个小时自动解除报警抑制。

③ 手动解除说明:用户找到触发抑制状态的报警,通过单击"手动解除"按钮,可解除报警抑制状态,如图 3-2-14 所示。

触发报警抑制的物实例会有报警抑制的相关标识。如图 3-2-15 所示,可以在单击该物实例后方图标后选择"解除报警抑制",或进入物实例详情页面,在报警栏的自动解除时间提醒处单击"立即解除"。

图 3-2-14 设置报警抑制规则

解除报警抑制后,若物实例再次产生符合报警抑制的条件,则重新进入报警抑制状态。当报警被抑制时,工程师查找到重复报警原因并修改后,可以单个或者批量手动解除报警抑制,报警继续按原有规则产生。报警抑制解除有一定的延迟,当前为十分钟,十分钟后报警抑制才可以真正解除。可以配置自动解除的时间,默认是二十四小时,二十四小时后抑制

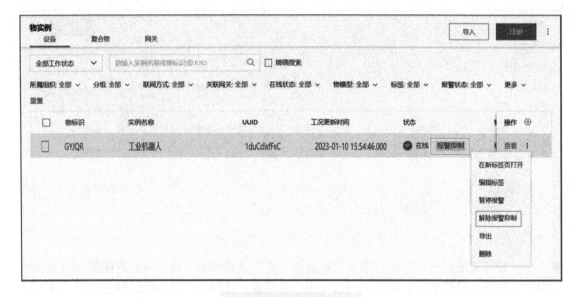

图 3-2-15　解除报警抑制

的设备自动解除。可以设置为一个小时，一个小时后自动解除。自动解除时间的计算从被抑制时刻开始往后推二十四小时或者一个小时。

2. 趋势分析器

平台提供可视化的趋势分析器，通过分析相关属性某时间段内的变化趋势，从中发现问题，为故障报警、资源预警提供线索和依据，也可为预测属性未来的变化情况提供帮助。趋势分析器基于设备、组合设备或数据点快速检索、查询数据，对属性在不同时段、不同采集数和不同的采集时长进行时序的图形化展示，输出趋势图形，并支持导出 PNG、Excel 格式的对比趋势图形结果。

（1）创建趋势分析器　创建趋势分析器有如下两种方式：

1）选择指定物实例的某一个属性，进入趋势分析页面，此时系统默认生成"分析报告01"，且默认在"分组 A"中添加该属性。

2）如图 3-2-16 所示，从左侧菜单进入趋势分析器，单击"创建"按钮。

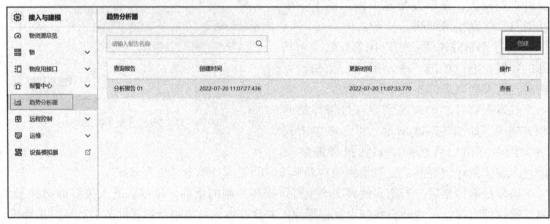

图 3-2-16　创建趋势分析器

（2）编辑分析报告

1）如图 3-2-17 所示，在①处自定义编辑报告名称。

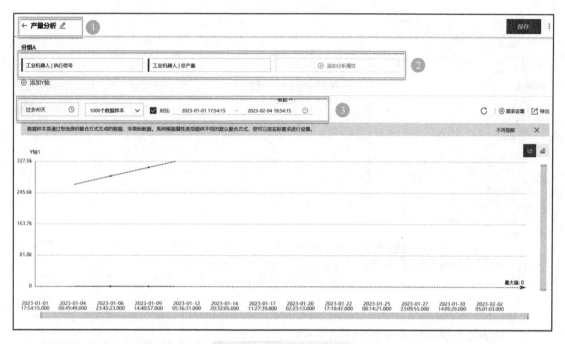

图 3-2-17　建立趋势分析

2）在②处添加需要分析的属性。自定义对一组曲线的两个不同时间段进行比较分析。

3）在③处配置采集样本个数和采集时间。平台支持自定义趋势曲线的采集样本个数和采集时间段，默认展示 1000 个数据样本，当采集样本个数太少时，统一显示为"全量数据"。

4）在③处勾选"对比"。通过对比时间，将当前采集时间与指定时间进行对比，采集时间里的数据用实线显示，对比时间内的数据用虚线显示。

5）设置曲线显示规则。如图 3-2-18 所示，每个分析属性都可以独立设置曲线显示的规则。曲线设置规则的说明见表 3-2-5。

表 3-2-5　曲线设置规则说明

功能	说明
Y 轴位置	以主轴为基准：曲线的 Y 轴显示在图像左侧 以次轴为基准：曲线的 Y 轴显示在图像右侧
补值方式	数据记录存在断线、停机等情况会导致数据趋势曲线显示不连续，因此针对每一条曲线，用户可以通过按钮配置缺失值情况的补值方式，使曲线更加平滑且更便于分析，补值方式如下： 1）不补值：默认的补值方式 2）补前值：使用前一个曲线数据值来补充缺失的数据 3）线性补值：使用线性插值法补充缺失数据
聚合方式	对每一条曲线，用户可以通过按钮配置时间区间内的数据聚合方法 1）Number 类型属性，聚合可选项包括均值、最大值、最小值、最旧值、最新值、众数、中位数，默认使用平均值进行聚合 2）Boolean 类型属性，聚合可选项包括最旧值、最新值、众数，默认使用最新值进行聚合

图 3-2-18　曲线显示设置

6）趋势曲线支持同一物模型和同一物实例下的不同属性的切换，如图 3-2-19 所示。

7）标记数据点和参考线设置。打开"标记数据点"后，每个数据样本的采集点上会出现明显的圆点。勾选"参考线"后，可设置指标的最大值和最小值参考线，在图中会出现参考线（虚线）。

8）保存报告。单击右上角"保存"按钮，对分析报告进行保存。对报告的编辑和修改，必须保存才会生效。

（3）查看分析报告　查看分析报告的功能，见表 3-2-6。

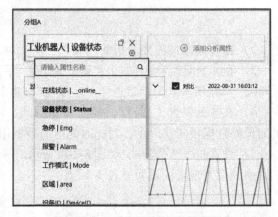

图 3-2-19　趋势曲线的属性切换

表 3-2-6　分析报告的功能

功能	说明
切换报告展示形式	分析报告默认以折线图显示属性趋势，可以在图形右上角手动切换为柱状图模式
更换属性	趋势曲线支持在同一个物实例下切换不同属性
更换物实例	趋势曲线支持在同一物模型下切换不同实例
标记数据点	开启"标记数据点"功能后，各数据样本的采集点上会出现明显的圆点
分析报告导出	平台支持将趋势曲线导出为 PNG 或 Excel 格式文件

3.2.3 任务实施

1. 添加报警属性

（1）梳理报警点表　在设备管理中，经常会出现各种各样的设备故障，没有智能检测的工艺往往会导致设备因故障而停机，造成停机损失，且设备维修周期长，严重影响设备运行率。本项目对机器人进行了报警信号的设置，梳理了相关报警属性点表，见表 3-2-7。

表 3-2-7　报警属性点表

报警名称	报警 ID	描述	报警级别
温度报警	temp_alarm	当报警信号为 1 时，表示温度不在正常值范围内	紧急
电流报警	current_alarm	当报警信号为 2 时，表示电流不在正常值范围内	重要
光栅报警	grating_alarm	当报警信号为 3 时，表示有异物进入防护区域	警告

（2）添加报警规则

1）打开"工业机器人"物模型详情页面，单击"报警"→"修改模型"按钮，如图 3-2-20 所示。

2）根据表 3-2-8 中的"温度报警"基本参数添加报警。

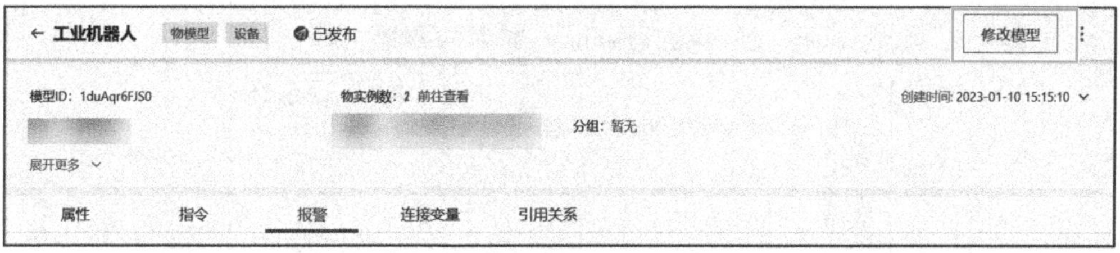

8. 添加"报警规则"

图 3-2-20　修改"工业机器人"物模型

表 3-2-8　"温度报警"基本参数

参数	说明
报警 ID	temp_alarm
报警名称	温度报警
描述	当报警信号为 1 时报警
报警级别	紧急

3）进行"温度报警"的"报警触发规则"设置，如图 3-2-21 所示，默认勾选"规则使用的属性默认添加 $ recent 函数"，采用"简单规则"的触发方式，分别选择"报警"属性和"等于"触发的条件，输入"固定"值为"1"。

图 3-2-21 "温度报警"的"报警触发规则"设置

4）"温度报警"的其他信息设置，如图 3-2-22 所示，设置"延迟报警时间"为"2秒"，设置"报警方式"，本例中"报警方式"选择"仅报警一次"（当报警方式选择"持续报警"时，报警时间最短为 5min 一次），选择"报警触发后需手动确认"。

图 3-2-22 "温度报警"的其他信息设置

5）设置"温度报警"的报警解除规则，当报警信号不为 1 时解除警报，如图 3-2-23 所示，勾选"groovy 表达式"，在编辑框输入"$ recent（"Alarm"）！= 1"。

图 3-2-23 "温度报警"的解除报警设置

根据业务需要，平台支持选填"与报警同时上报属性值""报警原因""解决方案"等信息。

（3）重新发布物模型　添加完指标属性之后，返回到物模型的详情页，单击"更新发布"按钮，重新发布物模型。在成功发布物模型后，系统会弹出"模型已成功发布"的提示框，则物模型更新发布成功。

（4）查看设备报警物实例

1）如图 3-2-24 所示，重新发布物模型后，进入"物实例"页面，单击"工业机器人"进入其详情页面。选择"报警"选项卡，单击"待处理报警"按钮，查看物实例的具体报警信息。

9. 查看设备报警物实例

2）如图 3-2-25 所示，在①处可以按照"规则报警""时间""搜索"的方式筛选报警，在②处可以对报警信息进行导出和确认，在③处可以查看报警的详细信息，在④处可以对单条报警信息进行确认。

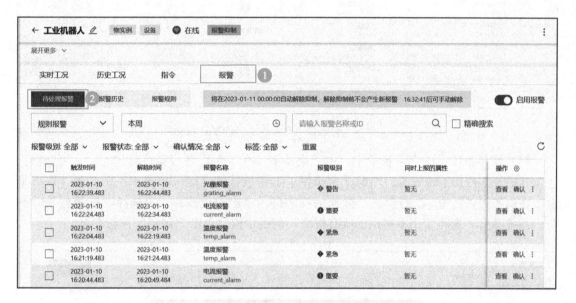

图 3-2-24　查看"工业机器人"物实例的报警信息

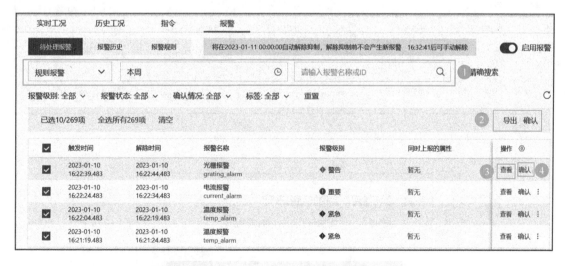

图 3-2-25　处理"工业机器人"的报警信息

3）如图 3-2-26 所示，单击①处"报警历史"按钮，可查看历史报警信息，在②处可以查看各类报警时同时上报的属性，如触发时间、解除时间、报警名称等；单击③处图标，可以筛选显示的报警信息属性。

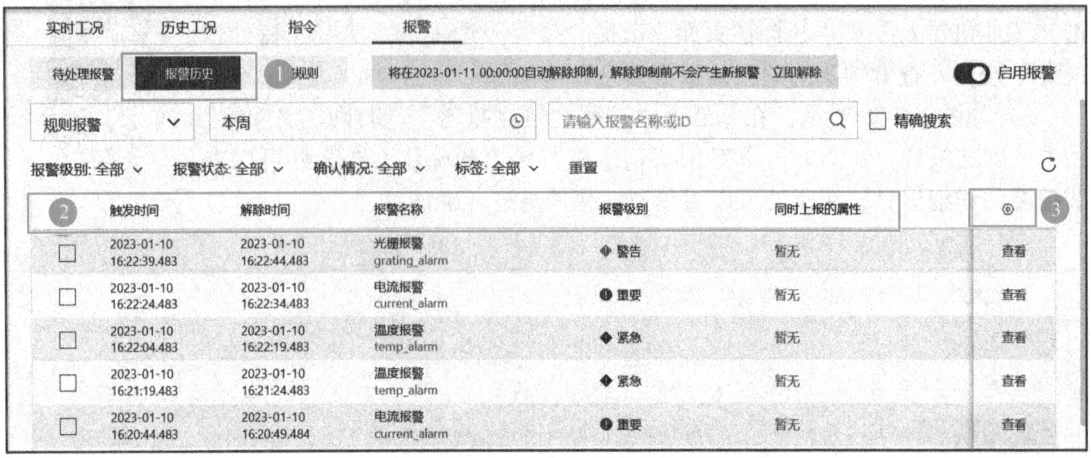

图 3-2-26　筛选"工业机器人"的报警信息

（5）禁用报警　在实际场景中，由于设备多，在未对设备报警进行排查前，可能会产生大量报警，占用系统资源，因此平台提供了禁用报警的功能，如图 3-2-27 和图 3-2-28 所示。在物实例页面中，选择要进行操作的物实例，单击①处图标，再选择"禁用报警"命令，系统弹出"您将禁用本实例的所有报警"的提示框，单击"确定"按钮即可。

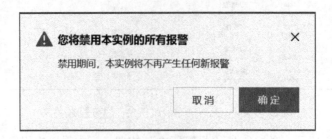

图 3-2-27　禁用"工业机器人"的报警

图 3-2-28　禁用报警的提示框

2. 查看物实例的工况数据

（1）查看实时工况　进入物实例页面，如图 3-2-29 所示，选择"运行工况"，在①处可以选择查看"实时工况"和"历史工况"。这里选择"实时工况"，在②处可以查看设备当前时刻上数的数据。

（2）查看历史工况　选择"历史工况"，如图 3-2-30 所示，在①处可以选择要查看的属性，在②处可以选择查看工况的基准时间范围，在③可以选择"全部""仅查看异常值"或"仅查看正常值"。

10. 查看物实例
的工况数据

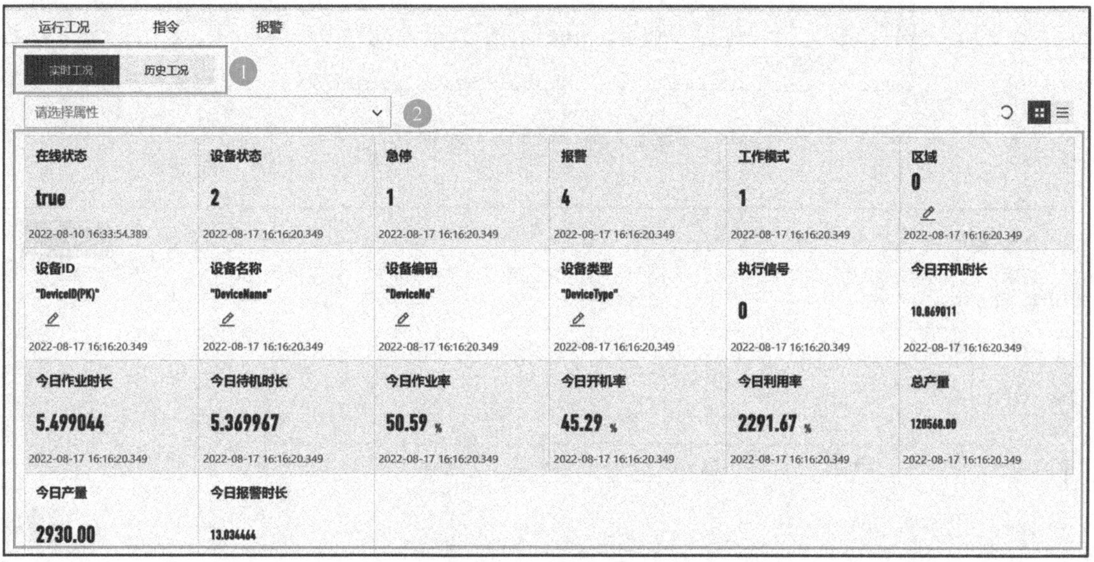

图 3-2-29　查看实时工况

图 3-2-30　查看历史工况

3. 建立趋势分析

1）如图 3-2-31 所示，选择指定物实例的某一个属性，进入趋势分析页面，此时系统默认生成"分析报告01"，且默认在"分组 A"中添加该属性，可以修改报告名称为"工业机器人"。

2）如图 3-2-32 所示，选择筛选数据采集的时间为"过去 1 小时"，由于采样数据点比较少，默认选择"全量数据"，并勾选"对比"，可以观察当前采样的设备状态与历史状态的差别。

3）如图 3-2-33 所示，单击"图表设置"按钮，勾选"标记数据点"和"参考线"后，在趋势图上的曲线的数据点出现明显的圆点，且在最小

11. 建立趋势
分析

图 3-2-31　查看趋势分析

图 3-2-32　"报警"的趋势分析

值和最大值处出现参考线，可以更加明显地观察到趋势线。

4）选择添加"今日开机时长"属性，在①处设置 Y 轴位置为"以次轴为基础"，如图 3-2-34所示。

项目训练

1. 单项选择题

（1）数据采集值一般选择哪种属性值来源（　　　）。

A. 规则指定　　　　B. 连接变量　　　　C. 手动写值　　　　D. 高级表达式

（2）以下关于 Groovy 的数据类型的说法不正确的是（　　　）。

A. byte 表示字节值　　　　　　　　B. int 表示整数

C. long 表示一个长整型　　　　　　D. float 表示 64 位浮点数

图 3-2-33　"报警"曲线设置

图 3-2-34　"报警"与"今日开机时长"的趋势分析

（3）下面有关逻辑运算符实例错误的是（　　）。

A. &&：true && true 得到 true

B. &&：true && false 得到 true

C. ‖：true ‖ true？得到？true

D. ‖：false ‖ true？得到？true

（4）下面有关赋值运算符说法错误的是（　　　）。

A. ＋＝：A＋＝B 等价于 A＝A＋B

B. －＝：A－＝B 等价于 A＝A－B

C. ＊＝：A＊＝B 等价于 A＝A＊B

D. ／＝：A／＝B 等价于 A＝B／A

（5）以下关于物模型的说法正确的是（　　　）。

A. 可以存在相同名字的物模型

B. 物模型只支持手动添加的方式

C. 在"发布物模型"后，可以添加属性。

D. 一个物模型可以创建多个物实例

（6）平台支持指标数据类型 Number 型最少保留几位小数。（　　　）

A. 0 位小数　　　　　B. 1 位小数　　　　　C. 2 位小数　　　　　D. 3 位小数

（7）以下关于关系运算符的说法错误的是（　　　）。

A. ＝＝：测试两个对象之间是否相等

B. ！＝：测试两个对象之间是否不等

C. ＞＝：检查左侧对象是否大于右侧对象

D. ＜＝：检查左侧对象是否小于或等于右侧对象

（8）注册物实例时，设备与网关的连接方式是（　　　）。

A. 直接连接　　　　B. 通过网关连接　　　C. 动态组网　　　　D. 密钥认证

（9）下列物实例的认证标识符合规则的是（　　　）。

A. abc_#123　　　　B. ＄AB1　　　　　C. A?B12　　　　D. hab＼www

（10）以下关于根云平台支持的内置函数的说法错误的是（　　　）。

A. ＄recent（）：返回目标属性的当前有效值，参数为目标属性名

B. ＄lastState（）：返回目标属性的上一个有效值，参数为目标属性名

C. ＄max（）：计算同类型可比较的不定参中最大的一个，对象类型可以是数值型、字符串

D. ＄lastStamp（）：获取设备本次上数的时间，返回值为以长整型表示的时间戳

2. 多项选择题

（1）属性值的来源包括（　　　）。

A. 连接变量　　　　B. 规则指定　　　　C. 手动写值　　　　D. 随机生成

（2）下列是 Groovy 编程语言中保留的特殊字是（　　　）。

A. as　　　　　　B. class　　　　　C. do　　　　　D. finally

（3）在平台支持的内置函数中，下列描述正确的是（　　　）。

A. ＄sum（）表示累加

B. ＄lastStamp（）表示获得设备上一次上数的时间点

C. ＄lastState（）表示获取上次工况值

D. ＄recent（）表示获取当前工况值，若当前工况里有值，返回当前工况的值；否则，取上次的值

（4）以下是 Groovy 运算符的有（　　　）。

A. 算术运算符　　　B. 关系运算符　　　C. 逻辑运算符　　　D. 位运算符

（5）下列关于 Groovy 的特点说法正确的是（　　）。

A. Groovy 同时支持静态和动态类型

B. 支持运算符重载

C. 提供对正则表达式的本地支持

D. 原生支持各种标记语言，如 XML 和 HTML

（6）关于添加规则指定的模型属性说法正确的是（　　）。

A. 单击"修改模型"按钮，物模型的状态变为草稿状态

B. 在物模型为草稿状态时，可以进行"批量添加"或"手动添加"属性

C. 可以导入名称重复的物模型

D. 新建立的物模型是"未发布"状态

（7）平台支持的控制语句有（　　）。

A. IF 语句　　　　　　B. WHILE 语句　　　C. FOR 语句　　　　　D. 正则表达式

（8）注册物实例时，设备与平台的连接方式有（　　）。

A. 直接连接　　　　　　　　　　　　B. 通过网关连接

C. 动态组网　　　　　　　　　　　　D. 密钥认证

项目拓展

（1）时间戳简介　什么是时间戳？简单来说，就是证明时间的可查证印章。例如，可以通过拍摄新闻报纸和彩票开奖号码的方式证明时间。

具体来讲，时间戳是指格林威治时间 1970 年 01 月 01 日 00 时 00 分 00 秒（北京时间 1970 年 01 月 01 日 08 时 00 分 00 秒）起至今的总秒数。时间戳分为两种：一种是自建时间戳，另一种是具有法律效力的时间戳。

1）自建时间戳：此类时间戳是通过时间接收设备（如 GPS、CDMA、北斗卫星等）来获取时间到时间戳服务器上，并通过时间戳服务器签发时间戳证书。这种时间戳可用于认定企业内部责任，并不具备法律效力。因其在通过时间接收设备接收时间时存在被篡改的可能，故此不能作为法律依据。

2）具有法律效力的时间戳：它是由中科院国家授时中心与北京联合信任技术服务有限公司负责建设的我国第三方可信时间戳认证服务。由国家授时中心负责时间的授时与守时监测。因其具有守时监测功能，可保障时间戳证书中的时间的准确性和不被篡改。

（2）时间戳获取语法　不同语言获取当前时间戳的语法见表 3-2-9。

表 3-2-9　不同语言获取当前时间戳的语法

语言	语法
Swift	NSDate（）. timeIntervalSince1970
Go	import（ 　"time" ） 　int32（time. Now（）. Unix（））
Java	//pure java 　（int）（System. currentTimeMillis（）/1000）
JavaScript	Math. round（new Date（）/1000）

（续）

语言	语法
Objective-C	[[NSDate date] timeIntervalSince1970]
MySQL	SELECT unix_timestamp(now())
SQLite	SELECT strftime('%s','now')
Erlang	calendar:datetime_to_gregorian_seconds(calendar:universal_time())-719528*24*3600.

PHP	//pure php
	time()

Python	import time time.time()
Ruby	Time.now.to_i
Shell	date+%s
Groovy	(new Date().time/1000).intValue()
Lua	os.time()
.NET/C#	(DateTime.Now.ToUniversalTime().Ticks-621355968000000000)/10000000

（3）时间戳格式转换

1）平台内置的时间戳转换函数见表 3-2-10。

表 3-2-10　平台内置的时间戳转换函数

时间戳转换函数	函数说明
$ secondFromTs（double timestamp）	获取 UTC（universal time coordinated）时间戳的秒钟部分 若时区（timezone）未输入，默认根据系统时区进行转换 参数列表： timestamp，一个表示 UTC 时间的时间戳
$ UTCToIso8601（double timestamp）	将 UTC 时间戳转换成 ISO8601 标准的时间字符串
$ UTCToTime（double timestamp，String...timezone）	将 UTC 时间戳转换成形式为"yyyy-MM-dd HH：mm：ss" 时区为指定时区（timezone）的字符串，若时区未输入，默认根据系统时区进行转换 参数如下： timezone，一个包含字符串的数组，其中字符串表示时区，如" Asia/Shanghai"
$ dateFromTsString（String tsString，String format）	将给定的时间字符串按照给定的格式转换为日期结构的 JSON 参数如下： tsString，具有一定格式、包含时间信息的字符串 format，描述时间字符串格式的字符串，其中 y 表示年份占位符，M 表示月份占位符，d 表示日期占位符，H 表示 24h 制的小时占位符，m 表示分钟占位符，s 表示秒钟占位符，S 表示毫秒占位符，如" yyyy-MM-dd HH：mm：ss.SSS"
$ dateFromTs（double timestamp，String...timezone）	将 UTC 时间戳转换为日期结构的 JSON 若时区未输入，默认根据系统时区进行转换

（续）

时间戳转换函数	函数说明
$ hourFromTs（double timestamp，String...timezone）	获取 UTC 时间戳的小时部分 若时区未输入，默认根据系统时区进行转换
$ minuteFromTs（double timestamp）	获取 UTC 时间戳的分钟部分 若时区未输入，默认根据系统时区进行转换

2）时间戳转换格式示例。

① 采用 "__timestamp__" 获取当前时间戳。该变量表示当前工况的时间戳，以长整型表示，单位为 ms。

② 将长整型格式的时间戳转换为 ISO 8601 标准的时间字符串。

```
//当前长整型的时间戳为 1662089744864
long now_time=__timestamp__
return $utcToIso8601(now_time)
//转换后返回的结果是 2022-09-02T03：35：44.864Z
```

③ 将长整型格式的时间戳转换成形式为"yyyy-MM-dd HH：mm：ss" 的字符串。

```
//当前长整型的时间戳为 1662089744864
long now_time=__timestamp__
return $utcToTime(now_time)
//转换后返回的结果是 2022-09-02 11:35:44
```

④ 将长整型格式的时间戳转换为给定格式的时间字符串，然后转换为日期结构的 JSON。

```
//当前长整型的时间戳为 1662089744864
long now_time=__timestamp__
return $dateFromTs(now_time)
//转换后返回的结果是
//{" dayOfWeek ":5," hour ":11," month ":9," dayOfMonth ":2," year ":
2022,"second":44,"minute":35}
```

⑤ 使用外部包将长整型格式的时间戳转换成形式为"yyyy-MM-dd HH：mm：ss" 的字符串。

```
long dataTimestamp=__timestamp__
java.text.SimpleDateFormat  sf = new  java.text.SimpleDateFormat
("yyyy-MM-dd HH:mm:ss")
String nowTimeStr=sf.format(new java.util.Date(dataTimestamp))
return nowTimeStr
//转换后返回的结果是 2022-09-02 11:35:44
```

项目小结

工业互联网信息模型包含标识、类和属性，标识是实现信息模型的标记和表达形式；类是对信息模型所表达或代表的、具有共同特征的信息的抽象表示；属性涵盖了各种工业互联网对象的属性信息，包括数据、接口、状态和关系等，体现了对对象知识的专业描述。在工业互联网平台中，模型的建立离不开标识、类和属性，其中，各类属性会根据业务目标的不同参与指标的计算，从而体现对设备的不同维度的描述。

本项目主要实现了平台设备的指标计算，并进行了趋势分析。根据设备的采集点表，为物模型添加属性值来源为"连接变量"的属性后，根据所需的指标，为物模型添加属性值来源为"规则指定"的属性，并根据指标拆解得到的计算规则编写 Groovy 代码，再对这些属性进行调试验证，确保计算逻辑正确。根据业务检测需求，为物模型添加报警规则。更新发布物模型后，查看物实例的工况数据并建立趋势分析，实现对工业机器人的运维分析。

项目 4
工业互联网平台数据计算

任务 4.1 工业设备实时数据开发

4.1.1 任务说明

【任务描述】

工业设备数据开发主要是指针对工厂生产过程中的关键参数进行实时采集，并对其进行处理。目前在工厂生产中，许多重要参数都是以秒、时、日、月为单位来计算的。而实时数据主要用于了解生产过程中每个参数变化的原因及生产效率变化情况。在物实例中，设备数据是以毫秒级单位进行采集的，主要用于设备监控和排查故障。产量数据是工业数据分析中的重要指标。本任务主要以时、日为单位对产量数据进行分析。

在本任务中，数据工程师需要完成两项任务。

1）准备 1 个外部数据库（本地数据库或者云数据库），将重要指标的数据存放到该数据库中。

2）创建实时数据开发任务流，配置输入节点、处理节点和输出节点。

【学习导图】

工业设备实时数据开发学习导图如图 4-1-1。

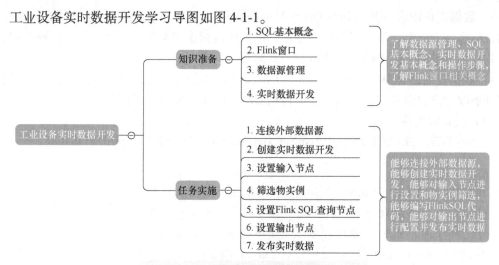

图 4-1-1 工业设备实时数据开发学习导图

111

【任务目标】

知识目标	技能目标	素质目标
1）了解 SQL 基本概念。 2）掌握数据源的管理方法。 3）掌握实时数据开发的基本方法和流程。 4）掌握 Flink 窗口的功能。	1）能连接外部数据源。 2）能熟练地使用实时数据输入节点。 3）能熟练地进行物实例筛选设置。 4）能规范地编写 FlinkSQL 查询语句。 5）能发布和撤回实时数据。	1）培养学生动手实操和应用信息技术的能力。 2）培养学生自我学习和掌握新知识的能力。

4.1.2 知识准备

1. SQL 基本概念

（1）概念 SQL（Structured Query Lanauage）即结构化查询语言，是一种管理关系型数据库系统的标准化编程语言，主要包括数据定义、数据操纵、数据控制、数据查询等功能，能够开发各种高效、复杂的关系型数据库管理系统的应用程序。

（2）SQL 语言分类

1）数据库定义语言 DDL（Data Definition Language），主要用于定义和管理数据库的结构。DDL 的主要功能包括数据库模式定义、数据库存储结构、存取方法定义、数据库模式修改和删除。数据定义语言的处理程序分为数据库模式定义处理程序、数据库存储结构和存储方法定义处理程序。数据库模式定义处理程序：接收用 DDL 表示的数据模式定义，把其转变为内部表示形式，存储到数据字典中。数据库存储结构和存储方法定义处理程序：接收数据库系统存储结构和存储方法定义，在存储设备上创建相关的数据库文件，建立物理数据库。

2）数据库操纵语言 DML（Data Manipulationg Language）包括过程性语言和非过程性语言两种。DML 过程性语言要求用户机要说明数据库中的是什么数据，也要说明怎样检索这些数据。DML 非过程性语言只需要用户说明数据库需要什么数据，不必关心怎么检索数据，它的特点是易学习、易理解，但非过程性语言处理程序时产生代码的效率低，需要通过查询优化解决。

3）数据查询语言 DQL（Data Query Language），主要用于从数据库中检索数据，以及对数据进行排序、分组、聚合等操作，常用查询语句包括排序查询、聚合函数、模糊查询、分组查询、分页查询、内连接、外连接、子查询等。

4）数据控制语言 DCL（Data Control Language），用于数据库用户管理，可以创建用户、设置或更改用户权限和安全级别，主要包括 GRANT 和 REVOKE 等语句。

（3）SQL 常用算子

1）SELECT。SELECT 用于从 DataSet/DataStream 中选择数据，筛选出某些列。

```
示例：
SELECT * FROM Table;          //取出表中的所有列
SELECT name,age FROM Table;   //取出表中 name 和 age 两列
与此同时,在 SELECT 语句中可以使用函数和别名,例如,
SELECT word,COUNT(word)FROM table GROUP BY word;
```

2）WHERE。WHERE 用于从数据集或数据流中过滤数据，与 SELECT 一起使用，可根据某些条件对关系做水平分割，即选择符合条件的记录。

示例：

SELECT name,age FROM Table where name LIKE'% 小明 %'；

SELECT * FROM Table WHERE age＝20；

WHERE 是在原数据中进行过滤，那么在 WHERE 条件中,Flink SQL 同样支持＝、<、>、<>、>＝、<＝,以及 AND、OR 等表达式的组合,最终满足过滤条件的数据会被选择出来。WHERE 可以结合 IN、NOT IN 联合使用。例如,

SELECT name,age

FROM Table

WHERE name IN（SELECT name FROM Table2）

3）DISTINCT。DISTINCT 用于从数据集或数据流中根据 SELECT 的结果进行去重。

示例：

SELECT DISTINCT name FROM Table；

对于流式查询,计算查询结果所需的状态可能会无限增长,用户需要自己控制查询的状态范围,以防止状态过多。

4）GROUP BY。GROUP BY 是对数据进行分组操作。例如,计算成绩明细表中每个学生的总分。

示例：

SELECT name,SUM（score）as TotalScore FROM Table GROUP BY name；

5）UNION 和 UNION ALL。UNION 用于将两个结果集合并起来，要求两个结果集字段完全一致，包括字段类型、字段顺序。不同于 UNION ALL 的是，UNION 会对结果数据去重。

示例：

SELECT * FROM T1 UNION（ALL）SELECT * FROM T2；

6）JOIN。JOIN 用于把来自两个表的数据联合起来形成结果表，Flink 支持的 JOIN 类型包括：

JOIN-INNER JOIN

LEFT JOIN-LEFT OUTER JOIN

RIGHT JOIN-RIGHT OUTER JOIN

FULL JOIN-FULL OUTER JOIN

这里，JOIN 的语义和在关系型数据库中使用的 JOIN 语义一致。

示例：

JOIN（将订单表数据和商品表进行关联）

SELECT * FROM Orders INNER JOIN Product ON Orders. productId ＝ Product. id

LEFT JOIN 和 JOIN 的区别在于，当右表没有与左表匹配的数据时，LEFT JOIN 会返回 NULL 值，而 JOIN 则不会返回任何结果。RIGHT JOIN 与 LEFT JOIN 功能相同，只是左表和

右表的角色互换。FULL JOIN 则是 RIGHT JOIN 和 LEFT JOIN 的集合，即它返回左表、右表中所有的匹配和不匹配的结果。

示例：
SELECT * FROM Orders LEFT JOIN Product ON Orders.productId=Product.id
SELECT * FROM Orders RIGHT JOIN Product ON Orders.productId=Product.id
SELECT * FROM Orders FULL OUTER JOIN Product ON Orders.productId=Product.id

说明：①SQL 语句可以单行或多行书写，以分号结尾。②SQL 语句不区分大小写，建议关键字使用大写。③可使用空格和缩进增加语句的可读性。④单行注释：--注释内容或 #注释内容（MySQL 特有）；多行注释：/* 注释 */。

2. Flink 窗口

（1）相关概念　Flink 窗口是一种数据处理模型，用来处理时间序列数据。它可以将无限的数据流按照一定的规则划分为多个窗口，每个窗口中包含了一段时间内的数据元素。当处理数据时，程序需要知道什么时候开始处理以及处理哪些数据。窗口提供了这样一种依据，决定了数据何时开始处理。

根据不同的业务场景，Flink 窗口分为计数窗口（Count Window）、时间窗口（Time Window）两类。①Count Window：以事件数量驱动，例如，每一百个元素。Count Window 又分为滚动计数窗口（Tumbling Count Window，无重叠）和滑动计数窗口（Sliding Count Window，有重叠）。②Time Window：以时间驱动，例如，每30s，Time Window 根据时间对数据流进行分组。Time Window 分为滚动时间窗口（Tumbling Time Window，无重叠）、滑动时间窗口（Sliding Time Window，有重叠）、会话窗口（Session Window，是以会话间隔驱动的）。

Time Window 还可以分为以下三种类型。

1）滚动窗口（Tumbling Window）：滚动窗口的窗口长度是固定的，窗口之间不重叠。

2）滑动窗口（Sliding Window）：滑动窗口以一个步长（Slide）不断向前滑动，窗口的长度固定。使用时，需要设置 Slide 和 Size（尺寸）。Slide 的大小决定了 Flink 以多大的频率来创建新的窗口，Slide 较小，窗口的个数会很多。Slide 小于窗口的 Size 时，相邻窗口会重叠，一个事件会被分配到多个窗口；Slide 大于 Size，有些事件可能被丢掉。

3）会话窗口（Session Window）：采用会话持续时长作为窗口处理依据。会话窗口根据 Session gap 切分不同的窗口，当一个窗口在大于 Session gap 的时间内没有接收到新数据时，窗口将关闭。在这种模式下，窗口的长度是可变的，每个窗口的开始和结束时间并不是确定的。

（2）三种时间的区别　三种时间的区别见表 4-1-1。

表 4-1-1　时间窗口的区别

区别	事件时间	进入（摄取）时间	处理时间
优势	一般由数据生产方自身携带，从消息的产生就诞生了，不会改变	可以防止 Flink 内部处理数据时发生乱序的情况	Flink 的时间系统中最简单的概念，不需要流和机器之间的协调。它提供了最佳的性能和最低的延迟

（续）

区别	事件时间	进入（摄取）时间	处理时间
劣势	设备离线后，没有数据上传，窗口不结算；设备上线后，窗口恢复计算，离线前的统计数据延迟输出	数据进入 Flink 前出现数据积压或者断线缓冲数据导致数据迟到，数据统计到下个周期中。设备离线同理	前面发生数据积压，时间窗口内数据量暴增，占用内存高

（3）FlinkSQL 窗口函数 三种窗口对应的主要函数的描述和举例见表 4-1-2。

表 4-1-2 三种窗口对应的主要函数的描述和举例

窗口函数	描述	举例
TUMBLE（time_attr，interval）	滚动时间窗口，将行分配给具有固定持续时间（interval）的非重叠、连续窗口	一个 5min 的滚动窗口即每 5min 分组一次，这 5min 内的数据为一组
HOP（time_attr，interval，interval）	跳跃时间窗口，具有固定的持续时间（第二个 interval 参数），并按指定的跳跃间隔（第一个 interval 参数）跳跃	一个 5min 的跳跃窗口，其中跳跃间隔为 3min，即每 5min 分组一次，这 5min 内的数据为一组，等待 3min 再进行下一次分组
SESSION（time_attr，interval）	会话时间窗口没有固定的持续时间，但它们的界限由 interval 不活动的时间定义，即如果在定义的间隙期间没有事件出现，则会话窗口关闭	设置 interval 为 5min，若窗口在上一次发生事件至今超过 5min，则该窗口关闭

三种窗口对应的主要函数的使用示例见表 4-1-3。

表 4-1-3 三种窗口对应的主要函数的使用示例

滚动窗口	滑动窗口	会话窗口
SELECT count（event），TUMBLE_START（time_attr，INTERVAL '30' SECOND）AS ts_start，FROM tumble_stream GROUP BY TUMBLE（time_attr，INTERVAL '30' SECOND）	SELECT count（event），HOP_START（time_attr，INTERVAL '30' SECOND，INTERVAL '1' MINUTE）AS ts_start，FROM slide_stream GROUP BY HOP（time_attr，INTERVAL '30' SECOND，INTERVAL '1' MINUTE）	SELECT count（event），SESSION_START（time_attr，INTERVAL '30' SECOND）AS ts_start，FROM session_stream GROUP BY SESSION（time_attr，INTERVAL '30' SECOND）

FlinkSQL 窗口函数的辅助函数见表 4-1-4。

表 4-1-4 辅助函数描述

辅助函数	描述
TUMBLE_START（time_attr，interval） HOP_START（time_attr，interval，interval） SESSION_START（time_attr，interval）	返回相应滚动、跳跃或会话窗口的包含下限的时间戳
TUMBLE_END（time_attr，interval） HOP_END（time_attr，interval，interval） SESSION_END（time_attr，interval）	返回对应的滚动、跳跃或会话窗口的独占上限的时间戳。注意：在后续的基于时间的操作中，如区间连接和组窗口或跨窗口聚合中，不能将独占上限时间戳用作行时间属性

（续）

辅助函数	描述
TUMBLE_ROWTIME(time_attr,interval) HOP_ROWTIME(time_attr,interval,interval) SESSION_ROWTIME(time_attr,interval)	返回相应滚动、跳跃或会话窗口的包含上限的时间戳。结果属性是一个行时间属性，可用于后续基于时间的操作，如间隔连接和组窗口或窗口聚合
TUMBLE_PROCTIME(time_attr,interval) HOP_PROCTIME(time_attr,interval,interval) SESSION_PROCTIME(time_attr,interval)	返回一个 proctime 属性，该属性可用于后续基于时间的操作，如间隔连接和组窗口或窗口聚合
TUMBLE_START(time_attr,interval) HOP_START(time_attr,interval,interval) SESSION_START(time_attr,interval)	返回相应滚动、跳跃或会话窗口的包含下限的时间戳

3. 数据源管理

（1）相关概念　数据源，即数据的来源，是指数据库应用程序所使用的数据库或者数据库服务器。数据源中存储了所有建立数据库连接的信息，类似于通过指定文件名可以在文件系统中找到文件一样，通过提供正确的数据源名称，用户可以找到相应的数据库连接。

配置数据源是数据接入过程中的第一步，所有接入的数据源都将在根云平台的数据源管理模块中统一管理。

根云平台的数据源管理包括内部数据源和外部数据源两种，内部数据源是指从数据平台获取数据连接。外部数据源主要用于交付项目中指定的外部数据源，外部数据源可能是外部输入的业务数据表，也可能是计算结果输出到外部数据库中。

1）内部数据源：内部数据源列表显示数据计算服务支持的数据库（MySQL、PostreSQL、Kafka 和 Oracle）信息，包括数据源名称、数据库类型、版本和 IP 地址。

2）外部数据源：用户自定义的数据库类型，平台支持对外部数据源（MySQL、PostreSQL 和 Oracle）进行增加、删除、修改和查看操作。

> **说明：**这里涉及的是根云平台的数据源管理模块，此模块只正常显示根云平台支持的内部数据源列表，保证能够正常获取内部数据源信息，不支持数据源的参数配置。

（2）添加外部数据源　要在任务流中使用的外部数据表中的数据，需要先在数据源管理模块中添加平台支持的外部数据源，操作步骤如下。

1）打开"数据计算"页面，单击"数据源管理"节点，选择"外部数据源"选项卡，单击"添加"按钮，如图 4-1-2 所示。

图 4-1-2　添加外部数据源

2）选择需要添加的数据库类型。如图 4-1-3 所示，可以选择 MySQL、PostgreSQL、SQL

Sever、Oracle 关系型数据库，也可以选择 Kafka 消息中间件。

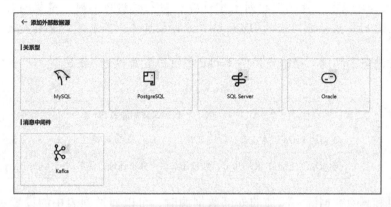

图 4-1-3　添加外部数据源类型

3）填写参数，完成添加数据源。如图 4-1-4 所示，以添加 MySQL 数据库为例，根据已有数据库的信息输入数据源名称、数据库版本、主机、端口等信息后进行连通性测试，测试成功后单击"添加"按钮，完成数据源的添加。

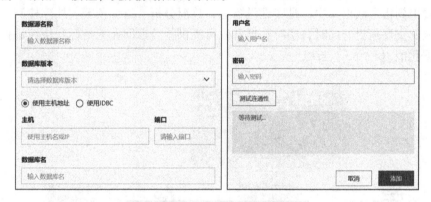

图 4-1-4　外部数据源的参数信息

数据源参数说明见表 4-1-5。

表 4-1-5　数据源参数说明

参数	说明
数据源名称	自定义数据源名称
支持连接的数据库版本	MySQL：5. 7. x，8. 0. x PostreSQL：12. x Oracle：9. x. x，10. x. x，11. x. x，12. x. x Kafka：1. 1. x，2. 0. x，2. 1. x，2. 2. x，2. 3. x，2. 4. x，2. 5. x
使用主机地址	主机名 或 IP+端口号
数据库名	输入源数据库名
使用 JDBC 格式	jdbc：mysql：//host：port/database？ useUnicode = yes&characterEncoding = utf8&useSSL = false&serverTimezone = UTC
用户名	输入用户名
密码	输入密码

> **说明：** 数据库版本支持在下拉列表中选择；输入数据库名时，确保与源数据库名一致；使用 JDBC 时，应按照对应的 JDBC 格式连接数据库，否则可能连接失败。

（3）添加消息中间件　目前支持的 Kafka 数据源配置见表 4-1-6。

表 4-1-6　数据源配置

数据源名称	自定义数据源名称
Kafka	支持的 Kafka 版本有：1.1.x、2.0.x、2.1.x、2.2.x、2.3.x、2.4.x、2.5.x
集群地址	输入集群地址 IP 及端口号，如需添加多个集群地址，使用"，"区分

（4）编辑和删除数据源　添加的外部数据源时，可以通过列表中的设置进入数据源详情页面，修改数据源的基本信息；也可以通过列表右侧的相应按钮移除不需要的数据源。

4. 实时数据开发

（1）实时数据开发的基本概念　实时数据开发支持 Apache Flink 流处理执行模式，如图 4-1-5 所示。对于设备管理员来说，将设备接入平台并上报数据后，对采集的数据进行计算或直接输出到指定数据库中，是实现设备运行情况分析、指标预警、故障检测、数据大屏展示等功能的重要前提。同时，实时数据开发可提供秒级返回业务指标和快速进行多维分析等实时数据化能力。

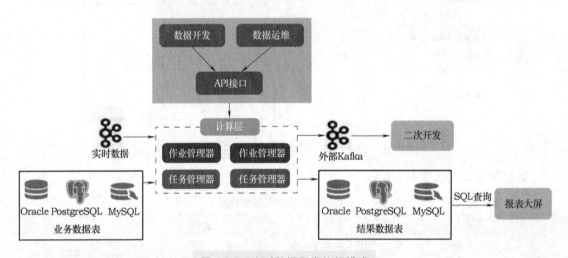

图 4-1-5　实时数据开发执行模式

在建立实时数据开发过程中，通过拖拽任务节点，建立任务节点的关联，通过可视化数据库可用性组（DAG）形成数据处理任务定义。表 4-1-7 所示为在实时任务开发过程中的重要概念的说明。

表 4-1-7　重要概念的说明

概念名称	说明
计算任务	计算任务是数据计算服务的基本计算单元，数据获取、数据处理和计算结果输出都是通过任务完成的。任务的执行过程是个 DAG 有向无环图，图中的点是执行阶段，各个执行阶段的依赖关系是图的边。数据计算会依照图中的节点和边依赖关系执行各个阶段

（续）

概念名称	说明
任务流	大数据的计算、分析和处理，一般由多个任务单元（Hive、Sparksql、Spark、Shell 等）组成，每个任务单元完成特定的数据处理逻辑。任务流预估出每个任务处理所需的时间，根据先后顺序，计算出执行每个任务的起止时间，通过定时执行任务的方式，让整个系统保持稳定的运行
任务流实例	每一个离线任务根据调度周期，在每一次运行时生成一个任务流实例
任务实例	任务流由多个任务组成，一个任务流实例执行的过程中，每个组成该任务流的任务均生成一个任务实例，所有任务实例执行完毕，即任务流执行完成。任务实例状态包括启动中、运行中、运行失败、停止中、已停止
任务模板	数据计算服务把使用频率高的计算任务作为模板存储，可减少创建任务和调试的时间
数据源	计算任务获取数据的源地址和计算结果输出的目标地址称为数据源。数据平台支持内部数据源，手动添加的非数据平台数据源称为外部数据源。内部数据源是指数据平台内部获取数据连接。外部数据源是用于交付项目中指定的外部数据源，外部数据源可能是外部输入的业务数据表，也可能是计算结果输出到外部数据库中
输入节点	计算任务数据输入的源头。支持数据平台的 Kafka 订阅数据，可按物模型和设备列表选择
处理节点	计算任务过程数据过滤和时间聚合计算相关的处理，支持按条件筛选和按 FlinkSQL 查询语句
输出节点	计算任务结果数据的输出目的地，支持 MySQL 和 PostgreSQL 等

（2）实时数据开发概述　如图 4-1-6 所示，实时数据开发界面可以分为三块区域：左侧为任务流列表，中间是节点库，右侧是节点编排界面及数据流程，单击具体某个节点可显示当前选中节点属性编辑区域。

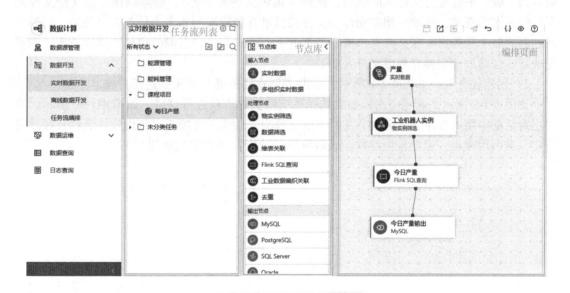

图 4-1-6　实时数据开发界面

实时数据开发的流程主要由三部分组成：输入节点、处理节点和输出节点。数据开发的数据流需要满足以下要求才能正常启动：①有且仅有一个输入节点；②每个节点有且仅有一个前节点；③有至少一个输出节点。

实时数据开发的编辑状态如图 4-1-7 所示。

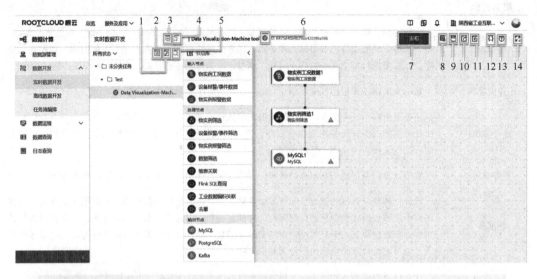

图 4-1-7　编辑状态的页面

1—编辑文件夹　2—折叠文件夹　3—添加任务流　4—添加一级文件夹　5—查找任务流　6—未发布
7—发布　8—异常数据处理策略　9—保存　10—导出任务流　11—导入任务流
12—查看 JSON　13—帮助　14—最大化画布

（3）任务流的操作

1）文件夹。为了管理多样化的任务流，平台支持用文件夹分类任务流，文件夹的层级最多为 5 级。平台支持文件夹的新增、修改（编辑文件夹名称）、删除操作，也支持文件夹下的任务流的新增、修改、删除操作。文件夹目录方便管理创建多个任务流。例如，同时撤回和删除多个任务流。在文件夹未展开的情况下，通过文件夹右侧的菜单创建任务流，创建完成后，自动展开编排在相应文件夹中。

2）创建任务流。如图 4-1-8 所示，单击"创建任务流"按钮创建任务流。

如图 4-1-9 所示，新建空白模板或选择系统默认的模板进行创建。如图 4-1-10 所示，在弹出对话框中填入自定义的名称和选择上级文件夹，如果选择模板进行创建，名称及描述可自定义或引用模板，设置模板参数。最后单击"确定"按钮完成创建。

图 4-1-8　创建任务流

图 4-1-9　创建实时数据开发的空白模板

图 4-1-10　设置实时数据开发基本信息

如图 4-1-11 所示，平台自动跳转到开发页面，在编排页面中以拖拽的方式进行实时数据的开发。可以将节点库中的节点拖入到编辑页面进行编辑，编辑完成后可以在区域 2 处选择保存、发布、导入、导出等操作。

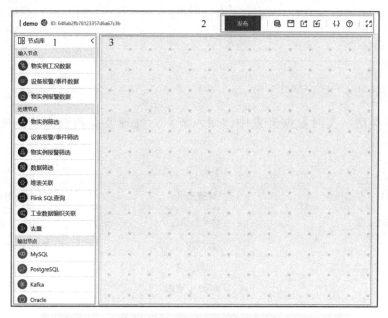

图 4-1-11　开发页面功能

1—节点库　2—进行任务流保存发布等操作的区域　3—编排页面

3）导入/导出任务流。导入/导出功能方便在不同的环境和组织之间重复使用相同功能的任务流。已发布的任务支持导出，不支持导入。导入新的任务流会覆盖现有任务流的各个节点配置，任务流名称和描述不变。

4）查看任务流。查询已创建的实时数据开发列表，可以按发布状态进行检索，也可通过任务名称进行模糊搜索。

5）编辑任务流。可以修改任务名称及描述。只能编辑未发布的任务，已发布的任务无法编辑。

6）复制任务流。可以对任务流进行复制操作，复制的任务名称为原任务名称后添加"副本"或"随机字符"作为后缀。已发布的任务如需修改，建议先复制再修改。

7）删除任务流。对于未发布的任务，可进行删除操作，弹窗后确定删除，且删除后无法恢复。删除操作只能对未发布的任务进行操作，已发布的任务无法删除。

如图 4-1-12 所示，当任务流为未发布状态时可以进行创建任务流、导出、编辑名称、复制和删除操作。

如图 4-1-13 所示，当任务流为已发布状态时可以进行创建任务流、导出和复制操作，但不能进行编辑名称和删除操作。

图 4-1-12　未发布的任务流

图 4-1-13　已发布的任务流

（4）节点类型　实时数据开发中，输入节点、处理节点和输出节点的节点类型见表 4-1-8。

表 4-1-8　节点类型

输入节点	处理节点	输出节点
实时数据	物实例筛选	MySQL 输出
多组织实时数据	数据筛选	PostgreSQL 输出
	维表关联	Oracle 输出
	FlinkSQL 查询	Kafka 输出

说明： 输入节点最多只能有 1 个，子节点必须是输出节点。

（5）节点基本操作　实时数据开发过程中，节点基本操作见表 4-1-9。

表 4-1-9　节点基本操作说明

操作名称	具体操作
创建节点	选择节点库中的一个节点类型拖拽到编辑页面中
复制节点	鼠标指针悬浮于需要复制的节点，单击右上角出现的第一个按钮

（续）

操作名称	具体操作
删除节点/连线	鼠标指针悬浮于需要删除的节点，单击右上角出现的第二个按钮，或者选中需要删除的节点或连线，按\<Delete\>键
连接节点	单击一个节点下方的连接点并拖动连线至另一个节点
移动画布	在编辑页面空白处按下鼠标左键并移动，即可拖动编辑页面，使用鼠标滚轮可缩放画布

（6）常用节点说明

1）输入节点。该节点定义了需要输入和处理什么数据。在该节点指定物模型和物实例的实时工况数据，并输出作为计算所使用的属性数据。每个数据处理流程只能有一个输入节点。

实时数据来源为数据库 Kafka 的实时数据，实时数据节点只能连接物实例筛选节点。实时数据"拉取数据位置"选项的说明如下。

① 从上次的位置拉取数据：该选项不会丢弃数据，会基于上一次处理到的数据继续处理，生产环境下一般会使用该选项。

② 从最新的位置拉取数据：会丢弃历史的数据，从最新的数据进行处理，该选项可以避免处理历史数据耗时过长，一般在给客户演示需要马上出效果的场景下使用，避免处理历史数据耗时过长导致演示效果不佳。

如图 4-1-14 所示，创建实时数据开发需设置节点名称、拉取数据位置、数据源类型。

多组织实时数据节点是输入节点的一种功能模块，可以实时处理多个组织的数据，这种输入节点能够根据预设的规则，对接收到的组织实时数据进行筛选和处理，以满足复杂的数据处理需求。输入数据源：节点配置可以选择 MySQL 外部数据源和数据源下的数据库表。

2）处理节点。物实例筛选节点只能连接实时数据输入节点，选择物实例并对物实例属性进行映射输出。平台自动识别选中物实例的公共字段作为输入字段。物实例筛选节点的设置如图 4-1-15 所示。

图 4-1-14　实时数据节点设置

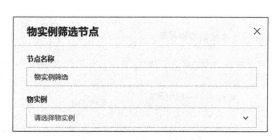

图 4-1-15　物实例筛选节点设置

① 节点名称：支持字符串数据，最多可输入 64 个字符（1 个汉字为 2 个字符）。

② 物实例："接入与建模"模块中已存在的、且需要使用任务流完成数据计算的所有物理设备，包括设备、复合物、网关、物应用接口等。当物实例选择多个选项时，输出映射取

字段的交集即 Schema 取交集。当物实例全选某一父节点时，将包含该节点下的所有子节点，并且后续添加的子节点也会自动包含。

③ 输出映射（模型公共属性）：如图 4-1-16 所示，"接入与建模"模块中设备已经定义的所有属性均可映射至数据计算服务中，根据任务流需求选择需要参加数据计算的物模型公共属性。当数据节点为 JSON 数据格式时，系统自动给出 Schema 信息，仅适用于在线状态（__online__）和当前位置（__location__）两个属性。

④ 输出映射（模型非公共属性）："接入与建模"模块中设备已经定义的所有属性均可映射至数据计算服务中，根据任务流需求选择需要参加数据计算的物模型非公共属性。如图 4-1-17 所示，非公共属性需要录入的信息包括输入字段名称、输入字段 ID、输出字段名称、输出字段 ID 和输出数据类型。

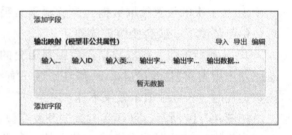

图 4-1-16　输出映射（模型公共属性）　　　　　图 4-1-17　添加输出映射字段

> **说明**：物实例筛选节点需要关联实时数据输入节点，输出字段名称和输出字段 ID 支持重命名，输出映射支持导出和导入操作，不支持"接入与建模"模块中复合物模型的透传属性。

3）数据筛选。选择输入节点中的某一输出字段，并按照指定条件进行筛选，只有满足条件的数据才能继续进行处理。平台支持的数据类型及其筛选条件见表 4-1-10。

表 4-1-10　平台支持的数据类型及其筛选条件

支持的数据类型	支持的筛选条件
Boolean（布尔型 true/false）	=、! =、null、非 null、在列表中、不在列表中
Integer（64 位整型）	=、! =、<=、>=、<、>、在列表中、不在列表中、null、非 null、在范围中、不在范围中
Number（64 位浮点型）	=、! =、<=、>=、<、>、在列表中、不在列表中、null、非 null、在范围中、不在范围中
String（64 位字符型）	=、! =、在列表中、不在列表中、null、非 null、包含、不包含、以开始、不以开始、以结束、不以结束、空、非空
Timestamp（64 位时间戳）	=、! =、<=、>=、<、>、null、非 null、在范围中、不在范围中

说明： 筛选数据流中不满足条件的数据无法流到下游节点。Timestamp 类型的值输入使用精确到秒的控件，内部转换成 64 位整数，毫秒部分填充 0；输入的 Timestamp 的值转换成 UTC 的时间存储，回显的时候再把 UTC 的时间转换成浏览器的本地时间。

当存在多个筛选条件时，各个条件之间的逻辑关系支持 and、or，暂时不支持 and 和 or 的混合使用。需特别关注不为 Null 的判断，当后续节点需要进行 FlinkSQL 的计算时，应将 Null 值进行过滤；否则，FlinkSQL 会将 Null 赋值成 0，导致计算结果错误。例如，当在线状态的存储策略设置成变化保存和周期上报时会存在 Null，经过 FlinkSQL 时就会赋值 0，变成离线状态，而实际为在线状态。

4）Flink SQL 查询节点（图 4-1-18）。Flink SQL 查询对流入的数据按照编写的语句进行处理，计算结果流入下一个节点。SQL 编辑框支持一键格式化和 SQL 语句的校验。SQL 编辑框格式化：对于在 SQL 编辑框中编写完成的 SQL 语句，可通过"格式化"命令将原有语句的格式规范化，便于排查错误。SQL 语句校验：校验语法，可验证已输入的 SQL 语句是否符合 Flink SQL 语法，如不符合，页面上方会出现警告。窗口最大化：编辑栏窗口可放大缩小，便于查看编辑情况。

图 4-1-18　Flink SQL 查询节点

数据延迟时间：为了缓解 MySQL 节点写入数据压力，如果没有时间窗口的设置，实时数据产生后马上就写入 MySQL，MySQL 无法承受写入的压力，可能会出现宕机。为解决此类问题，可设置数据延迟时间，解决数据丢失的问题。如果数据延迟时间选择 1min，则表示数据迟到 1min 是可以被容忍的，将会参与计算；如果超过 1min，则数据无效。

输出字段：手动指定输出数据类型，如图 4-1-19 所示。

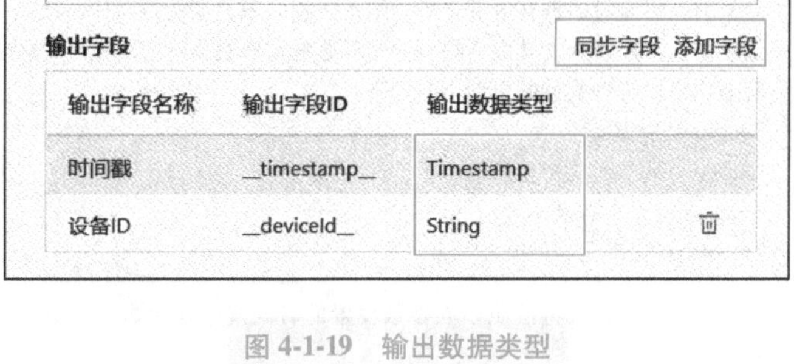

图 4-1-19　输出数据类型

在实时数据开发中，常需要获取表 4-1-11 中的系统变量进行 Flink SQL 查询。

表 4-1-11 系统变量

描述	字段 ID	数据类型
时间戳	timestamp	Timestamp
设备 ID	deviceId	String
物模型	deviceTypeId	String
物标识	assetId	String
上云时间	cloud_time	Timestamp
租户 ID	tenantId	String
工作状态	workstatus	Integer
在线状态	online	JSON
当前位置	location	JSON

5）输出节点。该节点定义了数据最后输出的字段、输出到什么数据库中、是否以时间聚合进行输出等，支持输出到 MySQL、Kafka、PostgreSQL、Oracle 等数据库，还支持输出到资产管理的指标数据库表中。相关参数说明见表 4-1-12。

表 4-1-12 输出节点参数说明

参数	说明
节点名称	自定义节点的名称，如每天用电量
目标数据源	选择在数据源管理中添加的"外部数据源"作为需要存储输出数据的数据库
目标数据表	选择外部数据源中需要存储输出数据的数据库表
插入方式	插入：直接写入数据，若写入失败，则数据无效 更新插入：先查询是否有该字段，没有即可插入，有就按指定的方式对字段的值进行更新
插入键	默认为主键（primary key）
输出映射	将输出字段和数据库字段进行匹配。选择"更新插入"还需要设置更新数据的方式，当前支持的更新策略如下： 替换：将原数据替换成经过数据开发后得到的结果数据后输出 累加：将经过数据开发后得到的结果数据与原数据进行累加后输出 最大值：将经过数据开发后得到的结果数据与原数据进行对比，取较大值作为输出数据 最小值：将经过数据开发后得到的结果数据与原数据进行对比，取较小值作为输出数据 各输出字段类型支持的更新策略如下： Boolean 支持无、替换 Integer、Number 支持全部策略 String 支持无、替换 Timestamp 支持无、替换
按时间聚合输出	默认勾选，勾选后将按照不同参数设置的时间规则输出数据；若不勾选，则直接输出计算数据
时区	不同经纬度地区的地方时间。选择时区后，输出到数据库中的时间为选择的时区时间

（续）

参数	说明
时间聚合字段	选择用户自己的库表中与时间对应的字段，如 time
聚合时长	每半小时、时、日、周、月和年输出一次数据
开始时间	业务核算的时间。例如聚合时长为 1min，开始时间为 1 月 1 日 0 时 0 分，则将在今年 1 月 1 日 0 时 1 分输出第一条数据

下面介绍 MySQL 输出节点。

（1）目标数据源 指定数据库写入经过数据处理后得到的结果，支持内部数据源和外部数据源。

（2）插入方式 插入表示直接追加数据库记录，更新插入表示基于数据库的唯一键进行更新。在该选项下需要指定可判断数据唯一性的索引（即插入键），如主键或者唯一性索引。因此，在建表时设置了 UNIQUE KEY idx_dt_uid（dt, uid）USING BTREE。在数据库中的操作是 upset 操作。插入键需选择数据库表的主键或者唯一索引作为更新数据的唯一标识。

（3）输出映射 选择需要写入目标数据源的字段，根据数据类型的一致性做筛选的过滤。MySQL 数据类型和数据计算服务数据类型映射见表 4-1-13。

表 4-1-13 输出映射

数据计算服务	Timestamp	Boolean	Integer	Int	String	Number
MySQL	DATA TIME DATETIME TIMESTAMP	TINYINT	TINYINT SMALLINT MEDIUMINT INT BIGINT FLOAT DOUBLE DECIMAL	TINYINT SMALLINT MEDIUMINT INT BIGINT FLOAT DOUBLE DECIMAL	CHAR VARCHAR TINYTEXT TEXT MEDIUMTEXT LONGTEXT DATE TIME DATETIME	TINYINT SMALLINT MEDIUMINT INT BIGINT FLOAT DOUBLE DECIMAL

（4）更新策略 数值类型的更新策略有累加、替换、最大值、最小值，字符串类型的数据有替换策略，见表 4-1-14。

表 4-1-14 更新策略说明

更新策略	说明
累加	将经过数据开发后得到的结果数据与原数据进行累加后输出
替换	将原数据替换成经过数据开发后得到的结果数据后输出
最大值	将经过数据开发后得到的结果数据与原数据进行对比，取较大值作为输出数据
最小值	将经过数据开发后得到的结果数据与原数据进行对比，取较小值作为输出数据

（5）时间聚合输出 MySQL 写入时会按照所选的时间聚合字段和聚合时长，按照数据更新的策略进行更新数据。其中，时间聚合字段是数据库表中表示时间列的字段名；聚合时

长是按时间聚合输出到数据库表中的计算结果，时间聚合的单位可以是半小时、小时、天、周、月、年。

> **说明：** 当前 MySQL 数据库无法支持分库分表操作。当 MySQL 写入失败时，数据会直接丢弃，不会对整体流编排进行反压，因此会导致数据积压，存在数据丢失风险。

4.1.3　任务实施

1. 连接外部数据源

数据源分为外部数据源和内部数据源，外部数据源支持 MySQL、PostgreSQL、Oracle 数据库，可以根据实践应用场景进行添加。

12. 工业机器人
实时数据开发

本任务采用外部数据源，建立外部数据源的步骤如下。

1）登录根云平台，进入控制台。

2）选择"数据计算"模块，进入"数据源管理"页面。

3）如图 4-1-20 所示，选择"外部数据源"选项卡，单击"添加"按钮。

4）外部数据源的关系型可以选择 MySQL、PostgreSQL、SQL Server、Oracle 数据库，还可以添加消息中间件 Kafka。如图 4-1-21 所示。本任务选择"关系型"中的"MySQL"。

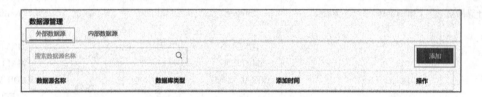

图 4-1-20　添加外部数据源

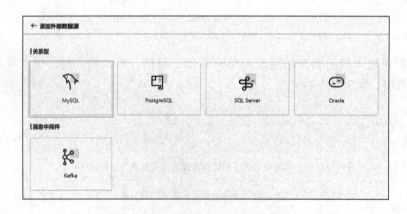

图 4-1-21　添加 MySQL 数据库

5）如图 4-1-22 所示，在选择数据库类型后，根据已有数据库的信息输入数据源名称、数据库版本、主机、端口等信息后进行连通性测试，测试成功后单击"添加"按钮，完成数据源的添加。

图 4-1-22　配置数据库信息

说明：建立外部数据库是必不可少的步骤，因此需要使用相关软件（Nacicat、DBeaver 等）创建、连接、管理数据库，本书附录 F 中介绍了 Nacicat 软件的下载安装步骤，本项目拓展资料也介绍了如何利用 Nacicat 创建数据库和数据表。

2. 创建实时数据开发

（1）添加文件夹

1）创建一级文件夹。操作步骤：登录控制台，选择"数据计算"模块，单击"数据开发节点"，打开"实时数据开发"页面，单击✔图标，再单击"添加一级文件夹"按钮，如图 4-1-23 所示。

图 4-1-23　添加一级文件夹

2）如图 4-1-24 所示，自定义文件夹名称，单击"确定"按钮，完成文件夹的创建。

图 4-1-24　自定义文件夹名称

（2）创建任务流

1）如图 4-1-25 所示，单击⊕图标，创建任务流。

图 4-1-25　创建任务流

2）如图 4-1-26 所示，系统弹出"创建实时数据开发"对话框，自定义任务名称为"机器人产量分析"，选择合适的上级文件夹，单击"确定"按钮，完成实时数据开发的创建。

图 4-1-26　创建实时数据开发

3. 设置输入节点

1）创建完成实时数据开发后，弹出"节点库"页面。选择"输入节点"为"实时数据"，将其拖拽至画布中。

2）编辑输入节点，如图 4-1-27 所示，自定义节点名称为"产量"，设置"拉取数据位置"为"从上次的位置拉取数据"，"数据源类型"为"实时数据"。

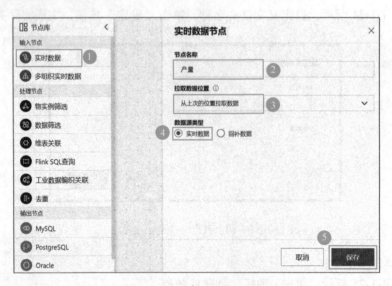

图 4-1-27　编辑实时数据节点

4. 筛选物实例

1）选择"处理节点"为"物实例筛选"，将其拖拽至画布中，然后单击"实时数据"节点下方的连接点，拖动连线至"物实例筛选"节点。

2）编辑"物实例筛选节点"，如图 4-1-28 所示，自定义节点名称为"工业机器人实例"，设置"物实例"为任务 2.2 中建立的物实例"工业机器人"，在输出映射（模型公共属性）处选择"导入 导出 编辑"属性，完成输出映射设置后单击"保存"按钮。

图 4-1-28 编辑物实例筛选节点

5. 设置 Flink SQL 查询节点

1）采用"Flink SQL 查询"对流入的数据进行处理查询，将处理节点"Flink SQL 查询"拖拽到画布中，然后单击"物实例筛选"节点下方的连接点，拖动连线至"Flink SQL 查询"节点。

2）根据业务需求对编写的语句进行处理，计算结果流入下一个节点，以查询每日产量为例，如图 4-1-29 所示，自定义节点名称为"今日产量"。

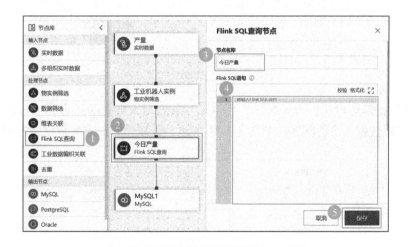

图 4-1-29 设置 Flink SQL 查询节点

3）编写 Flink SQL 查询语句，本任务以"查询今日产量数据"为例进行编写。其查询逻辑如下。

```
  SELECT
tumble_start(rowtime, interval'1'day) as __timestamp__,
__deviceId__,
  LAST_VALUE(today_output) AS output,
  DATE_FORMAT(CURRENT_TIMESTAMP,'yyyyMMdd') as record_date
FROM
  {}
group by
  tumble(rowtime, interval'1'day),
  __deviceId__
```

4）SQL 编辑框格式化校验和最大化。在 SQL 编辑框中编写完成的 SQL 语句，可通过"格式化"命令将原有语句的格式规范化，便于排查错误；通过"校验"命令校验语法，可验证已输入的 SQL 语句是否符合 Flink SQL 语法，如符合语法规则，系统会弹出"SQL 语句通过校验"，否则页面上方会出现警告；单击窗口右上角的最大化按钮，可控制窗口的缩放，便于查看编辑，如图 4-1-30 所示。

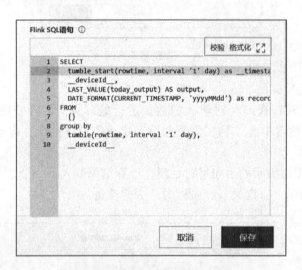

图 4-1-30　SQL 编辑框设置

5）设置数据延迟时间。为了缓解"MySQL"节点写入数据的压力，平台设置了数据延误时间，以解决数据丢失的问题。如图 4-1-31 所示，设置"1 分钟"数据延迟时间。

图 4-1-31　设置数据延迟时间

6）设置输出字段。如图 4-1-32 所示，首先单击"同步字段"按钮，然后根据实际需求手动调整指定输出的数据类型，将"__deviceId__"字段的输出数据类型设置为"String"，将"output"字段的输出数据类型设置为"Number 4 位小数"，将"record_date"字段的输出数据类型设置为"String"。最后单击"保存"按钮，完成 Flink SQL 节点的设置。

图 4-1-32　设置输出字段

注意：Number 数据类型需要指定小数点后几位，以确保 Flink SQL 运算准确。避免出现如下情况：Number 类型 1 和 2 的字段数值为小数点后 12 位，两个字段相乘小数位会溢出，Flink SQL 的输出为 null，进而影响数据准确性。

6. 设置输出节点

设置输出节点的操作流程如图 4-1-33 所示。

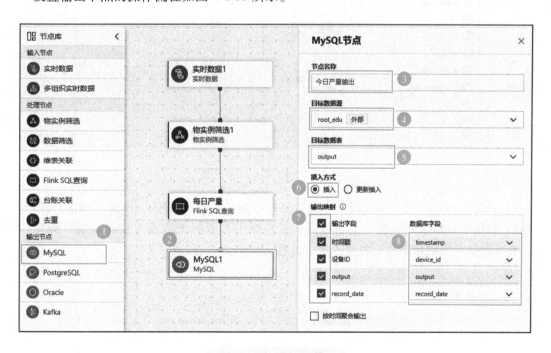

图 4-1-33　设置输出节点

1）将输出节点"MySQL1"拖拽到编辑页面中，然后单击"Flink SQL 查询"节点下方的连接点，拖动连线至"MySQL1"节点。

2）单击编辑页面中的"MySQL1"输出节点，在"MySQL 节点"编辑页面中自定义输出节点名称为"今日产量输出"。

3）设置"目标数据源"，选择自己所创建的外部数据源。

4）设置"目标数据表"，选择自己所创建的目标数据表。

5）设置"插入方式"为"插入"，"输出映射"必须包含数据表中的非 null 字段，当"插入方式"为"更新插入"时，还必须包含插入键的非自增类型的全部字段，否则更新数据会失败。

6）选择"输出字段"和"数据库字段"，"数据库字段"选择与"输出字段"对应的目标数据表中的字段。

7. 发布实时数据

1）如图 4-1-34 所示，单击保存按钮进行保存，然后再单击"发布"按钮，发布实时数据开发。

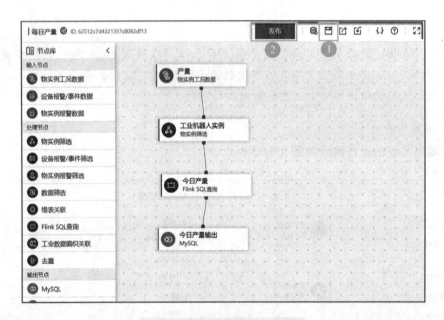

图 4-1-34　发布实时数据开发

2）如图 4-1-35 所示，系统弹出"确定要发布该任务吗?"弹窗，单击"确定"按钮。

3）如图 4-1-36 所示，任务发布成功，系统弹出"数据处理任务发布成功"弹窗。此时，实时数据开发的状态图标由灰色变成绿色。

图 4-1-35　确定发布该任务弹窗　　　　图 4-1-36　任务发布成功弹窗

任务 4.2　工业设备任务流运维

4.2.1　任务说明

【任务描述】

任务流运维，也称为任务流管理。随着云平台的发展，数据的开发量日益增多，数据开发过程中常见的问题包括数据同步错误、任务数据延时、任务启动失败等问题。为了提高数据开发效率，保证数据开发质量，数据运维工程师需要制订并执行任务流运维方案，修复异常任务，定期维护和检查维护异常错误。本任务将介绍常见的数据开发问题，以及如何进行实时数据任务流运维。

在本任务中，数据工程师需要完成以下两项任务。

1）能够依据异常任务日志确定任务流异常的原因。

2）修复异常任务，查询数据并校验数据是否正确。

【学习导图】

工业设备任务流运维的学习导图如图 4-2-1 所示。

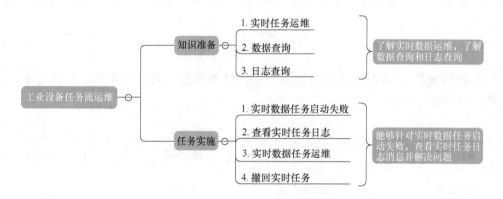

图 4-2-1　工业设备任务流运维的学习导图

【任务目标】

知识目标	技能目标	素质目标
1）了解实施任务运维的流程。 2）掌握数据查询方法。 3）掌握日志说明的查看方法。	1）能查看和使用 SQL 查询采集到数据。 2）能发布和撤回实时数据开发。 3）能熟练查看日志说明。 4）能规范地编写 FlinkSQL 查询语句。	1）培养学生耐心和细致的观察力。 2）培养学生独立检验学习成果的习惯。

4.2.2 知识准备

1. 实时任务运维

为了方便数据运维工程师排查任务流执行时出现的问题，根云平台提供了数据运维功能。如图 4-2-2 所示，运维工程师能够查看在数据计算中已经完成数据开发且已经启动任务的执行状态。"实时任务运维"是对任务的统一管理页面，可以查看任务 ID、名称、运行状态、开始时间和状态更新时间等任务信息，也可以对任务进行启动、停止、撤回、查看任务详情等操作。运维工程师能够对运行状态及实时任务名称进行搜索。

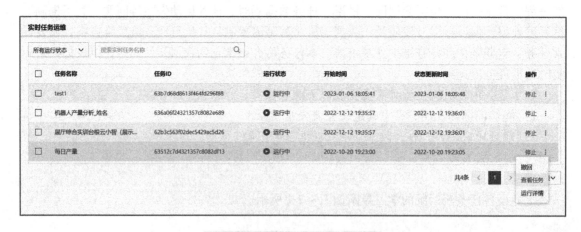

图 4-2-2 "实时任务运维"页面

（1）运行状态 "实时任务运维"页面中的任务流运行状态有 4 种：初始化中、运行中、停止中和运行失败，见表 4-2-1。

表 4-2-1 任务流运行状态及其对应的图标

运行状态	图标	运行状态	图标
初始化中	初始化中	停止中	停止中
运行中	运行中	运行失败	运行失败

（2）运行详情 对于运行中的实时任务，可查看其运行详情，包括运行概况和异常日志。当实时任务运行正常但出现数据丢失或数据库中不存在数据时，可以使用运行详情对数据的输入/输出进行排查，确认出现问题的具体节点。

实时任务运维详情中的运行概况能实时看到每个节点的数据接收、发出以及运行时长等基本信息，如图 4-2-3 所示，方便判断和排查问题。如果是实时任务流上线、停止、撤回的异常信息，可以在异常日志中查看，如图 4-2-4 所示。

（3）批量撤回 如图 4-2-5 所示，可以在"实时任务运维"页面中批量撤回正在运行的实时计算任务。

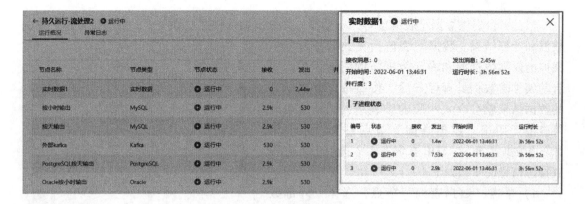

图 4-2-3　任务流运行概况

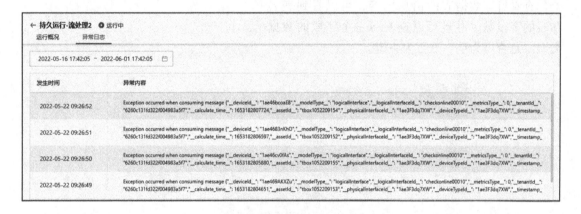

图 4-2-4　任务流异常日志

图 4-2-5　批量撤回任务

2. 数据查询

根云平台提供数据维表的内容浏览功能，无须借助外部客户端工具，即可浏览维表中的数据和计算结果。数据维表包括在数据源管理中添加的外部数据源和内部数据源的所有维表。当启动编排的数据处理任务后，按照指定方式计算的数据结果就会存入相应的维表中，刷新维表即可查看。使用"数据查询"节点可查看"表信息""数据预览""SQL 查询"3 个选项卡。查看数据源信息的步骤如下：

1）单击"数据查询"节点，选择"外部数据源"和目标数据表，如图 4-2-6 所示。

2）如图 4-2-7 所示，选择"表信息"选项卡，查看目标数据表的信息内容，可以看到表名和表的字段数，并且可以查看每一个字段的数据类型、是否可为空、是否为主键。

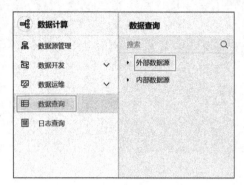

图 4-2-6　数据查询

图 4-2-7　查看外部表信息

3）选择"数据预览"选项卡，可以查看采集到的数据信息。

4）如图 4-2-8 所示，选择"SQL 查询"选项卡，根据业务需求在文本框中编写 SQL 查询语句，然后单击"执行 SQL"按钮，可以在下方查看查询结果。

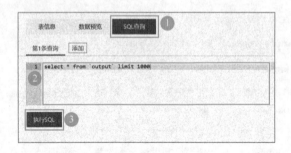

图 4-2-8　编写 SQL 查询语句

3. 日志查询

为了方便开发定位和监控整个服务系统的运行情况，平台提供了可视化的运行日志查询功能，可以查询用户对任务流的增加、删除、修改、查询、发布、撤回和启停操作的日志，追踪因撤回和重启等误操作引起的计算不准确问题；查询任务运行过程中节点的关键日志和异常日志，帮助排查任务流配置和运行资源异常引起的数据不正确问题，如图 4-2-9 所示。

日志查询				
操作日志	实时任务日志	离线任务日志		
所有级别 ∨	所有用户 ∨	2022-03-28 10:16:07 ~ 2022-03-28 11:16:07		
时间	级别	用户名	消息	操作
2022-03-28 10:42:03	ⓘ	iotworks_08_user	分支-zh6成功.	查看详情
2022-03-28 10:42:03	ⓘ	iotworks_08_user	撤回数据计算服务任务分支-zh6调度任务成功.	查看详情
2022-03-28 10:41:59	ⓘ	iotworks_08_user	上线数据计算服务任务分支-zh6调度任务成功.	查看详情
2022-03-28 10:41:43	ⓘ	iotworks_08_user	分支-zh5成功.	查看详情
2022-03-28 10:41:43	ⓘ	iotworks_08_user	分支-zh4成功.	查看详情
2022-03-28 10:41:43	ⓘ	iotworks_08_user	分支-zh3成功.	查看详情
40 ∨ 条/页　共32条				◁ 1 / 1 ▷

图 4-2-9　日志查询

日志列表支持按级别、用户和生成时间段进行筛选，还支持查看和下载指定日志的详细信息，方便数据运维人员快速定位问题。在"日志查询"页面可以查看以下类型的日志信息。

1）操作日志。操作日志包括用户或管理员对外部数据源、模板、任务流的创建、删除、编辑、启动、停止、发布、撤回等操作，以及操作的成功、异常和失败信息。

2）运行中任务流节点输出的日志。运行中任务流节点输出的日志包括①输入节点、输出节点的正常连接和断开，输出节点的写入错误，处理节点的数据计算异常情况；②维表节点的初始化加载成功，周期刷新失败重连；③Flink SQL 查询执行中的解析异常，执行异常；④MySQL 输出节点中，输出外部数据写入失败（网络断开、备份、主键错误），MySQL 的连接、断开和重连；⑤Kafka 输出节点中，Kafka 数据库连接异常或自动重连。

4.2.3　任务实施

1. 实时数据任务启动失败

当实时数据任务流发布不成功时，编辑页面会弹出"实时数据任务 Flink 启动失败，请查看日志"的弹窗，如图 4-2-10 所示。

13. 工业机器人
任务流运维

> ✖ 实时数据任务Flink启动失败,请查看日志

图 4-2-10　实时数据任务 Flink 启动失败

2. 查看实时任务日志

1）如图 4-2-11 所示，在"数据计算"模块中，单击"日志查询"节点，可以看到日志列表，选择"实时任务日志"选项卡，再单击"查看详情"按钮查看运行失败的日志消息。

2）日志的详细信息如图 4-2-12 所示，查看日志的最后一行信息，可快速定位报错信息。

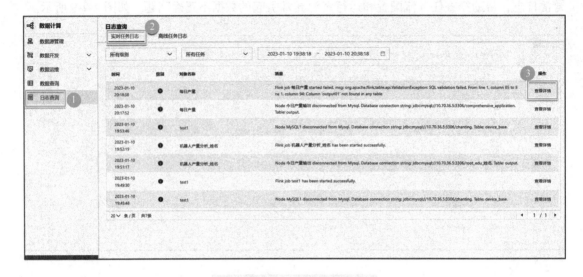

图 4-2-11　查看实时任务日志

图 4-2-12　实时任务日志详情信息

3）定位问题，如图 4-2-12 所示，可以查到问题为："output01"字段不存在任何表中。

3. 实时数据任务运维

1）返回到任务流的编辑页面中，检查输入节点、处理节点、输出节点的每个字段名称。

2）如图 4-2-13 和图 4-2-14 所示，FlinkSQL 查询节点的输出字段中的"output"变为"output01"，而 MySQL 节点中的输出节点的输出字段为"output"，数据库表字段也是"output"，所以"output01"字段不存在任何表中，实时数据任务启动失败。

3）定位到问题后，将 FlinkSQL 查询节点的输出字段中的"output01"修改为"output"，再进行发布。

4. 撤回实时任务

1）当数据库表字段发生变更且实时数据开发已经发布成功时，会出现数据库表字段和实时数据开发输出字段不一致的情况，任务流依旧会产生报错日志。要对报错内容进行修改，就必须要撤回实时任务，如图 4-2-15 所示，单击撤回按钮。

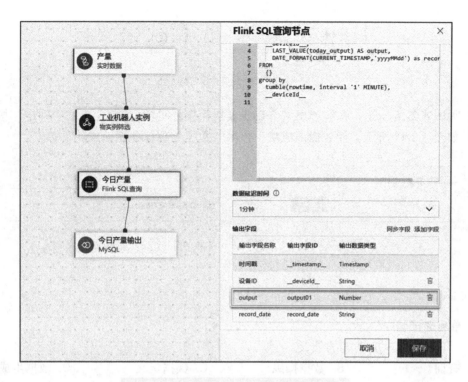

图 4-2-13　FlinkSQL 查询节点的输出字段

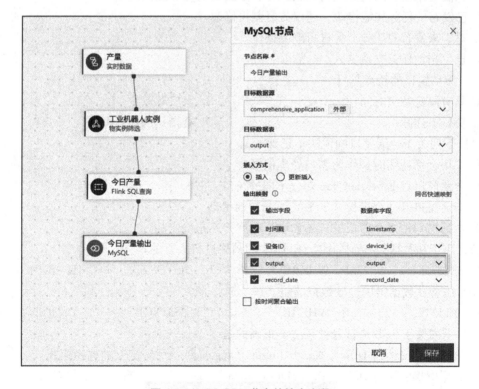

图 4-2-14　MySQL 节点的输出字段

图 4-2-15　撤回实时任务按钮

2）如图 4-2-16 所示，系统弹出"您确定要撤回任务吗？"弹窗，单击"确定"按钮。

3）如图 4-2-17 所示，任务撤回成功，弹出"数据处理任务撤回成功"弹窗。

图 4-2-16　您确定要撤回任务吗？　　　　图 4-2-17　数据处理任务撤回成功

项目训练

1. 单项选择题

（1）下列不是 SQL 功能的是（　　）。

A. 查询　　　　　　　　B. 数据操纵　　　　　　C. 数据定义　　　　　　D. 数据生成

（2）下列关于任务流的操作存在错误的是（　　）。

A. 只能对未发布的任务进行编辑操作，已发布的任务无法编辑

B. 已发布的任务如需修改，建议先复制再修改

C. 对于未发布的任务，可进行删除操作

D. 已发布的任务支持导入/导出

（3）滚动窗口的特点是（　　）。

A. 具有固定持续时间　　　　　　　　B. 窗口有重叠

C. 窗口不连续　　　　　　　　　　　D. 有指定的跳跃间隔

（4）下列关于会话窗口的说法不正确的是（　　）。

A. 采用会话持续时长作为窗口处理依据

B. 会话窗口根据 Session gap 切分不同的窗口

C. 会话窗口以一个步长（Slide）不断向前滑动

D. 会话窗口的每个窗口的开始和结束时间并不是确定的

（5）用于从数据集/流中根据 SELECT 的结果进行去重的是（　　）。

A. SELECT　　　　　　B. WHERE　　　　　　C. DISTINCT　　　　　　D. JOIN

（6）用于从数据集中过滤数据的是（　　）。

A. SELECT　　　　　　B. WHERE　　　　　　C. DISTINCT　　　　　　D. JOIN

（7）下列关于 SQL 语言分类说法不正确的是（　　）。

A. 数据库定义语言 DDL（Data Definition Language）：用来定义数据库模式

B. 数据库操纵语言 DML（Data Manipulation Language）：用来表示用户对数据库的操作请求

C. 数据查询语言 DQL（Data Query Language）：用来查询数据库中表的记录（数据）

D. 数据控制语言 DCL（Data Control Language）：用来查询数据库的查询、删除、修改、新增功能

（8）下列关于实时数据开发基本概念的说法错误的是（　　）。

A. 计算任务是数据计算服务的基本计算单元，数据获取、数据处理和计算结果输出都是通过任务完成的

B. 每一个离线任务根据调度周期，在每一次运行时生成一个任务流实例

C. 一个任务流实例执行的过程中，每个组成该任务流的任务可以生成多个任务实例

D. 任务的执行过程是个 DAG 有向无环图

（9）下列关于输出节点的说法正确的是（　　）。

A. 要选择在数据源管理中添加的"外部数据源"作为需要存入输出数据的数据库

B. 插入键默认为主键（primary key）

C. 必须勾选"按时间聚合输出"，才能按照不同参数设置的时间规则输出数据

D. 聚合时长有每半小时、时、日、周、月和年输出一次数据

（10）下列关于实时数据开发的过程说法错误的是（　　）。

A. 输入节点有实时数据和多组织实时数据两种

B. "物实例筛选"和"MySQL 查询"都是处理节点

C. Flink SQL 语句查询必须要设置延时时间

D. 输出节点中输出映射需手动匹配数据库字段

2. 多项选择题

（1）Flink 内置的时间窗口有哪些？（　　）

A. 翻滚窗口　　　　　B. 滑动窗口　　　　　C. 会话窗口　　　　　D. 消息窗口

（2）以下哪些选项是窗口处理数据时需要知道的信息？（　　）

A. 当前时间　　　　　B. 何时开始处理　　　C. 处理哪些数据　　　D. 数据的来源

（3）数据流正常启动需满足（　　）。

A. 有且仅有一个输入节点　　　　　　　B. 每个节点有且仅有一个前节点

C. 有至少一个输出节点　　　　　　　　D. 只有一个处理节点

（4）数据源管理包括（　　）。

A. 内部数据源　　　　B. 外部数据源　　　　C. 虚拟数据源　　　　D. 仿真数据源

（5）有关数据库定义语言的说法正确的是（　　）。

A. 数据库定义语言主要包括数据库模式定义、数据库存储结构、存取方法定义、数据库模式修改和删除功能

B. 数据定义语言的处理程序分为数据库模式定义处理程序、数据库存储结构和存储方法定义处理程序

C. 数据库模式定义处理程序：接收用 DDL 表示的数据模式定义，把其转变为内部表示形式，存取到数据字典中

D. 数据库模式定义语言要求用户机要说明数据库中的是什么数据，也要说明怎样检索这些数据

（6）有关 SQL 常用算子的示例正确的是（　　）。

A. SELECT * FROM Table

B. SELECT * FROM Table WHERE age = 20

C. SELECT DISTINCT name FROM Table

D. SELECT SUM（score）as TotalScore FROM Table GROUP BY name

（7）下列关于 FlinkSQL 查询节点说法正确的是（　　　）。

A. 在 SQL 编辑框中编写完成的 SQL 语句，可通过"格式化"功能将原有语句的格式规范化，便于排查错误

B. 可以通过"校验"功能验证已输入的 SQL 语句是否符合 FlinkSQL 语法

C. 在 FlinkSQL 查询节点可以设置"数据延迟时间"

D. FlinkSQL 输出为 null 时会影响数据准确性

（8）下列关于常用节点的说明正确的是（　　）。

A. 在进行物实例筛选时，当物实例全选某一父节点时，将包含所有该节点下的子节点，并且后续添加的子节点也会自动包含，无须再次手动修改

B. 在进行数据筛选时，当存在多个筛选条件时，各个条件之间的逻辑关系支持 and 和 or 的混合使用

C. SQL 编辑框支持一键格式化和 SQL 语句的校验

D. 当 MySQL 写入失败时数据会直接删除，存在数据丢失风险，但不会对整体流编排进行反压，导致数据积压

（9）有关三类窗口函数的描述正确的是（　　　）。

A. TUMBLE（time_attr，interval）是滚动时间窗口，将行分配给具有固定持续时间（interval）的非重叠、连续窗口

B. HOP（time_attr，interval，interval）是跳跃时间窗口，具有固定的持续时间（第二个 interval 参数），并按指定的跳跃间隔（第一个 interval 参数）跳跃

C. TUMBLE（time_attr，interval）是滚动时间窗口，将行分配给具有固定持续时间（interval）的重叠、连续窗口

D. HOP（time_attr，interval，interval）是跳跃时间窗口，具有固定的持续时间（第一个 interval 参数），并按指定的跳跃间隔（第二个 interval 参数）跳跃

（10）有关数据库操纵语言的描述正确的是（　　　）。

A. 数据库操纵语言用来表示用户对数据库的操作请求

B. 数据库操纵语言主要包括查询数据库的查询、删除、修改、新增功能

C. DML 过程性语言：要求用户机要说明数据库中的是什么数据，也要说明怎样检索这些数据

D. DML 非过程性语言：只需要用户说明数据库需要什么数据，不必关心怎么检索数据

3. 实操训练

为获取设备"每日产量""每月产量"和"每年产量"的信息，应在平台上创建实时任务开发完成业务需求，需要完成以下任务。

（1）创建新的任务流。

（2）添加输入节点，设置输入节点参数。

（3）添加"物实例筛选"处理节点，并合理地进行参数设置。

（4）添加"FlinkSQL 查询"处理节点，编写 FlinkSQL 语句查询每日产量。在数据库中设置目标数据表，并添加"MySQL"输出节点。

（5）添加"FlinkSQL 查询"处理节点，编写 FlinkSQL 语句查询每月产量。在数据库中

设置目标数据表，并添加"MySQL"输出节点。

（6）添加"FlinkSQL 查询"处理节点，编写 FlinkSQL 语句查询每年产量。在数据库中设置目标数据表，并添加"MySQL"输出节点。

（7）发布实时数据开发，在数据源中查看和筛选采集到的数据。

项目拓展

下面介绍如何创建数据库。

（1）创建数据库

方法一：

1）如图 4-2-18 所示，鼠标指针悬停在任意一个数据库节点上并右击，在快捷菜单中选择"新建数据库"命令。

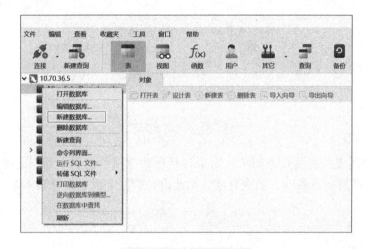

图 4-2-18　新建数据库

2）如图 4-2-19 所示，填写"数据库名"为"root_edu"，"字符集"设置为"utf8"，"排序规则"设置为"utf8_general_ci"。完成设置后，单击"确定"按钮，即可以在左侧栏对应连接节点下查看新建立的数据库。

图 4-2-19　设置数据库参数

方法二：

1）如图 4-2-20 所示，在 Navicat 上方主菜单栏中单击"新建查询"按钮。

图 4-2-20　新建查询

2）如图 4-2-21 所示，在新建查询页面中，首先选择对应的连接，然后在编辑框中编写创建数据库语句"CREATE DATABASE root_edu"，最后单击"运行"按钮。在页面下方可以查看执行结果。

图 4-2-21　创建数据库

（2）创建数据表　根据业务需求，对每日产量数据进行统计，统计的数据字段包括数据采集的时间、产量、设备 id、数据日期，据此设计数据字段表，见表 4-2-2。

表 4-2-2　数据字段表

字段名	类型	长度	注释
timestamp	timestamp	—	时间
output	double	—	产量
device_id	varchar	100	设备 id
recode_date	varchar	100	数据日期

方式一：

1）如图 4-2-22 所示，右击"表"节点，在快捷菜单中选择"新建表"命令。

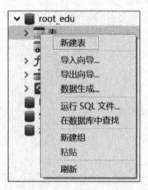

图 4-2-22　新建表

2）如图4-2-23所示，首先填写第一个字段timestamp的信息，添加完成后根据表4-2-2逐个添加字段，添加完成后单击"保存"按钮。

图4-2-23 填写字段信息

3）如图4-2-24所示，最后填写创建的表名"output"，单击"保存"按钮。

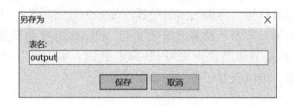

图4-2-24 创建的表名"output"

4）刷新左侧表目录，在表目录下即可查看新创建的表。

方式二：

1）单击"新建查询"按钮，选择对应的连接和数据库名称。

2）在新建查询页面的编辑框中编写SQL语句，然后单击"运行"按钮。根据需要设计表格，编写如下SQL语句。

```
CREATE TABLE output_fuben(
'timestamp'timestamp COMMENT'时间',
output DOUBLE COMMENT'产量',
device_id VARCHAR(100) COMMENT'设备id',
record_date VARCHAR(100) COMMENT'数据日期'
)
```

注意：由于timestamp与MySQL中的关键字相同，在创建时需要加单引号。

3）在左侧右击"表"节点，选择"刷新"命令，在表的目录下右击新创建的表，选择"设计表"命令，可查看表的字段信息，如图4-2-25所示，与方式一的字段一致。

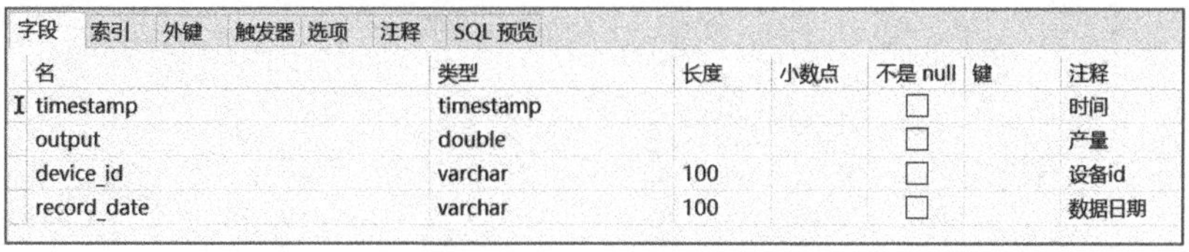

名	类型	长度	小数点	不是null	键	注释
timestamp	timestamp			☐		时间
output	double			☐		产量
device_id	varchar	100		☐		设备id
record_date	varchar	100		☐		数据日期

图4-2-25 查看字段信息

项目小结

实际场景中所有数据都是以流的方式产生的，但是通常会使用两种截然不同的方式去处理数据：一是在数据生成时进行实时处理，二是先将数据流持久化到存储系统中，然后进行批处理。

本项目主要是对工业互联网平台的存储系统中的数据进行处理，产量指标对实时性要求不是很高，一般要求产量计算是按小时级别、天级别来批量统计计算。在本项目中通过搭建实时数据开发来获取该指标的数据信息。

实时数据开发的操作步骤分为：添加数据源、创建任务流、根据需求添加并编辑不同类型的节点、发布任务流。在本项目中，首先安装数据库管理软件并创建数据和数据表，然后在根云平台中添加外部数据源，再进入实时数据开发，创建实时数据开发的文件夹以及任务流后，分别添加、编辑输入节点、物实例筛选节点、FlinkSQL 查询节点和输出节点，根据计算产量的需求，在 FlinSQL 查询节点中编写 FlinSQL 代码。发布任务流后，可以在平台上查询数据；在日志查询中，可以查看任务流的日志信息。

项目 5

工业互联网平台数据应用

5.1.1 任务说明

【任务描述】

在工业设备中，有很多数据不是可视化的，如设备的运行情况、人员操作的情况以及设备的状态等，因此需要使用数据可视化技术把这些数据以图表的形式呈现出来。在实施数据可视化大屏之前，首先需要了解业务需求，然后设计可视化大屏中需要展示的部分，也就是大屏的布局，规划可视化大屏的布局需要考虑数据呈现的方式、可视化大屏的性能以及数据展示的流畅度等。

因此，在本次任务中，数据工程师需要完成以下两项任务。

1）根据业务需求将数据信息进行分类，准备数据源和可视化素材。

2）绘制可视化大屏的布局图，包含搬运机器人的设备信息、搬运机器人的工况信息、搬运机器人的报警消息、搬运机器人的产量信息和搬运机器人的生产信息等。

> 说明：本项目只设计单台机器人设备的数据可视化；关于可视化技术中的数据处理功能（联动、下钻、过滤等）、数据管理功能（API 数据、DB 数据等）的介绍及使用，在本书的同系列教材《工业可视化应用》中有详细介绍。

【学习导图】

设计设备驾驶舱的学习导图如图 5-1-1 所示。

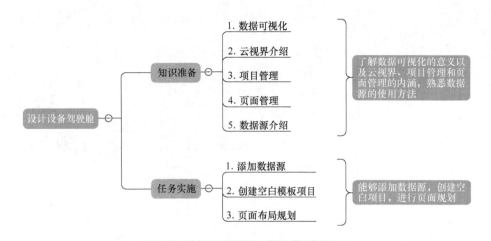

图 5-1-1　设计设备驾驶舱的学习导图

【任务目标】

知识目标	技能目标	素质目标
1）了解数据可视化的意义。 2）了解云视界的内涵。 3）掌握项目管理的方法。 4）掌握数据源管理的方法。	1）能够添加数据源。 2）能够创建空白项目。 3）能够进行页面规划。	1）培养学生实际操作和信息管理的能力。 2）培养学生设计规划的能力。

5.1.2　知识准备

1. 数据可视化

数据可视化是借助于图形化的手段，清晰有效地传递与表达信息，其意义是帮助人们更好地分析数据。信息的质量很大程度取决于它的表达方式，通过对信息数据的含义进行分析，从而使分析结果可视化。数据可视化的本质就是视觉对话，将技术和艺术融合在一起。一方面，数据赋予可视化的价值；另一方面，可视化增加数据的灵性，两者相辅相成，帮助企业从信息中提取知识、从知识中收获价值。数据可视化具有如下特征。

1）数据可视化让数据更容易被理解。和纯粹的数据相比，人类更善于处理图像信息，使用图像信息更容易理清数据之间的关系。

2）数据可视化能让数据"动"起来。数据可视化可以通过折线图、柱形图等展现动态趋势的变化，让信息展现更加直观。

3）数据可视化让数据可以被呈现出来。分析人员可以通过数据可视化监测数据在某段时间内的变化，对其进行预测、复盘等业务分析。

4）数据可视化可以让数据展现深层信息。分析人员可以通过丰富的图表类型和联动、钻取等复杂功能，在一般数据分析的基础上进行更为复杂的分析。

2. 云视界介绍

云视界是服务于工业领域设备后市场的云端可视化工具平台，可以满足用户配置工业设备界面展示的个性化需求，方便广大工业企业的管理者灵活便捷地查看设备指标参数，直观准确地了解实时工况信息，分析工业设备运行状况，从而开展智能化管控。

云视界可以根据用户的个性化需求自由配置和设计页面，实现根云平台的前后端功能与服务的集成，可以设计生动直观的可视化图表动画效果，展示设备指标参数、工况统计信息、远程监控页面、综合管理大屏等工业管理界面。

云视界可按设备模型组配，可自适应屏幕布局，让枯燥的工业数据变身为丰富的业务组件，实现数据可视化、管理规范化、监控远程化、企业互联网化，可满足工业用户日常管理、运行指挥、实时监控、演示汇报等多种生产业务场景需要。

3. 项目管理

项目是对应一种设备类型的可视化文件集，包含页面、内容、数据及相关文件。一个项目内可能含有多个展示页面。通过配置各页面内的容器组件的属性参数，设置连接数据源，选定相应素材，实现用户对该类型设备的多种可视化效果展示的设定。创建设备类型对应的具体项目，可以统一管理这种类型设备的工况展示效果。如图 5-1-2 所示，单击"概览"页面导航栏中的"项目"节点，即可进入项目管理页面。在项目中，用户可以自定义编辑设计设备的实时工况页面，实现工程设备可视化页面的设计、编辑、配置、保存、预览和发布。

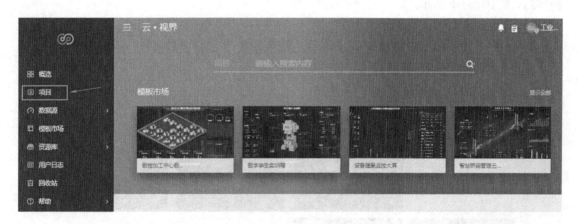

图 5-1-2　云视界"概览"页面

（1）创建项目　创建项目将在"最近项目"中增加一条新的项目记录，如图 5-1-3 所示，并展示在最前方。

1）单击"创建项目"按钮，弹出"创建新项目"对话框。

2）在对话框中为项目命名。

3）选择创建类型为"网页"或"大屏"。

4）选择使用模板页面或创建空白页面。

5）完成设置后，单击对话框中的"创建"按钮，完成项目的创建。

（2）编辑项目　用户可以编辑项目，进行页面可视化设计，编辑展示的页面内容。如图 5-1-4 所示，选择要编辑的项目卡片，单击右下方"编辑"按钮（　）。

图 5-1-3　"创建新项目"对话框

进入可视化编辑器网络（web）编辑页面，即可进行可视化设计编辑。

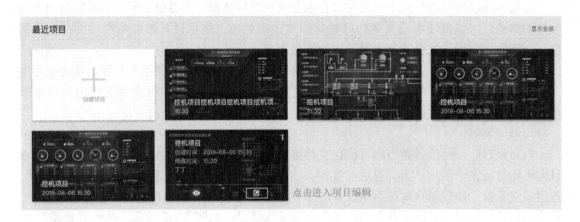

图 5-1-4　编辑项目

（3）复制项目　当项目列表中存在项目时，用户可以通过复制已有项目来创建一个新的项目，如图 5-1-5 所示。

1）选定要复制的项目，单击卡片右上方"更多操作"按钮 ...，选择"复制"命令。

2）在弹出的对话框中为复制项目命名，默认名称为"原项目名称（副本 1）"，如有多个副本，命名序号依次递增。

3）单击"确定"按钮，即可复制项目。

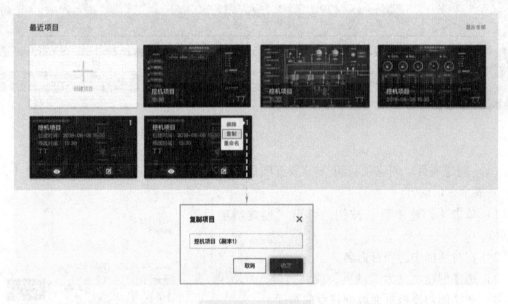

图 5-1-5　复制项目

（4）删除项目　如图 5-1-6 所示，用户可以删除已存在的可视化项目。

1）选定要删除的项目，单击卡片右上方"更多操作"按钮 ...，选择"删除"命令。

2）在弹出的对话框中单击"确定"按钮，即可删除项目。

（5）重命名项目　如图 5-1-7 所示，用户可对已创建的可视化项目重新命名。

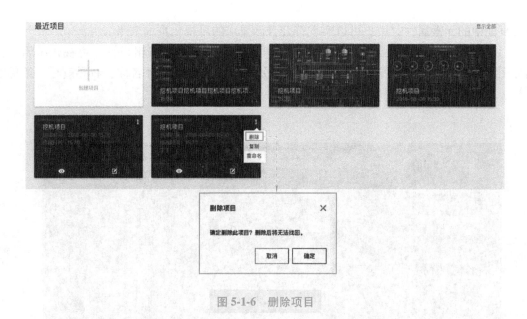

图 5-1-6　删除项目

1）选定要重命名的项目，单击卡片右上方"更多操作"按钮...，选择"重命名"命令。

2）在弹出的对话框中为项目重新命名。

3）单击"确定"按钮，即完成项目重命名。

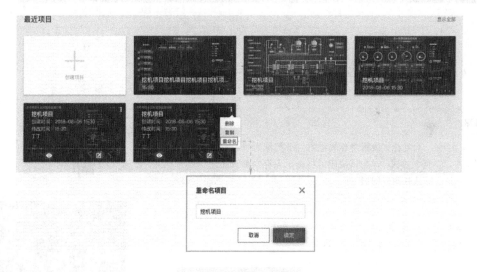

图 5-1-7　重命名项目

4. 页面管理

页面是可视化编辑的产物，设备具有多种展示页面，如实时工况展示页面、历史数据统计页面、设备控制流程页面等。对应一种设备类型的项目由一个或多个页面组成，多个页面反映了查看设备工况的多种角度。云视界可视化采用"页面—容器（组件）—组件"的方式实现可视化页面的布局及数据展现。

云视界中内置了页面模板，页面模板与空白页面对应，是系统为用户创建的默认可选页面。在页面模板中已设置了一系列的容器及组件，可为用户实现默认的页面展示效果。通过修改页面中的元素属性，用户可以实现符合自己要求的可视化页面效果。

（1）整体介绍　用户在可视化编辑器中可进行项目的页面编辑设计。可视化编辑器页面如图5-1-8所示。编辑器按照页面区域可划分为左导航栏、项目名称、右导航栏、组件工具栏、属性/数据源编辑区、画布区域等。

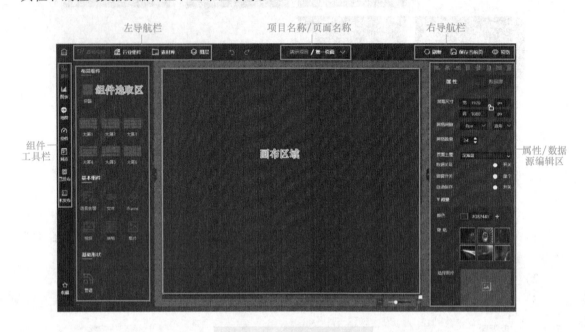

图5-1-8　可视化编辑器页面

（2）导航栏介绍　导航栏的具体功能介绍见表5-1-1。

表5-1-1　导航栏功能

名称	说明	图标
返回主页	可视化编辑器左导航栏第一个图标为"返回主页"按钮，单击该按钮后将提示保存当前页面还是直接离开回到主页	🏠
基础组件	可视化编辑器左导航栏第二个图标对应"基础组件"选项卡。基础组件包含基础组件、图表组件、地图组件、控件组件、网页组件5类。用户可以选择将基础组件库中的任一组件填充到画布中	

（续）

名称	说明	图标
行业组件	可视化编辑器左导航栏第三个图标对应"行业组件"选项卡，用户可以选择将行业组件库中的组件填充到画布中	
素材库	可视化编辑器左导航栏第四个图标对应"素材库"选项卡，用户可以选择将素材库中的素材填充到画布。素材库包含系统素材库和我的素材库	
图层	可视化编辑器左导航栏第五个图标对应"图层"选项卡，图层展示了页面中所有的组件、页面结构及包含关系。图层中以树形结构展示当前页面中的所有组件元素，根节点是页面，子节点是容器，一直展开到组件元素或者容器节点；在树形结构表中逐一单击展开结构，选中某组件元素，则该组件在画布区域显示为选中状态，用户可对其进行编辑、修改	
刷新	可视化编辑器右侧导航栏第一个图标为"刷新"按钮。编辑状态下，系统不会主动刷新数据，单击"刷新"按钮后即可进行组态数据推送。这样可以避免因为数据自动刷新带来的编辑器卡顿。该功能不会影响发布后的页面数据推送	
保存当前页	可视化编辑器右导航栏第二个图标为"保存当前页"按钮。用户在进行可视化编辑时，应及时保存页面设计操作，当用户完成页面设计时，需先单击"保存当前页"按钮进行保存，再预览发布	
预览	可视化编辑器右导航栏第三个图标为"预览"按钮。用户进行可视化编辑时，可单击"预览"按钮随时查看当前页面的设计效果。设计完成的页面，预览无误后，可发布页面	

5. 数据源介绍

数据源即为页面所展示各项设备参数的数据来源，包含设备模型数据或设备实时参数，通过同步功能自动获得，同时支持云视界用户自定义数据库或导入数据库。

如果云视界用户希望使用由统一运营平台中采集到的设备数据，云视界已准备好相关的连接数据源，在设计页面的时候选择数据源配置给相应组件即可。如果云视界用户要使用的是其他数据源，在创建可视化页面之前，需要先添加其他数据源。

用户可在云视界系统首页的"数据源"模块进行其他数据源的接入和上传，如图 5-1-9 所示。

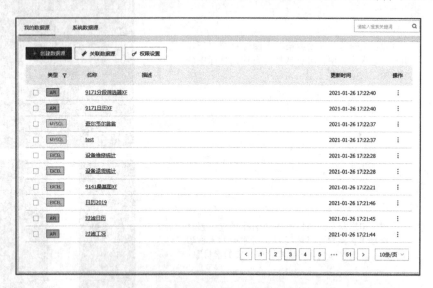

图 5-1-9　数据源管理

基于已上传和接入的数据源，在可视化编辑器中把组件与数据源关联后，可使组件展示实时或历史设备数值。

14. 添加数据源

5.1.3　任务实施

1. 添加数据源

（1）添加数据库数据源

1）登录根云平台后进入全局工作台，单击"云视界"按钮，进入云视界首页，如图 5-1-10 所示。

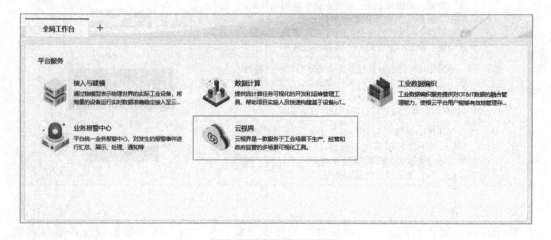

图 5-1-10　云视界入口

2）创建数据库数据源。如图 5-1-11 所示，在云视界首页，选择"数据源"节点，单击"创建数据源"按钮。

图 5-1-11　创建数据源

3）如图 5-1-12 所示，选择"连接 Mysql 数据库"。

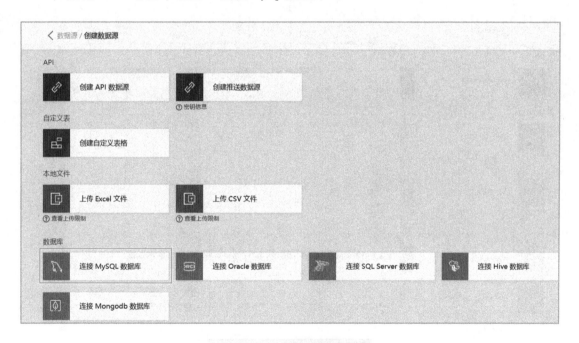

图 5-1-12　连接 Mysql 数据库

4）如图 5-1-13 所示，输入连接数据库的名称、服务器、端口、数据库、用户名和密码，输入完成后，单击"测试"按钮。

5）测试连接成功后，单击"连接数据库"按钮，生成一条数据库连接记录，可以在"已连接数据库"区域看到。单击刚连接的数据库，弹出"测试数据库"对话框选择"output"业务表，单击"新建"按钮，即可完成数据源的创建。

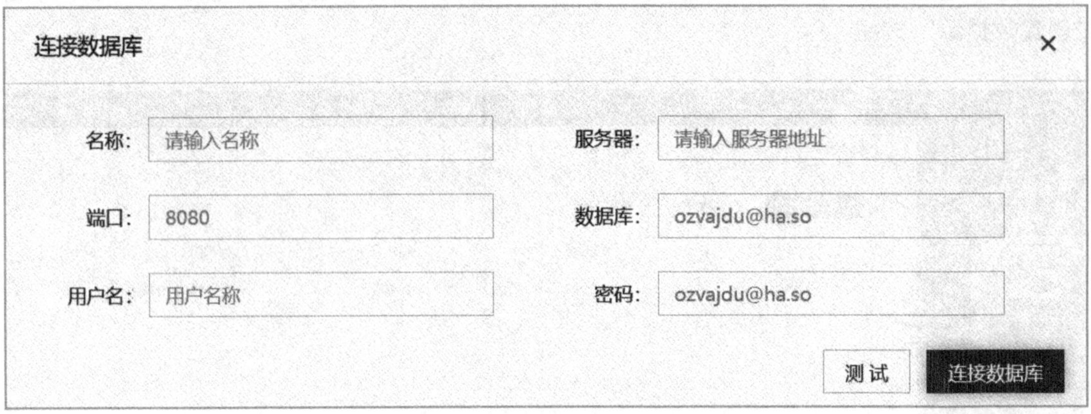

连接数据库 ✕

| 名称: | 请输入名称 | 服务器: | 请输入服务器地址 |

| 端口: | 8080 | 数据库: | ozvajdu@ha.so |

| 用户名: | 用户名称 | 密码: | ozvajdu@ha.so |

测试　连接数据库

图 5-1-13　连接数据库

（2）添加 Excel 表格数据源

1）如图 5-1-14 所示，单击"上传 Excel 文件"按钮，选择"output. xlsx"文件，单击"打开"按钮后，上传文件。

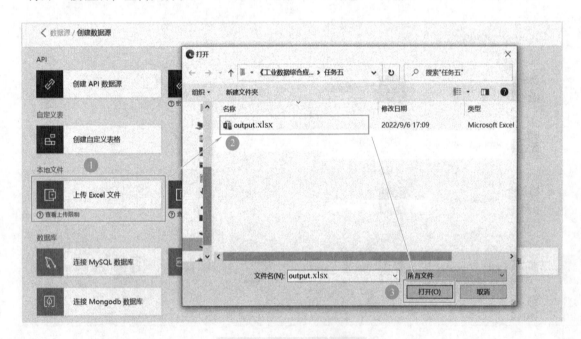

图 5-1-14　上传 Excel 文件

2）如图 5-1-15 所示，查看上传文件详情，自定义数据源名称为"output2"，勾选左侧"output"选项，单击"新建"按钮。

3）新建完成的数据源如图 5-1-16 所示。

2. 创建空白模板项目

1）在云视界首页，单击"项目"节点，单击"创建项目"按钮，如图 5-1-17 所示。

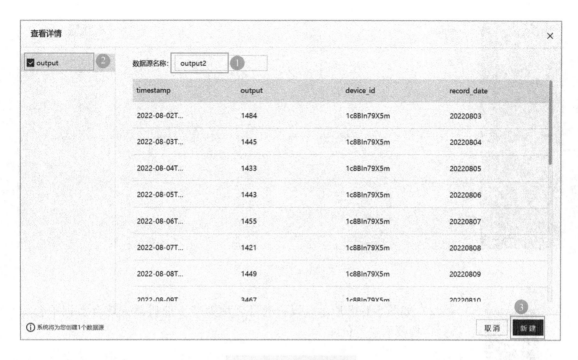

图 5-1-15　新建数据源

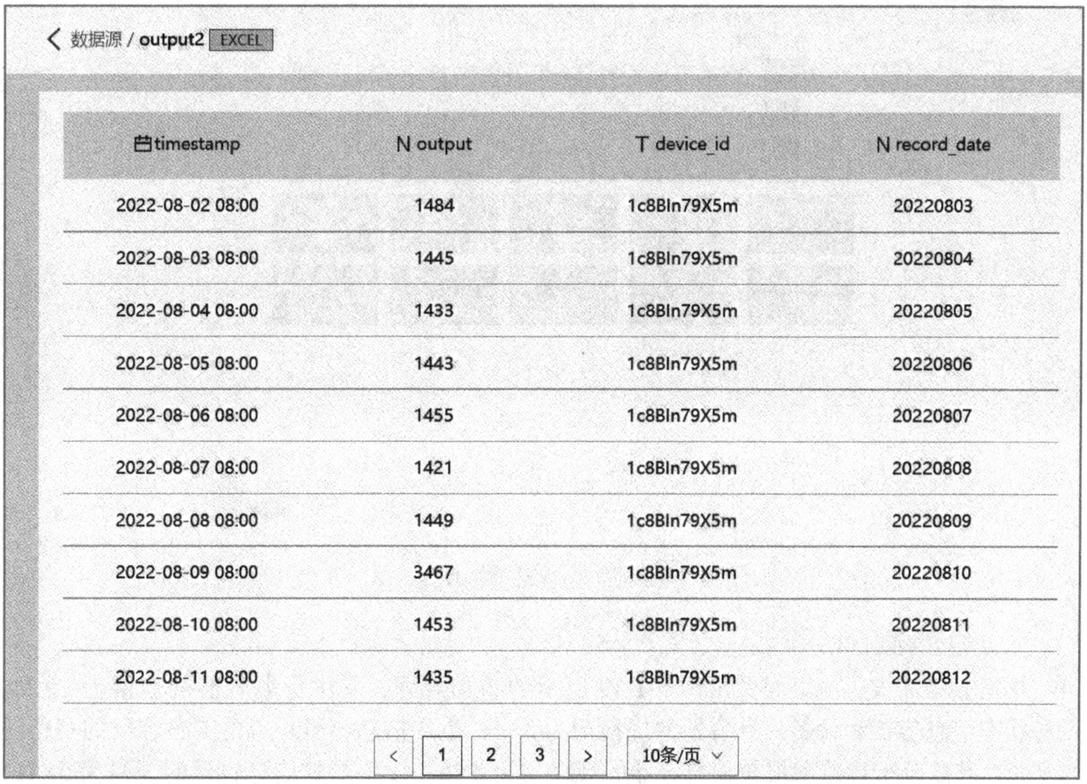

≡ timestamp	N output	T device_id	N record_date
2022-08-02 08:00	1484	1c8Bln79X5m	20220803
2022-08-03 08:00	1445	1c8Bln79X5m	20220804
2022-08-04 08:00	1433	1c8Bln79X5m	20220805
2022-08-05 08:00	1443	1c8Bln79X5m	20220806
2022-08-06 08:00	1455	1c8Bln79X5m	20220807
2022-08-07 08:00	1421	1c8Bln79X5m	20220808
2022-08-08 08:00	1449	1c8Bln79X5m	20220809
2022-08-09 08:00	3467	1c8Bln79X5m	20220810
2022-08-10 08:00	1453	1c8Bln79X5m	20220811
2022-08-11 08:00	1435	1c8Bln79X5m	20220812

数据源 / output2 EXCEL

‹ 1 2 3 › 10条/页 ∨

图 5-1-16　新建数据源效果图

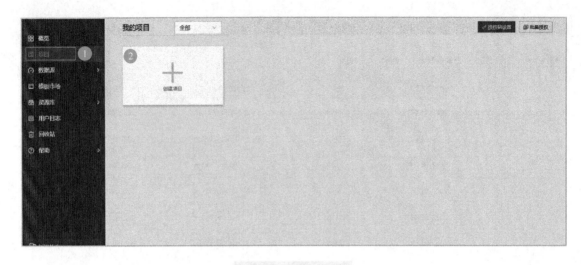

图 5-1-17　创建项目

15. 创建空白模板项目和页面布局规划

2）如图 5-1-18 所示，设置项目名称为"工业机器人综合实训平台"，选择空白模板进行创建。

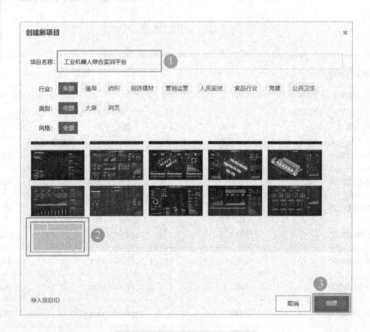

图 5-1-18　创建空白项目

3. 页面布局规划

根据业务需求，为页面做出图 5-1-19 所示的布局规划，其中标题容器的规格为 2×24，设备状态信息容器和设备信息容器的规格均为 5×6，生产信息容器和历史工况容器的规格均为 9×6，产量分析容器和报警消息容器的规格均为 8×6，设备能效信息容器的规格为 5×10，设备图容器的规格为 17×12。

确定好区域的主题后，即可开始设计效果图，不同信息可以选择不同的表现形式，可以

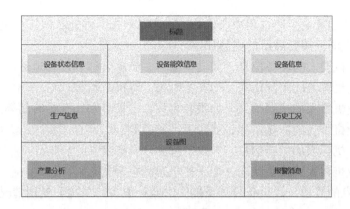

图 5-1-19　布局规划

是图片、数值、饼图、表格等，要注意主题的独立性和协调性，要求主次分明、层次清晰、整齐美观。图 5-1-20 所示为"工业机器人综合实训平台"的布局规划效果图，图中的所有信息是空值状态，没有连接数据。

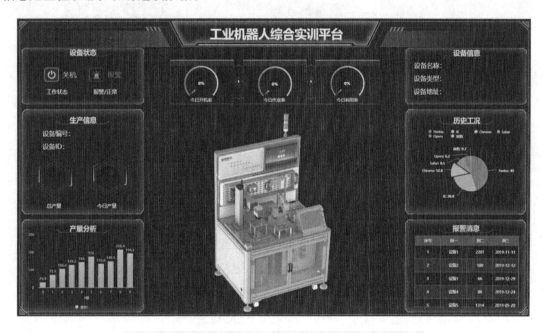

图 5-1-20　"工业机械人综合实训平台"布局规划效果图

任务 5.2　配置设备驾驶舱

5.2.1　任务说明

【任务描述】

布局规划完成后，需要明确每个展示内容的信息和数据源的来源、展示的内容是工业设

备的相关数据，还是工业生产过程中产生的一些实时数据，因此，以工业机器人为例，数据
工程师需要关联大屏上需要展示的内容如下。

1）展示工业机器人的设备信息，如设备编号、设备名称、设备地址。

2）展示工业机器人的工况信息，如开机时长、待机时长等。

3）展示工业机器人的报警消息，如报警名称、报警级别、开始时间等。

4）展示工业机器人的产量信息，如每天产量趋势。

5）展示工业机器人的生产信息，如总产量和今日产量。

6）展示工业机器人的设备状态，如工作状态和报警状态。

通过以上信息的展示，让设备管理员能实时监控设备的工况和使用情况。

【学习导图】

配置设备驾驶舱的学习导图如图 5-2-1 所示。

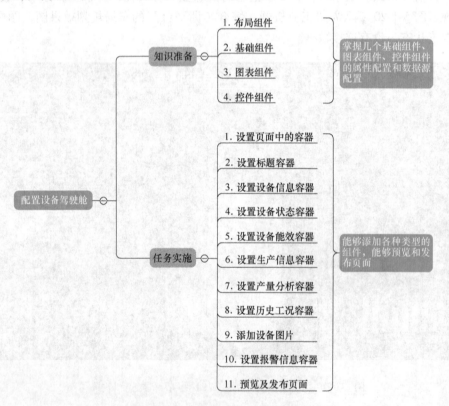

图 5-2-1　配置设备驾驶舱的学习导图

【任务目标】

知识目标	技能目标	素质目标
1）掌握相关基础组件。 2）掌握相关图表组件。 3）掌握相关控件组件。	1）能够添加各种类型的组件。 2）能够预览和发布页面。	1）培养学生的创新思维和独立设计解决方案的能力。 2）培养学生的专注力和独立思考问题的能力。

5.2.2　知识准备

1. 布局组件

组件是数据可视化的图形化载体，通过选择不同的组件，设备数据可以呈现多种展现方式。组件包含两种特性：组件的属性，通过组件属性定义组件的图形展示效果；组件的数据源，通过关联不同种类的数据连接，确定组件展示界面的数据来源。

布局组件包括容器和大屏。容器可以用来盛放各个组件；大屏是容器的组合模板，包含多个容器，当前有 6 种模板样式可供选择。布局组件在编辑器中的位置如图 5-2-2 所示。

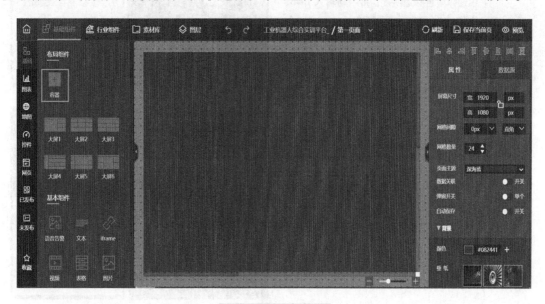

图 5-2-2　布局组件

单击"容器"按钮，编辑器面板中便可显示容器，可以通过拖拽的方式改变容器的宽度和高度。可以根据布局组件的属性进行配置，见表 5-2-1。

表 5-2-1　布局组件的属性说明

属性	说明	图标
壁纸	有四种预设的壁纸样式可以选择	
容器	可选择锁定比例	
背景图片	可自定义背景图片，将已上传素材库中的图片拖拽到此处	

（续）

属性	说明	图标
背景颜色	可以设置容器的背景颜色；支持渐变，单击按钮 ◢ 改变渐变方向；在颜色调色板中选择颜色和透明度；可手动输入 RGB、HSL、HEX 数值以改变颜色	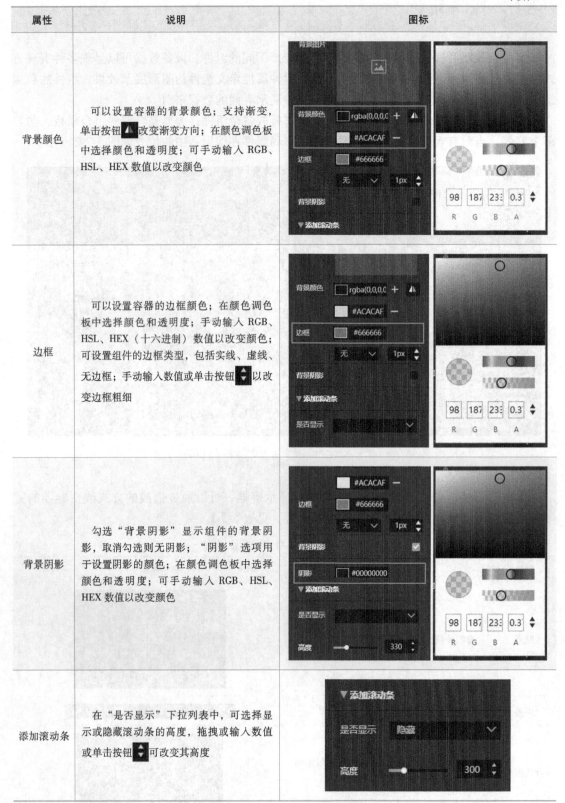
边框	可以设置容器的边框颜色；在颜色调色板中选择颜色和透明度；手动输入 RGB、HSL、HEX（十六进制）数值以改变颜色；可设置组件的边框类型，包括实线、虚线、无边框；手动输入数值或单击按钮 ↕ 以改变边框粗细	
背景阴影	勾选"背景阴影"显示组件的背景阴影，取消勾选则无阴影；"阴影"选项用于设置阴影的颜色；在颜色调色板中选择颜色和透明度；可手动输入 RGB、HSL、HEX 数值以改变颜色	
添加滚动条	在"是否显示"下拉列表中，可选择显示或隐藏滚动条的高度，拖拽或输入数值或单击按钮 ↕ 可改变其高度	

2. 基础组件

（1）文本　文本是比较常用的基础组件，可以显示输入的固定文本内容；当文本组件的数据源为物模型的直连属性时，也可以显示设备的实时采集值。文本组件属性的设置内容及其对应图示见表 5-2-2。

表 5-2-2　文本组件属性的设置内容及其对应图示

设置内容	图示
宽度：设置文本框的长宽 字体：设置文本字体 方向：设置文本组件内的文字排版方向 字重：设置字体的粗细 颜色：设置字体颜色 字号：设置字体大小，可直接输入数值进行设置 行间距：设置文本框中字体的行间距 方向：设置文字对齐方式，包含左对齐、居中对齐、右对齐	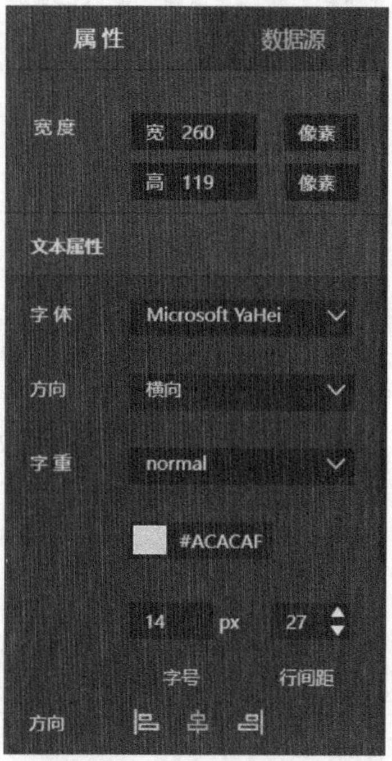 
背景色：设置文本框的颜色，支持渐变，通过单击按钮"+"添加另一种颜色，从而达到两种颜色的渐变效果；单击按钮▲可以修改颜色渐变的方向  注意：设置文本框背景色时，需要调整背景色的透明度大于 0%，文本框才会显示出颜色	

（续）

设置内容	图示
边框：设置文本组件边框线条颜色、类型（实线、虚线、无边框）和粗细；可通过输入颜色值调整颜色，或者通过调色板选择颜色和透明度，边框默认设置为"无"，需要选择"实线"或者"虚线"才会出现对应的边框样式	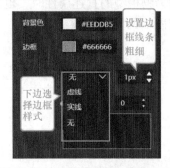
圆角：调整文本框的角度样式，默认设置为"0"，拖拽或输入数值可改变圆角大小 文本：用来输入需要在文本框内显示的文字内容 页面列表：设置单击跳转的页面，通过单击组件进行页面切换 链接地址：可以给组件链接网页地址，在单击组件时跳转到相应网页	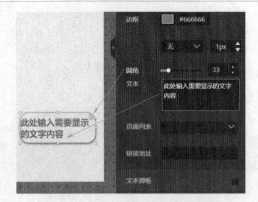
文本弹框：弹框可以放置其他组件，当单击或划过组件时，显示弹框中的组件；当勾选时，会出现需要设置如下的参数 内容来源：包括"在弹框上设置"或"链接页面" 触发方式：弹框的触发方式，包括划过显示和单击显示 关闭方式：弹框的关闭方式，包括划过关闭和单击关闭 播放方式：如果选择内容来源是"在弹框上设置"，则需要设置弹框的播放方式（当弹框内容是视频、滚动图片时，不同播放方式会有区别） 阴影：勾选"阴影"可显示文本框的阴影，并可修改其阴影颜色，取消勾选则无阴影	

（2）表格　表格组件是比较常用的基础组件，可以通过表格的形式显示多条数据内容；当表格组件的数据源为物模型的直连属性时，也可以显示设备的实时采集值。表格组件属性的设置的内容及其对应的图示见表5-2-3。

表 5-2-3　表格组件属性的设置内容及其对应图示

设置内容	图示
位置尺寸：X 和 Y 是设置表格在画布中位置的坐标，单位为像素；W 和 H 是设置表格大小的宽度和高度 　主题颜色：可以选择主题颜色 　外观：可以设置该组件的名称，如有多个表格，组件名称可便于区分	
表头属性：可以单独设置表头的字体、字号、样式、对齐方式、文字颜色、背景颜色 　字体：可选择字体样式 　字号：设置文字大小 　样式：可以设置文字加粗、斜体、删除线、下划线 　对齐：设置文字的对齐方式，包括左对齐、居中对齐、右对齐 　文字颜色：设置表头文字的颜色 　背景颜色：设置表头单元格的背景颜色	
表格属性：用于表格的属性配置 　字体：可选择字体样式 　字号：设置文字大小 　样式：可以设置文字加粗、斜体、删除线、下划线 　对齐：文字的对齐方式，包括左对齐、居中对齐、右对齐 　文字颜色：设置表格文字的颜色 　奇行颜色：设置奇数行表格的背景颜色 　偶行颜色：设置偶数行表格的背景颜色 　网格颜色：设置表格线框颜色	

（续）

设置内容	图示
表格序号：勾选后显示序号列，否则不显示 自动换行：勾选后单元格文本自动换行，不勾选则超出单元格的内容显示为省略号	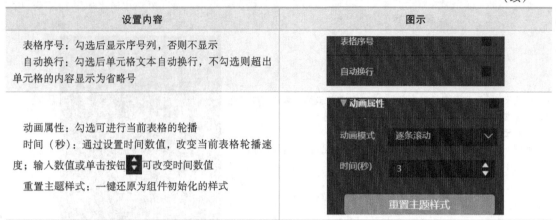
动画属性：勾选可进行当前表格的轮播 时间（秒）：通过设置时间数值，改变当前表格轮播速度；输入数值或单击按钮 ▲▼ 可改变时间数值 重置主题样式：一键还原为组件初始化的样式	

表格组件数据源可以设置为"无""物模型""数据源"；如果选择"无"，则只能显示默认的文字内容；如果选择"物模型"，则显示直连物模型的实时采集数据；如果选择"数据源"，则表格组件数据源设置内容及其对应图示详见表5-2-4。

表 5-2-4　表格组件数据源设置内容及其对应图示

设置内容	图示
数据源过滤：设置数据过滤的条件，进行过滤操作 条件筛选：可自定义条件，满足条件进行获取，不满足条件的不进行获取 日期筛选：设置日期条件进行筛选，满足日期条件的进行获取，不满足日期条件的不进行获取 排序筛选：设置排序规则进行筛选	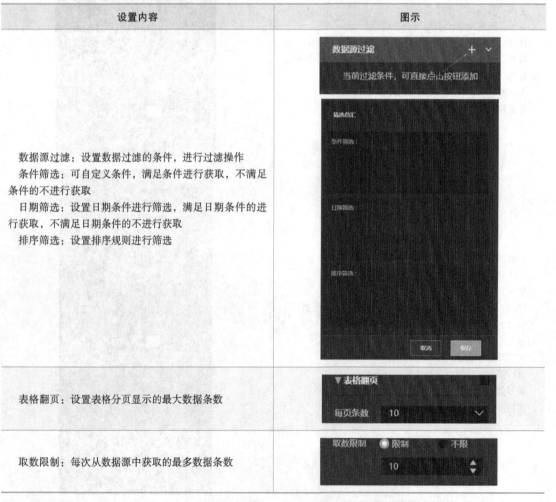
表格翻页：设置表格分页显示的最大数据条数	
取数限制：每次从数据源中获取的最多数据条数	

3. 图表组件

（1）柱状图　柱状图是使用垂直或水平的方柱显示不同类别的数值并可进行比较的图表组件，易于比较各组数据之间的差别及走势。其中一个轴表示需要对比的分类维度，另一个轴代表相应的数值。例如，柱状图可以比较某个车间不同设备的产量。使用柱状图时，将其从图表组件中拖拽到页面所需的位置即可，如图 5-2-3 所示。

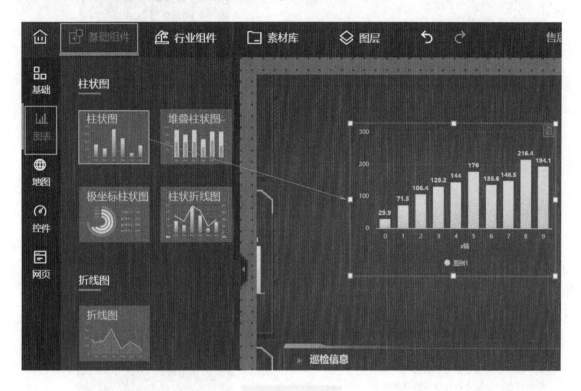

图 5-2-3　柱状图

柱状图组件的属性设置内容及其对应图示见表 5-2-5。

表 5-2-5　柱状图组件的属性设置内容及其对应图示

设置内容	图示
位置尺寸：X 和 Y 是设置表格在画布中位置的坐标，单位为像素；W 和 H 用于设置表格的宽度和高度 主题颜色：可以选择主题颜色 外观：可以设置该组件的名称，如有多个表格，组件名称可便于区分	

（续）

设置内容	图示
表头属性：可以单独设置表头的字体、字号、样式、对齐方式、文字颜色、背景颜色 字体：可选择字体样式 字号：设置文字大小 样式：可以设置文字加粗、斜体、删除线、下划线 对齐：设置文字的对齐方式，包括左对齐、居中对齐、右对齐 文字颜色：设置表头文字的颜色 背景颜色：设置表头单元格的背景颜色	
表格属性：用于表格的属性设置 每行高度：设置表格的行高 字体：可选择字体样式 字号：设置文字大小 样式：可以设置文字加粗、斜体、删除线、下划线 对齐：文字的对齐方式，包括左对齐、居中对齐、右对齐 文字颜色：设置表格文字的颜色 奇行颜色：设置奇数行表格的背景颜色 偶行颜色：设置偶数行表格的背景颜色 网格颜色：设置表格线框颜色	
表格序号：勾选时显示序号列，否则不显示 自动换行：勾选时单元格文本自动换行，不勾选则超出单元格的内容显示为省略号	
动画属性：勾选可进行当前表格的轮播 时间（秒）：通过设置时间数值，改变当前表格轮播速度；输入数值或单击按钮 可改变时间数值 重置主题样式：一键还原为组件初始化的样式	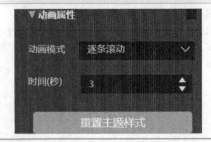

（2）饼图　饼图属于图表组件，饼图用于分析数据的占比，用户可以通过饼图很直观地看到每一个部分在整体中所占的比例，帮助用户快速了解数据的占比分配。

饼图不适用于多分类的数据，因为随着分类的增多，每个切片就会变小，最后导致大小区分不明显，每个切片看上去都差不多大小，这样对于数据的对比是没有意义的。所以饼图不适合用于数据量大且分类很多的场景。

使用饼图时，从图表组件中拖拽饼图到页面中适合的位置即可，如图5-2-4所示。

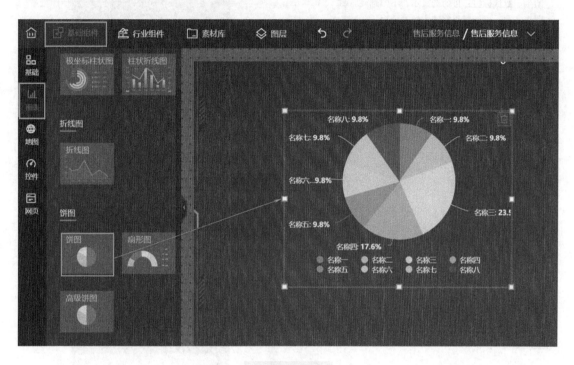

图 5-2-4　饼图

饼图组件的属性设置内容及其对应图示见表5-2-6。

表 5-2-6　饼图组件的属性设置内容及其对应图示

设置内容	图示
位置尺寸：X和Y是设置组件在画布中位置的坐标，单位为像素；W和H用于设置组件大小的宽度和高度 可选择实心饼图或者环状图样式	

（续）

设置内容	图示
显示：可选"居中"或"填满" 图例、数值标签：可勾选显示，不勾选则隐藏 图表主题：可选择组件的主题颜色	
数值样式：可选择显示"百分比"或者"数值" 图表字体：选择字体 字号：设置字体大小 字重：设置字体粗细 颜色：设置字体颜色	
半径：可调节饼图的半径 背景色：可为饼图设置背景色 如果要重置属性的参数，可单击"重置主题样式"按钮恢复初始值	

饼图组件的数据源设置内容及其对应图示见表 5-2-7。

表 5-2-7　饼图组件的数据源设置内容及其对应图示

设置内容	图示
数据源：选择需要关联的数据表 度量：显示饼图的组成 数据源过滤：单击按钮"+"，弹出"添加过滤"弹窗，可设置"条件过滤""日期过滤""排序" 参与组件过滤：勾选时，该组件的数据源将参与本页面的其他筛选器的筛选	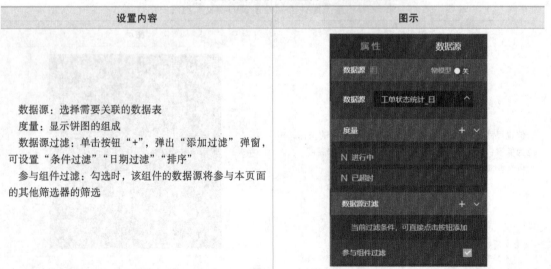

172

4. 控件组件

基础仪表盘 基础仪表盘是控件组件的一种，可以反映设备各系统的工作状况。该组件在编辑器中的位置如图 5-2-5 所示。

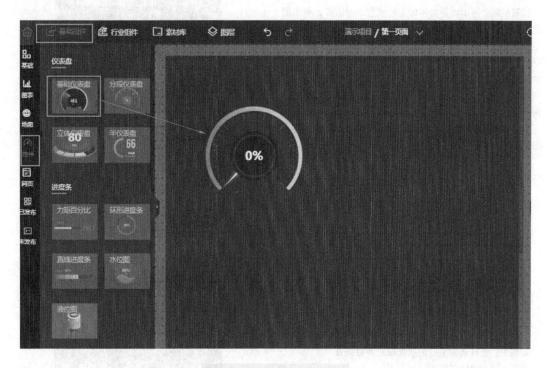

图 5-2-5 基础仪表盘组件

基础仪表盘组件属性的设置内容及其对应图示见表 5-2-8。

表 5-2-8 基础仪表盘组件属性的设置内容及其对应图示

设置内容	图示
位置尺寸：包括组件的宽度和高度，单位为像素，可以输入数值自定义大小，也可以通过拖拽的方式改变组件的宽和高	位置尺寸 82.5 X 102 Y / 200 W 170 H
基础仪表盘有三种样式可以选择	仪表盘3 / 仪表盘2 / 仪表盘1

（续）

设置内容	图示
仪表主题：可以设置组件的主题颜色，当前有 5 种主题色可以选择 统计颜色：设置文字的颜色，可以在颜色调色板中选择颜色和透明度，也可以手动输入 RGB、HSL、HEX 数值以改变颜色 数值显示：设置数值的显示样式，包括百分比和数值两种 起始参数和最大参数：可以设置数值显示的起始参数和最大参数	

基础仪表盘组件数据源的设置内容及其对应的图示见表 5-2-9。

表 5-2-9　基础仪表盘数据源的设置内容及其对应图示

设置内容	图示
数据源：选择需要关联的数据源或者数据表 度量：展示饼图的组成 参与组件过滤：勾选时，该组件的数据源将参与本页面的其他筛选器的筛选	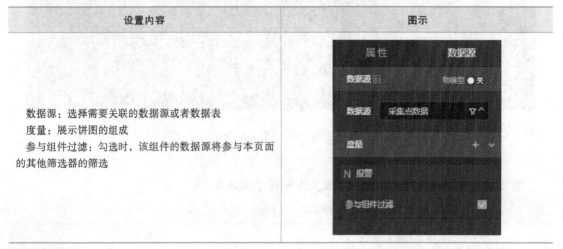

5.2.3　任务实施

1. 设置页面中的容器

1）如图 5-2-6 所示，根据展示大屏的大小设置可视化项目的屏幕尺寸，本示例使用的屏幕尺寸为 1920px×1080px。为使页面在布局时更为美观，设置"网格间隙"为"16px"。

图 5-2-6　配置容器尺寸

174

　　说明：在设计页面过程中，云视界暂不支持自动保存，用户应及时保存页面设计操作。

　　2）上传素材。如图 5-2-7 所示，在可视化编辑器的左导航栏单击选择"素材库"按钮，选择"我的素材库"。在编辑栏中添加"综合应用素材"文件夹，进入文件夹上传本地素材"综合应用-云视界素材"。在完成素材上传后，即可在左侧编辑栏对应的文件夹中查看素材。

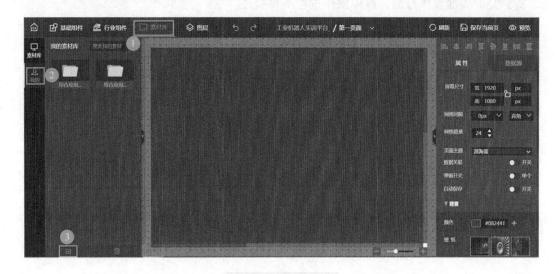

图 5-2-7　上传素材

　　3）打开上传文件的素材，选择"背景图"图片，将选择的图片拖拽至"选择图片"框中。如图 5-2-8 所示，此时页面背景变成"背景图"图片。在页面中不可对背景图片的大小和位置进行拖拽调整。

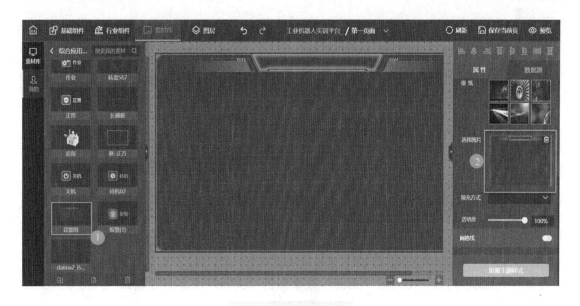

图 5-2-8　配置背景图

4）完成背景设置后，在页面中用容器进行布局。如图 5-2-9 所示，首先单击左导航栏中的"基础组件"按钮，再单击"容器"按钮，页面上会出现容器的图框。

5）标题容器布局。选中刚创建的容器，通过拖拽方式，调整容器大小，将容器拖拽至 2×24 规格，并按照容器规划图进行页面布局，在右侧打开"锁定纵横比"，如图 5-2-10 所示。容器打开"锁定比例"功能后，在不同屏幕（App 客户端/Web 网页/大屏幕）中可以保持纵横比而不变形。使用以上标题容器的布局方法，根据页面规划图逐个添加容器进行布局，直到完成页面整体布局，具体操作过程不再赘述。

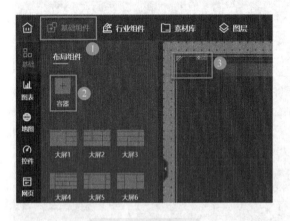

图 5-2-9 使用容器

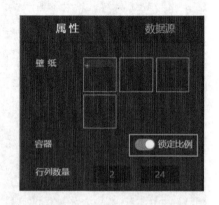

图 5-2-10 锁定比例

6）为容器进行命名。选择"图层"，选中标题容器对应的图层，单击█按钮将容器命名为"标题"。重复上述操作，为其他容器逐一进行命名，如图 5-2-11 所示。

2. 设置标题容器

1）如图 5-2-12 所示，在"基础组件"中选择"基本组件"中的"文本"，将其拖拽到标题容器中。

图 5-2-11 命名容器

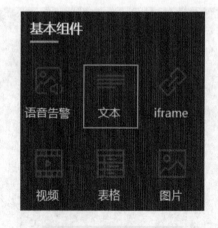

图 5-2-12 选择文本组件

2）设置文本内容。在右侧"属性"设置中的"文本"文本框中输入"工业机器人综合实训平台"。

3）设置文本字体、方向、字重、大小、行间距和对齐方式。如图 5-2-13 所示，在本示例中，选择"Microsoft YaHei"字体（默认字体）；文字方向为"横向"（默认文字方向）；字重为"bold"；颜色为"#F3F3F701"；字号为"45px"；行间距为"24"（默认行间距）；对齐方式为"居中对齐"。

4）设置字体宽度，如图 5-2-14 所示，宽为 500 像素，高为 50 像素。

图 5-2-13　设置文本组件属性

图 5-2-14　设置文本字体宽度

3. 设置设备信息容器

1）如图 5-2-15 所示，选中设备信息容器，在"综合应用素材"中选择"框-正方"的边框图片，将图片拖拽到右侧"背景图片"框中。当作为容器的背景图片时，在设备信息容器中不能对边框图片的大小和位置进行调整。

16. 设置设备信息容器

2）为容器添加内容为"设备信息"标题的文本组件，并设置文本的字重为"bold"，颜色为"#0FF5F3"，字号为"24px"，文本居中对齐。文本框的宽为 150 像素，高为 30 像素。在设置好文本框相关信息后，在右侧属性的上方选择"水平居中对齐"，使文本组件在设备信息容器中居中分布。

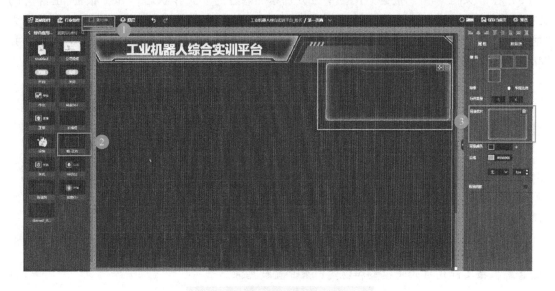

图 5-2-15　设置设备信息容器背景

3）为容器添加内容为"设备名称：工业机器人综合实训平台""设备编号：GMI-ROBOT001""设备地址：工业机器人产业基地"3 个文本组件。依次对 3 个文本组件进行设置，设置文本框的字重为"normal"（默认字重），颜色为"#F3F3F701"，字号为"24px"，文本靠右对齐，并设置文本框的宽为 400 像素，高为 40 像素。在设置好文本框相关信息后，将文本框拖拽至该容器的合适位置。

4）对文本组件进行排版。如图 5-2-16 所示，按住<Shift>键，依次选中设备名称、设备编号、设备地址 3 个文本组件，在右侧编辑栏的顶部选择"左对齐"，然后再选择垂直平均分布，使组件的分布更为整齐、美观。

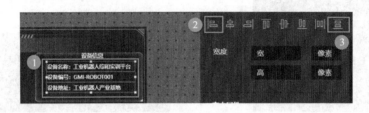

图 5-2-16　文本组件排版

17. 设置设备状态容器

4. 设置设备状态容器

1）为设备状态容器设置"框-正方"边框背景图片，并将添加内容为"设备状态"的文本组件作为容器的标题。该文本组件的参数设置与"设备信息"标题的相同。移动鼠标拖拽该文本组件至合适的位置，单击右侧"属性"上方"水平居中对齐"按钮进行对齐。

2）设置设备状态图标，依次将"综合应用素材"中的"关机"图标、"报警"图标拖入设备状态容器中，放至合适的位置，并在"属性"中设置宽为 130 像素，高为 65 像素。按住<Shift>键选中两个图标，在右侧编辑栏中单击"底对齐"按钮，使两个图标分布在一条水平线上。

3）在"关机"和"报警"图标下方分别添加内容为"工作状态"和"报警/正常"的文本组件。设置两文本组件的颜色均为"#F3F3F701"，字号为"20px"，文本对齐方式为"居中对齐"，宽为 100 像素，高为 40 像素。完成设置后，拖拽两个文本框至合适位置，并同时选中两个文本组件，设置两者为"底对齐"。

4）设置"关机"图标的数据源。选择"数据源"，如图 5-2-17 所示，设置"数据源"为"采集点数据"，单击 按钮进行数据源设置。

设置数据源参数，如图 5-2-18 所示，设置"模型类型"为"物模型"，"物模型 id"为"工业机器人"，"设备 id"为"工业机器人"。其中，"物模型 id"对应物模型，"设备 id"对应物实例。

图 5-2-17　设置数据源

说明：本示例的"物模型 id"选择"工业机器人"，"设备 id"选择"工业机器人"。读者需根据实际创建的物模型和物实例来配置数据源。

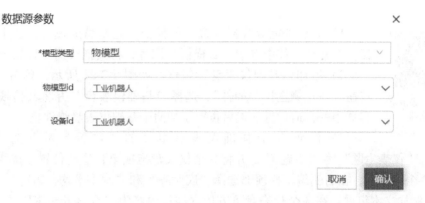

图 5-2-18　设置数据源参数

　　如图 5-2-19 所示，数据取值选择"设备状态"。接下来设置判断条件，在"条件 1"中，如果筛选条件为"＝1"，则设备处于作业状态，将素材库中的"作业"图片拖拽至"图片"框中。单击"判断条件"右侧按钮+，添加判断条件；如果筛选条件为"＝2"，则设备处于待机状态，将素材库中的"待机"图片拖拽至"图片"框中。

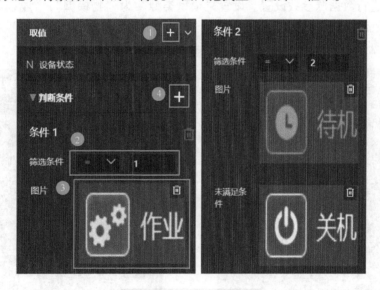

图 5-2-19　设置判断条件

　　5）设置"报警"图标的数据源。"报警"图标数据源的添加步骤与"关机"图标添加步骤一致，数据取值选择"报警"，然后进行判断条件设置。如果筛选条件为"＝0"，表示状态正常，从素材库中将"正常"图片拖拽至"图片"框中；如果未满足筛选条件，设备处于报警状态，从素材库中将"报警"图片拖拽至"图片"框中。

　　6）设置完成之后单击"保存"按钮，然后对页面进行刷新，此时图标呈现图 5-2-20 所示的设备和报警状态。

图 5-2-20　设备和报警状态

18. 设置设备能效容器

5. 设置设备能效容器

1）为设备能效容器设置"长横框"边框背景图片。选中设备能效容器，在素材文件中选中"长横框"图片，将其拖拽到"背景图片"框中。

2）添加"基础仪表盘"组件。如图 5-2-21 所示，单击"基础组件"按钮，在左侧选择"控件"，选择"基础仪表盘"并将其拖拽至设备能效容器中的合适位置，然后再次添加两个基础仪表盘组件。

3）设置 3 个基础仪表盘组件的"位置尺寸"为"160W"和"160H"，"仪表主题"为"主题 1"，并将 3 个仪表盘拖拽至合适的位置。按住<Shift>键分别选中 3 个仪表盘，在右侧编辑栏顶部选择"底对齐"和"水平平均分布"。

4）添加文本组件。在 3 个仪表盘下方依次添加内容为"今日开机率""今日作业率""今日利用率"的文本组件。设置文本组件的颜色为"#F3F3F701"，字号为"20px"，方向选择"居中对齐"，"位置尺寸"设置为"120W"和"40H"。将 3 个文本组件拖拽至合适的位置，按住<Shift>键分别选中 3 个文本组件，在右侧编辑栏顶部先选择"底对齐"和"水平平均分布"。

5）设置"今日开机率"基础仪表盘的数据源。如图 5-2-22 所示，选择"采集点数据"数据源，然后进行数据源参数设置。设置"模型类型"为"物模型"，"物模型 id"为"工业机器人"，设备"id"为"工业机器人"。"度量"值选取"今日开机率"指标，指标的取值对应仪表盘上的数据。

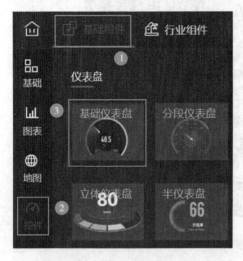

图 5-2-21　添加基础仪表盘组件

图 5-2-22　设置数据源

6）同上，依次添加"今日待机率"和"今日利用率"的数据源，对应的"度量"值分别选取指标"今日待机率"和"今日利用率"。

7）图 5-2-23 所示为对项目进行保存刷新后的效果图。

6. 设置生产信息容器

19. 设置生产信息容器1

1）为生产信息容器设置"框-正方"边框背景图片。选中生产信息容器，在素材文件中选中"框-正方"图片并将其拖拽到"背景图片"框中。为容器添加"生产信息"标题，该文本组件的参数设置与"设备信息"的相同。

图 5-2-23　仪表盘效果图

2）如图 5-2-24 所示，添加内容为"设备编号："""设备 ID："的文本组件，设置文本属性的颜色为"#F3F3F701"，字号为"24px"，方向为"靠左对齐"，位置尺寸为"120W"和"40H"。将两个文本框拖拽至合适位置，按住<Shift>键选择两个组件，在右侧编辑栏顶部选择"左对齐"。添加内容为"DeviceNo""DeviceType"的文本组件，设置字重为"bold"，颜色为"#F8E91401"，字号为"24px"，方向为"靠左对齐"。将两个文本框拖拽至合适的位置，同时选中，在右侧编辑栏顶部选择"左对齐"。

3）设置文本框数据源。如图 5-2-25 所示，选中"DeviceNo"文本框，选择"数据源"类型和"采集点数据"数据源，然后进行数据源参数设置。设置"模型类型"为"物模型"，物模型"id"为"工业机器人"，"设备 id"为"工业机器人"。取值选择"设备编码"指标，当设备填写该指标时，文字内容会自动更新为上传内容。同样地，对"DeviceType"文本组件进行数据源设置。

图 5-2-25　设置文本框数据源

20. 设置生产信息容器2

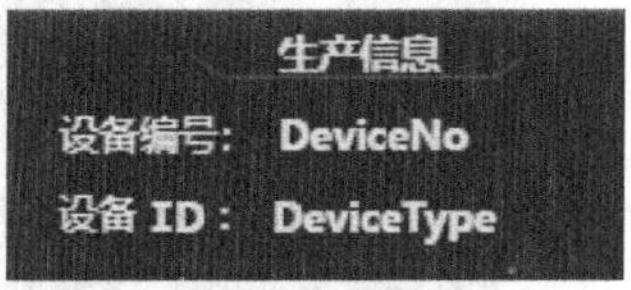

生产信息	
设备编号：	**DeviceNo**
设备 ID：	**DeviceType**

图 5-2-24　添加文本组件内容

4）添加总产量和今日产量的边框与动画。在素材库中选择"转盘 567"图片，设置其位置尺寸为"180W"和"180H"。在素材库中选择"daima2_iSpt"图片，将其拖拽至生产信息容器中，叠加在"转盘 567"图片上方。

5）添加总产量和今日产量文本组件。在总产量和今日产量边框与动画下分别添加内容为"总产量""今日产量"的文本组件。设置字号为"18px"，方向为"居中对齐"，位置尺寸为"160W""40H"。

6）设置总产量和今日产量数据文本组件的数据源。在总产量对应的"转盘 567"图片上添加文本组件，在右侧编辑栏内选择"数据源"，选择"数据源"类型和"采集点数据"数据源，设置"数据源参数"中的"模型类型"为"物模型"，"物模型 id"为"工业机器人"，"设备 id"为"工业机器人"；取值选择"总产量"指标。同样，在今日产量对应的"转盘 567"图片上添加文本组件，并为其设置数据源和数据源参数，取值选择"今日产量"指标。

7）添加分组。如图 5-2-26 所示，在图层中找到并右击总产量数据文本组件，选择"添加至分组"，再单击"新建分组"按钮，将新建分组的名称修改为"总产量"。

21. 添加分组

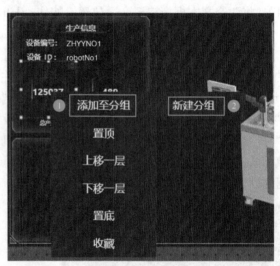

图 5-2-26　新建分组

8）将总产量的边框和动画添加到"总产量"分组中。同样地，添加"今日产量"分组，分组后的结果如图 5-2-27 所示。

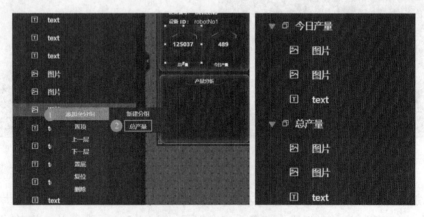

图 5-2-27　分组结果

9）单击"保存"按钮并刷新页面，分组后的效果如图 5-2-28 所示。

7. 设置产量分析容器

1）设置"框-正方"图片为产量分析容器的背景，再复制"生产信息"标题到产量分析容器中，修改文本为"产量分析"。添加"柱状图"组件，如图 5-2-29 所示。单击"基础组件"按钮，选择左侧的"图表"，选择"柱状图"组件并将其拖拽至产量分析容器中，通过拖拽的方式调整柱状图的大小和位置。

22. 设置产量分析容器

图 5-2-28　分组后的效果

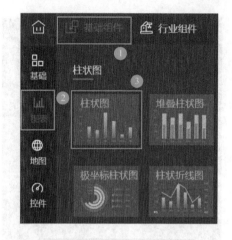

图 5-2-29　添加柱状图组件

2）设置柱状图的数据源。如图 5-2-30 所示，在"数据源"中设置"数据源"为"output 2"，"维度"为"record_date"，"度量"为"output"。

3）单击"保存"按钮并刷新页面，可以看到效果如图 5-2-31 所示。

图 5-2-30　设置柱状图数据源

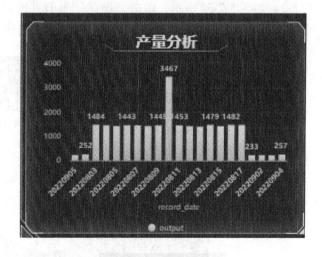

图 5-2-31　柱状图效果

8. 设置历史工况容器

1）设置"框-方正"图片为历史工况容器的背景，再复制"生产信息"标题到历史工况容器中，修改为"历史工况"。添加"饼图"组件，如图 5-2-32 所示。单击"基础组件"

23. 设置历史工况容器

按钮，选择左侧的"图表"，选择"饼图"组件并将其拖拽至历史工况容器中，通过拖拽的方式调整饼图的大小和位置。

2）设置饼图的数据源。如图 5-2-33 所示，在"数据源"中设置"数据源"为"采集点数据"，然后进行数据源参数设置。在"数据源参数"中设置"模型类型"为"物模型"，"物模型 id"为"工业机器人"，"设备 id"为"工业机器人"。在"度量"处选取"今日开机时长""今日作业时长""今日待机时长""今日报警时长"4 个指标。

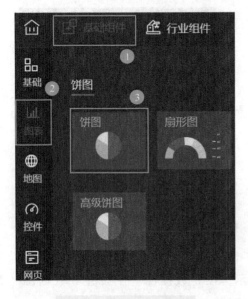

图 5-2-32　添加饼图组件

图 5-2-33　设置饼图数据源

3）如图 5-2-34 所示，单击"保存"当前页按钮并刷新页面，可以看到今日报警时长、今日作业时长、今日待机时长、今日开机时长的占比分布情况。

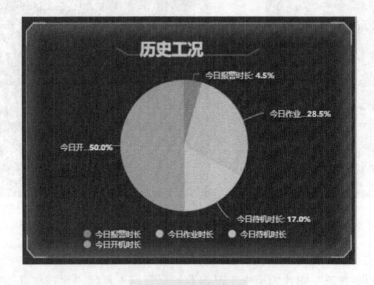

图 5-2-34　饼图效果

9. 添加设备图片

1）如图 5-2-35 所示，单击"素材库"→"我的"→"综合应用素材"按钮，选中"设备"图片并将其拖拽至设备图容器中，可通过拖拽来调整图片的大小和位置。

2）在右侧"属性"中，对图片的位置尺寸进行进一步调整，如图 5-2-36 所示。

24. 添加设备
图片

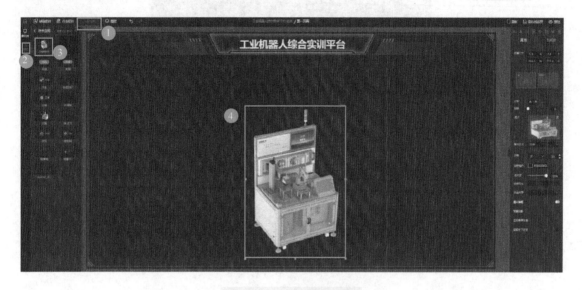

图 5-2-35　添加设备图片

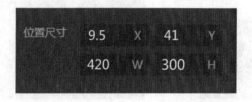

图 5-2-36　设置设备图片位置尺寸

25. 设置报警
信息容器

10. 设置报警信息容器

1）设置"框-方正"图片为报警容器背景，再复制"生产信息"标题到报警容器中，修改为"报警信息"。添加表格组件，如图 5-2-37 所示。在左侧编辑框顶部选择"基础组件"，选择"基础"，选择"基本组件"中的"表格"组件并将其拖拽至报警信息容器中，通过拖拽的方式调整表格的大小和位置。

2）调整表格的尺寸。如图 5-2-38 所示，在右侧的"属性"编辑框中设置表格的组件尺寸宽为 400 像素，高为 260 像素。

3）为表格设置滚动动画。如图 5-2-39 所示，在右侧的"属性"编辑框中勾选"动画属性"，设置"动画模式"为"逐条滚动"，"时间（秒）"为"1"。

4）设置表格数据源。如图 5-2-40 所示，在"数据源"中设置数据源为"报警数据"，然后进行数据源参数设置。在"数据源参数"中设置"模型类型"为"物模型"，"物模型

id"为"工业机器人","设备 id"为"工业机器人"。在"维度"处添加"报警名称""报警级别""开始时间""结束时间"4 个维度。

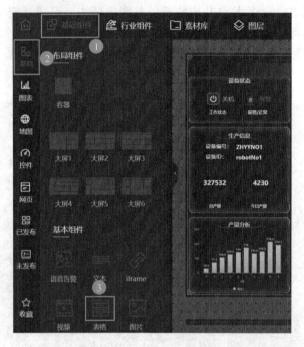

图 5-2-37　添加表格组件

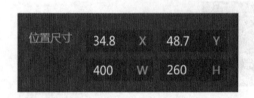

图 5-2-38　设置表格的尺寸

图 5-2-39　设置表格滚动动画

26. 预览及发布页面

11. 预览及发布页面

1）完成了所有组件的配置之后，单击"预览"按钮，如图 5-2-41 所示。

2）预览效果分为 Web 页面预览、大屏预览和 App 预览，可分别单击查看，如图 5-2-42 所示。

说明：预览页面时，注意查看页面上的坐标数据、统计数据、状态是否与设备物实例上的实时数据及状态一致。

3）设计好的页面，预览并验证无误后即可发布。单击编辑器右上方"分享"按钮进行发布，如图 5-2-43 所示。在弹出来的"分享设置"对话框中选择"SaaS 账号登录"。

图 5-2-40   设置表格数据源

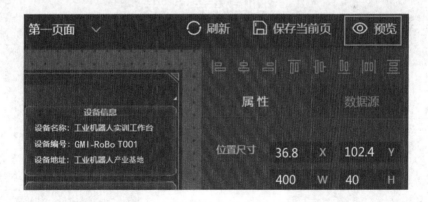

图 5-2-41   单击"预览"按钮

4）单击"更新设置"按钮，自动生成发布地址，会返回网页地址设置，如图 5-2-44 所示。

5）复制发布之后生成的地址，粘贴到浏览器地址栏，输入 SaaS 账号和密码，按下 <Enter>键，即可访问发布成功之后的大屏效果，也可以通过手机端访问。通过网页浏览的大屏效果如图 5-2-45 所示。

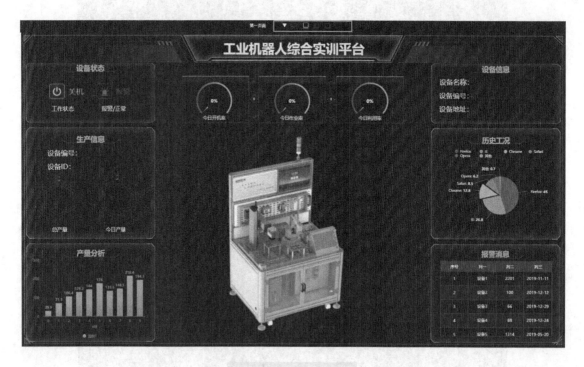

图 5-2-42　预览效果图

图 5-2-43　设置 SaaS 账号登录

分享设置　　　　　　　　　　　　　　　　×

分享成功，请复制下方链接，分享当前项目

分享链接

| http | http://cloud-data-visualization-publish.rootcloud. | 复制 |
| https | https://cloud-data-visualization-publish.rootcloud | 复制 |

图 5-2-44　生成发布地址

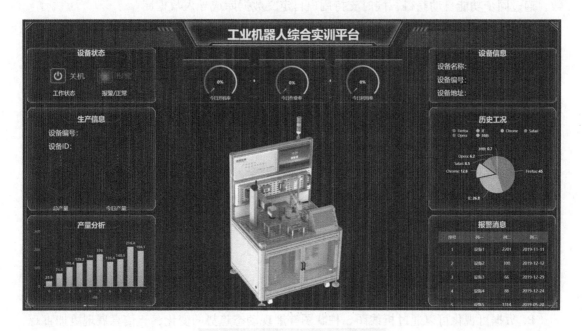

图 5-2-45　网页浏览的大屏效果图

项目训练

1. 单项选择题

（1）关于数据可视化的描述不正确的是（　　　）。

A. 数据可视化是借助图形化手段，清晰有效地传递与表达信息

B. 其意义是帮助人们更好地分析数据，对信息数据的含义进行分析，从而使分析的结果可视化

C. 数据可视化的本质就是视觉对话

D. 可视化减少了数据的灵性，帮助企业从信息中提取知识、从知识中收获价值

（2）以下选项中，哪个不属于数据可视化的特征。（　　　）

A. 数据可视化让数据更容易被消化

B. 数据可视化让数据"动"起来

C. 数据可视化让数据可以被监测

D. 数据可视化让数据展现浅层信息

（3）下列有关云视界相关概念的描述错误的是（　　）。

A. 项目是对应一种设备类型的可视化文件集，包含页面、内容、数据及相关文件，一个项目内只有一个展示页面

B. 云视界可视化采用"页面—容器（组件）—组件"的方式实现可视化页面的布局及数据展现

C. 云视界中内置了页面模板，页面模板与空白页面对应，是系统为用户创建的默认可选页面

D. 数据源即为页面所展示各项设备参数的数据来源，包含设备模型数据或设备实时参数，通过同步功能自动获得，同时支持用户自定义数据库或导入数据库

（4）以下关于"项目"的描述不正确的是（　　）。

A. 项目是对应一种设备类型的可视化文件集

B. 项目包含页面、内容、数据及相关文件

C. 一个项目内只能含有一个展示页面

D. 项目通过配置各页面内的容器组件属性参数，设置连接数据源

（5）以下关于各类型的组件的描述不正确的是（　　）。

A. 基础组件包含页面布局和基本组件

B. 图表组件包含了多种图表样式及配套属性设置，供用户设计页面使用

C. 地图组件包含了多种地图元素，用户可选择元素添加进页面中，设置地图元素的属性和关联数据源

D. 控件组件包含的元素组件有仪表盘、进度条等

2. 多项选择题

（1）以下属于数据可视化的特征的有（　　）。

A. 数据可视化让数据更容易被消化

B. 数据可视化可以通过折线图、柱状图等展现动态趋势的变化，让信息展现更加直观

C. 数据可视化让数据可以监测

D. 数据可视化让数据展现深层信息

（2）关于云视界的描述正确的有（　　）。

A. 云视界是服务于工业领域设备后市场的云端可视化工具平台，可以满足用户个性化配置工业设备展示界面的需求

B. 云视界用户可以根据个性需求自由配置设计页面，实现根云平台的前后端功能与服务的集成

C. 云视界可按设备模型组配置，可自适应屏幕布局，让枯燥的工业数据变身为丰富的业务组件

D. 云视界不可以设计生动、直观的可视化图表动画效果

（3）以下有关组件的描述正确的有（　　）。

A. 组件包含两种特性：组件的属性、组件的数据源

B. 通过组件属性可以定义组件的图形展示效果

C. 组件的数据源用于确定组件展示的数据，不同的组件可以关联不同种类的数据连接

D. 组件是数据可视化的图形化载体，但只能有单一的组件

（4）以下关于可视化编辑器的描述正确的有（　　　　）。

A. 编辑状态下，系统会主动更新数据，单击"更新数据"按钮后即可进行组态数据推送

B. 系统暂不支持自动保存，当用户完成页面设计时，需先进行保存，再预览发布

C. 用户进行可视化编辑时，可随时单击"预览发布"查看当前页面的设计效果

D. 右侧导航栏第一个按钮为"页面"，用户可以单击"页面"按钮进行页面切换，还可以进行新建页面、编辑页面名称、复制页面等操作

（5）云视界的组件类型包括（　　　　）。

A. 基础组件　　　　B. 图表组件　　　　C. 地图组件　　　　D. 网页组件

3. 判断题

（1）数据可视化是借助于图形化手段，清晰有效地传递与表达信息，其意义是帮助人们更好地分析数据。（　　　）

（2）数据可视化能让数据"动"起来。数据可视化可以通过折线图、柱状图等展现动态趋势的变化，让信息展现更加直观。（　　　）

（3）项目是对应一种设备类型的可视化文件集，包含页面、内容、数据及相关文件，一个项目内只有一个展示页面。（　　　）

（4）页面是可视化编辑的产物，每种设备有多种展示页面，如实时工况展示页面、历史数据统计页面、设备控制流程页面等。（　　　）

（5）基础组件包含基础组件、图表组件和网页组件三类。（　　　）

项目拓展

1. 数据可视化的历史

可以把数据可视化可分为以下九个阶段。

（1）早期地图与图表（17 世纪前）　在 17 世纪以前，人类研究的领域有限，总体数据量处于较少的阶段，因此几何学通常被视为可视化的起源，数据的表达形式也较为简单。但随着人类知识的增长，活动范围不断扩大，为了更好地探索其他区域，人们开始收集资料来制作地图。16 世纪，为了准确地观察和测量物理量、地理和天文方位，人们使用了大量的技术和工具，特别是 1617 年，威里布里德·斯涅耳发明了三角测量，使绘制的精度大大提高，显示出来的图像也更为准确。由于宗教和其他原因，人们更早地开始了对天文的研究。10 世纪，一个无名的天文学家绘制了一张多时序图，它描述了七大天体的时空变动，其中包含了许多现代统计数字的元素坐标、格子图、平行坐标以及时间序列。

（2）测量与理论（17 世纪）　17 世纪，欧洲船队在海上探索航行，推动了新兴的资本主义发展，大大促进了地图制作、距离和空间的测量。与此同时，随着科学技术和经济的发展，资料的采集主要是在时间、空间、距离等方面进行，资料的使用主要是绘制地图，进行天文分析（开普勒的行星运动定律）上。

此时，笛卡儿发明了解析几何和坐标系，在两个或者三个维度上进行数据分析，成为数据可视化历史中重要的一步。同时，早期的概率论和人口统计学研究开始出现。这些初期的研究为数据的可视化打开了一扇大门，数据收集、整理和绘制都有了系统的发展。这一时

期，随着科研领域的不断扩大，资料的数量不断增长，呈现出许多新的可视化形态。随着地图精确度的逐渐提高，人们也在不断地将可视化方法应用到新的应用中。

（3）新的图形形式（18世纪）　18世纪是科学史上最早的时代，英国的工业革命、牛顿的、微积分基本定理的建立促使人们开始重视对数据的精确化和定量化，对统计的需求也越来越大，而用抽象的图形来表达数据的方法也越来越成熟。这时，与今天的直方图相似的曲线图呈现在经济领域，英国神学家约瑟夫·普里斯特利也尝试在历史教学中使用图的形式介绍不同国家在各个历史时期的关系。法国人玛塞琳·杜·卡拉绘制了等高线图，用一条曲线表示相同的高程，对测绘、工程和军事有着重大的意义，成为地图的标准形式之一。

威廉·普莱费尔是数据可视化领域的一个关键人物，他在1765年创建了首张时间线图，这张图用一条线来描述人类的寿命，而整个图则用来对比不同人的寿命范围。这些时序图启发他发明了条形图和至今仍然使用的其他图表，如饼图、时序图等。他的这种观点在数据可视化历史上是一个全新的尝试，用一种新的方式表达了更多、更直观的信息。

随着对数据系统性的收集以及科学的分析处理，18世纪数据可视化的形式已经接近当代科学使用的形式，条形图和时序图等可视化形式的出现体现了人类数据运用能力的进步。随着数据在经济、地理、数学等领域不同场景的应用，数据可视化的形式变得更加丰富，也预示着现代化的信息图形时代的到来。

（4）现代信息图形设计的开端（19世纪上半叶）　19世纪上半叶，由于视觉表现方式的革新，统计图表与主题绘图技术得到了飞速发展，而现在已知的各种统计图表都是从那时开始产生的。在这段时间里，资料搜集和整理的范围显著增加，并且大量的社会管理资料被搜集起来，因为各国政府越来越重视人口、教育、犯罪、疾病等问题。英国地质学家威廉·史密斯于1801年画出了第一张地质图，这是一种用来表示定量信息的地图，也被称作"改变世界的地图"。

在此期间，资料的搜集与整理由科技、经济等方面向社会治理层面延伸，而社会公众领域的资料搜集则是人类运用科学方法进行社会调查的重要标志。同时，科研需要更准确的资料，研究的范围也显著扩展，人类开始有意识地运用视觉的方法来研究和解决更广泛的问题。

（5）数据制图的黄金时期（19世纪下半叶）　在19世纪上半叶末，数据可视化领域开始了快速的发展，随着数字信息对社会、工业、商业和交通规划的影响不断增大，欧洲开始着力发展数据分析技术。高斯和拉普拉斯发起的统计理论给出了更多种数据的意义，数据可视化迎来了它历史上的第一个黄金时代。

统计学理论的建立是数据可视化发展的重要一步，此时数据的来源也变得更加规范化，由政府机构进行采集。随着社会统计学的影响力越来越大，在1857年维也纳的统计学国际会议上，学者就已经开始对可视化图形的分类和标准化进行讨论。不同的数据图形开始出现在书籍、报刊、研究报告和政府报告等正式场合之中。

（6）现代休眠期（20世纪上半叶）　20世纪上半叶，随着数理统计这一新数学分支的诞生，追求数理统计严格的数学基础并扩展统计的疆域成为这个时期统计学家们的核心任务。数据可视化成果在这一时期得到了推广和普及，并开始被尝试着用于解决天文学、物理学、生物学的理论新成果，赫茨普龙和罗素绘制的温度与恒星亮度图成为近代天体物理学的奠基之一；伦敦地铁线路图的绘制形式如今依旧在沿用；爱德华·沃尔特·蒙德的"蝴蝶图"用于研究太阳黑子随时间的变化。

但是，这个时期人类的数据收集和显示方法并没有发生根本性的变化，统计数据的发展也不算太大，因此，20 世纪上半叶数据可视化的发展处于休眠期。然而，通过这段时间的沉寂和统计学家的不懈努力，使数据可视化在 20 世纪末得到了迅速的恢复和发展。

（7）复苏期（1950—1974 年）　从 20 世纪上半叶末到 1974 年这一时期被称为数据可视化领域的复苏期，在这一时期引起变革的最重要的因素就是计算机的发明，计算机的出现让人类处理数据的能力有了跨越式的提升。在现代统计学与计算机计算能力的共同推动下，数据可视化开始复苏，统计学家约翰·维尔德·图基和制图师雅克·贝尔廷成为可视化复苏期的领军人物。

约翰·维尔德·图基在二战期间对火力控制进行的长期研究中意识到了统计学在实际研究中的价值，从而发表了具有划时代意义的论文 "The Future of Data Analysis"，成功地让科学界将探索性数据分析（EDA）视为不同于数学统计的另一独立学科，并在 20 世纪下半叶首次采用了茎叶图、盒形图等新的可视化图形形式，成为可视化新时代的开启性人物。雅克·贝尔廷发表了他里程碑式的著作《Semiologie Graphique》，本书从数据的关系和特点出发，对图像的视觉要素进行了组织，为图像可视化奠定了坚实的理论依据。

随着计算机的普及，20 世纪 60 年代，各研究机构逐渐开始使用计算机程序取代手绘图形。计算机的数据处理精度和速度具有强大的优势，能够胜任高精度分析图形的绘制。在这一时期，数据缩减图、多维标度法 MDS、聚类图、树形图等更为新颖、复杂的数据可视化形式开始出现。人们开始尝试在一张图上表达多种类型的数据，或用新的形式表现数据之间的复杂关联，这也成为现今数据处理应用的主流方向。数据和计算机的结合让数据可视化迎来了新的发展阶段。

（8）动态交互式数据可视化（1975—2011 年）　在这一阶段，计算机成为数据处理必要的部分，数据可视化技术进入了一个新的黄金时期。20 世纪 70~80 年代，人们试图通过多维量化的静态图表来表示静止的数据；80 年代中期，动态统计图逐渐兴起；到了 20 世纪后期，两者的融合试图实现动态和交互的数据可视化。

数据可视化的这一时期的最大潜力来自动态图形方法的发展，允许对图形对象和相关统计特性的即时和直接操纵。早期就已经出现为了实时的、与概率图进行交互的系统，通过调整控制来选择参考分布的形状参数和功率变换。这可以看作动态交互式可视化发展的起源，推动了这一时期数据可视化的发展。

（9）大数据时代（2012 年至今）　2003 年，全世界创造了 5EB 的数据量，人们逐渐将注意力集中到大数据的处理上。到了 2011 年，全世界的数据量以几何级数增长，用户的使用效率也越来越高，数据供应商们也开始了全方位的服务，大数据时代由此拉开了序幕。

2012 年是一个以数据为导向的年代。掌握了数据，就可以把握未来的发展趋势，所以，人们对数据可视化技术的依赖性越来越强。大数据时代的来临对数据可视化的发展产生了巨大的冲击，用传统的表现方式来表达海量的数据已经不太现实。而对于海量的动态数据，则需要更加高效的运算方式和表现方式，从而使大数据的可视化研究成为一个新的课题。

在应对大数据时，不但要考虑快速增加的数据量，还需要考虑到数据类型的变化，这种数据扩展性的问题需要更深入的研究才能解决；互联网的加入增加了数据更新的频率和获取的渠道，并且实时数据的巨大价值只有通过有效地可视化处理才可以体现，于是动态交互的技术开始向交互式实时数据可视化发展，是如今大数据可视化的研究重点之一。综上，如何建立一种有效的、可交互的大数据可视化方案来表达大规模、不同类型的实时数据，成为数据可视化的主要研究方向。

项目小结

对于工业领域的广大用户和管理者来说，灵活便捷地查看设备指标参数、直观准确地了解实时工况信息，是进行工业设备运行分析进而开展智能化工业管控的根本前提。本项目使用云视界平台工具设计工业数据可视化展示大屏，以展示搬运机器人的设备信息、工况信息、报警信息、产量信息、生产信息和设备状态。

云视界的可视化编辑器主要涉及页面、图层、容器、组件和素材。设计可视化展示大屏，首先根据需求添加数据源，数据源分为数据库数据源和 Excel 表数据源；然后按照页面布局的规划在空白项目中添加容器，并调整容器的大小、位置以及在图层中修改容器的名称以方便管理；再依次在每一个容器中添加图片素材和不同类型的组件，部分组件还需要设置数据源；在为页面依次设置设备信息、工况信息、报警信息、产量信息、生产信息和设备状态时，可以中途及时保存当前页和刷新页面；最后，完成页面的设计后预览并发布页面。

项目 6

工业设备数字化运维 App 开发

任务 6.1 创建工业设备运维数据表

6.1.1 任务说明

【任务描述】

随着工业 4.0 时代的到来，智能化工厂的概念被广泛关注，它对工业生产的信息化、智能化水平提出了更高要求，工业设备报警维修 App 对提高企业生产效率起到了至关重要的作用。

小树汽车经过数据可视化管理后，企业实施效率大大提高。但是在业务激增的条件下，机器人故障会频频发生，维修常常不准时或者漏检，现场员工通过可视化大屏发现故障报警后，还需要通过层层审批维修工单，降低了工作效率。为此，小树汽车希望通过工业 App 及时将报警信息同步到数据表中。

在本任务中，工业 App 工程师需要完成的任务是：梳理报警信息，同步字段并创建报警同步表。

【学习导图】

创建工业设备运维数据表的学习导图如图 6-1-1 所示。

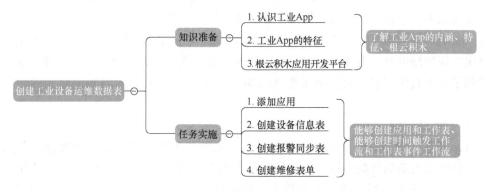

图 6-1-1 创建工业设备运维数据表的学习导图

195

> **说明：** 本书以"根云积木"平台为零代码应用平台进行介绍指南，本任务涉及工作表、工作流操作，视图、角色与权限、统计图表等内容在职业教育工业互联网人才培养系列教材中的《设备数字化运维工业 App 的开发与应用》一书中介绍。

【任务目标】

知识目标	技能目标	素质目标
1）了解工业 App 的内涵。 2）掌握工作表的基本操作。	1）能够创建应用。 2）能够创建工作表。	1）培养学生对新知识的接纳和掌握能力。 2）培养学生创新思维，提升其信息技术的应用能力。

6.1.2　知识准备

1. 认识工业 App

工业互联网 App（以下简称工业 App）是基于工业互联网，承载工业知识和经验，满足特定需求的工业应用软件，是工业技术软件化的重要成果。工业 App 是面向工业产品全生命周期相关业务（设计、生产、实验、使用、保障、交易、服务等）的场景需求，对工业产品及相关技术过程中的知识、最佳实践及技术诀窍进行封装而成的应用软件。

工业 App 所依托的平台可以是工业互联网平台、公有云或私有云平台，也可以是大型工业软件平台，还可以是通用的操作系统平台（包括用于工业领域的移动端操作系统、通用计算机操作系统、工业操作系统和工业软件操作系统等）。

工业 App 是为了解决特定的具体问题、满足特定的具体需要而将实践证明可行和可信的工业技术知识封装固化后所形成的一种工业应用程序。工业 App 只解决具体的工业问题，而不是抽象后的问题。例如，齿轮设计 App 只针对某种类型的齿轮设计问题，而不是将齿轮设计抽象成面向一般几何体设计的点、线、面、体、布尔运算等设计问题，后者是一般工业软件解决的问题。

工业 App 可以让工业技术经验与知识得到更好的保护与传承、更快地运转、更大规模地应用，从而放大工业技术的效应，推动工业知识的沉淀、复用和重构。

工业 App 是一种特殊的工业应用程序，是可运行的工业技术知识的载体，工业 App 中承载了解决特定问题的具体业务场景、流程、数据与数据流、经验、算法、知识等工业技术要素，承载了这些技术要素，每一个工业 App 都是一些具体工业技术与知识要素的集合与载体。

2. 工业 App 的特征

工业 App 借鉴了消费 App 方便灵活的特性，又承载了工业技术软件化的理念，作为工业软件的新形态又具有软件的特性，同时依托平台具有生态化的特征。如图 6-1-2 所示，工业 App 具有 6 方面典型特征：特定工业技术知识的载体；具有面向特定工业场景的特定适应性；小轻灵、易操作；可解耦/可重构；依托平台；集群化应用。

图 6-1-2　工业 App 的特征

（1）特定工业技术知识的载体　工业 App 是某一项或某些具体的工业技术知识的软件形态的载体，这是工业 App 的本质特征。工业 App 所承载的工业技术知识只解决具体的问题，而不是抽象后的问题。正如前面所列举的例子，齿轮设计 App 只承载了解决某种类型的齿轮设计问题的具体工业技术知识。一般的工业软件虽然也承载了工业技术知识，但这些工业技术知识通常是抽象后的通用机理，如几何建模技术与知识解决的是一大类工业问题。

（2）特定适应性　每一个工业 App 承载了解决某项具体问题的工业技术知识，表达一个或多个特定的功能，解决特定的具体问题，具有典型的特定适应性。例如，某类齿轮设计 App 只完成该类型的齿轮设计，更换齿轮类型后就不适用了。

（3）小轻灵、易操作　每一个工业 App 只解决某一些或几项具体的问题，功能单一，并且工业 App 的开发运行都依托平台的资源，不需要考虑完整的技术引擎、算法等基础技术要素，因此工业 App 的体量相对较小。工业 App 是富集的工业技术知识载体，通过知识封装和驱动，让一般人也可以使用专家的知识，通过简便的操作，完成过去需要专家才能完成的工作。只有这样，工业 App 才能广泛地推广使用。

（4）可解耦/可重构　每一个组件化的工业 App 的边界明确、接口明确，使其可以不被紧耦合约束到某一个具体的应用软件中，与其他的应用程序或 App 通过接口交互实现松耦合应用。

（5）依托平台　工业 App 从概念提出到开发、应用以及生态的构建与形成，都是基于平台开展的。每一个工业 App 只解决特定的具体问题，这就要求工业 App 必须具备一个庞大的生态来支撑。生态的建设需要社会力量共同努力，平台既可以提供工业 App 生态快速建设的基础，又可以减少每一个 App 开发过程中重复地进行基础技术开发和基础资源构建，降低开发的门槛，还可以通过平台来统一规范，实现工业 App 的广泛重用。

（6）集群化应用　每个工业 App 只解决特定问题，对于一些复杂的工业问题，可以通过问题分解将复杂问题变成一系列单一问题，每一个单一问题由对应的工业 App 来解决，通过多个边界和接口明确的工业 App 按照一定的逻辑与交互接口进行系统性组合，利用工业 App 集群可以解决更为复杂的系统性问题。例如，索为的飞行器总体设计 App 将飞行器总体设计分解为数百个小问题，通过超过 300 个工业 App 的集群化组合应用，实现了飞机这个复杂系统的总体设计应用。

3. 根云积木应用开发平台

"根云积木"是一个 APaaS 平台，可以快速搭建个性化的企业应用，用户无须编写代码就能够搭建出体验上佳的销售、运营、人事、采购等核心业务应用，打通企业内部各环节的业务数据，也能够通过应用程序接口（API）和网络钩子（WebHook）与其他系统对接。

"根云积木"通过封装好的6个功能模块的组合来构建一个应用，6个功能模块分别为工作表、视图、角色和权限、工作流、统计图表和自定义页面。

1）工作表用于收集和存储业务数据。想录入任何数据，都需要建立对应的工作表，如员工表、客户表、订单表、库存表等。

工作表除了可以用一个在线Excel表来管理业务数据，还可以在表中每一行数据（记录）进行讨论协作，并支持分享到其他平台查看（微信、QQ等），用户可以用表单控件快速建立数据结构，也能够建立不同表之间的关联实现数据互通互联。建立了工作表，基本的数据录入、查询、搜索、排序、筛选等能力也就具备了。用户可以通过Excel中的API函数向工作表写入数据，也支持免登录公开收集数据。

2）视图是业务数据的不同场景的展示页面，可以根据业务场景、操作人员展示出不同的数据。

3）角色和权限指控制成员对业务数据增、删、改、查的操作权限。

4）工作流可以实现业务数据的自动化处理和自动流转。

5）统计图表用于统计多种维度的数据，帮助用户进行分析与决策。

6）自定义页面可以放置快捷按钮、统计图表等，常用于配置仪表台，驾驶舱或工作台。

（1）工作表的创建和使用

1）登录根云积木平台后，如图6-1-3所示，单击"应用项"按钮，弹出"工作表"和"自定义页面"命令按钮，单击"工作表"按钮。

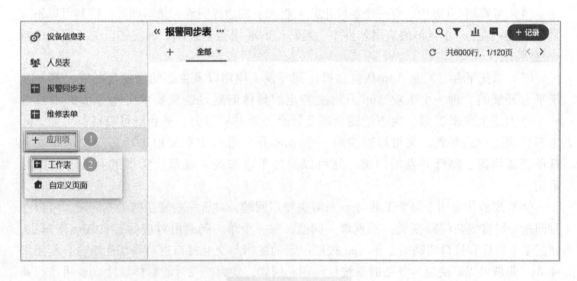

图6-1-3 新建工作表

2）如图6-1-4所示，系统弹出"新建工作表"对话框，输入工作表名称，单击"创建"按钮。

3）添加工作表字段。工作表的字段相当于Excel表的列，不同的是，它具有特定的"类型"，允许用户在每个记录中存储丰富的内容。关于字段的设置说明见表6-1-1。

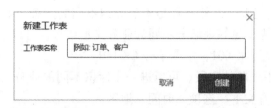

图 6-1-4　命名工作表

表 6-1-1　字段设置说明

字段的设置	说明
添加字段	在左侧控件区的控件即为字段，选择合适的控件并拖拽到中间编辑区即可。注意：工作表的字段限制在 200 个以内，分段字段和备注字段不计数
标题字段	通常选择具有明显的唯一标识性的字段为标题字段。例如，当查看通讯录表时，标题字段应该选择"姓名"字段，看到姓名，就知晓是哪条记录。鼠标指针放在字段上，就会显示出操作按钮
调整字段位置	单击字段并按住鼠标左键，拖拽到合适的位置松开即可
列的布局	即表中一行可以显示几个字段，最多 4 个字段，单击"快速排列"按钮快速设置列数
复制字段	有时两个字段有很多重复的配置，可以通过复制字段快速地修改配置。当把鼠标指针放在需要复制的字段上面，就会显示"复制"按钮，单击即可复制
删除	鼠标指针悬停在字段上，就会显示"删除"按钮，单击删除字段后，如果字段默认值、视图筛选、工作流中用到了此字段，则会显示为"此字段已删除"字样
恢复字段	在编辑页面右上角可查看回收站，可在回收站中进行字段恢复

（2）自动编号设置　自动编号控件可以为每一条记录自动生成一个自定义格式的流水号。常见的流水号有 HT0001、HT-2020-09-10 001 和 RK-武汉仓-20201010001 等。下面对 4 种规则元素进行介绍。

1）编号。编号是自动递增的计数编号，有以下 3 个特性。

① 编号方式：如果是自然数编号，那么就从 1 开始递增；如果是指定位数编号，则可以按位数补充不足的 0。例如，指定位数是 3，记录编号依次是 001，002…999。如果勾选"当编号超出位数时继续递增"，会自动增加位数；如果不勾选，则编号从 1 开始。

② 开始值：开始值代表以哪个数值作为编号的基数。例如，开始值设置为 1，则第一条记录的编号为 1，后面的编号依次为 2、3、4……；如果开始值设置为 5，那么记录的编号依次为 5、6、7、8……。

③ 周期重置：有些业务流水号可能会在某个周期内重新计算。例如，餐厅的排号每天都会从 1 开始。重置周期分为"每天重置""每周重置""每月重置""每年重置"。设置了重置周期以后，当达到重置时间时就会从初始值重新开始计数。例如，设置的重置周期为"每天重置"，初始值为 1，则第二天添加的记录将从 1 开始编号。

2）创建时间。记录创建时间，可以选择多种格式，也可以自定义格式。常见的格式包括年 YYYY、月 MM、日 DD、小时 hh、分钟 mm、秒 ss，其中 MM 和 mm 分别代表月份和分钟，需区分大小写，其他规则不区分大小写。

3）固定字符。固定字符主要有两种用途。一种是用作连接符，例如，用于创建日期和编号之间，用-符号连接起来；另外一种是用于标识不同的业务，类似的业务可能用同一种流水号编写规则，但是为了更好地区分不同的业务流水单号，可以给他们加上一个前缀的固定字符。例如，入库单号 RK-001，出库单号 CK-001。

4）引用字段。引用表单的字段，可以进一步标识不同的业务。引用字段支持引用多个字段，支持的字段类型有文本、选项、时间、地区。

6.1.3 任务实施

1. 添加应用

1）在浏览器地址栏中输入"https：//cube．rootcloud．com"，进入根云积木登录页面，使用手机或邮箱注册的账号进行登录，如图 6-1-5 所示。

图 6-1-5 登录根云积木

2）登录后，进入主页面。如图 6-1-6 所示，在"全部应用"处单击"添加应用"按钮，再单击"从空白处创建"按钮。

图 6-1-6 添加应用

3）选择应用图标并修改名称。如图 6-1-7 所示，选择所需图标并修改其名称，输入"维修管理"。

2. 创建设备信息表

1）创建工作表之前，首先明确工作表的字段，例如，本书示例的设备信息表的字段包括：设备编号、设备名称、型号、设备位置、购买日期、品牌、设备照片。

2）单击"维修管理"应用图标，跳转页面，如图 6-1-8 所示，输入工作表名称为"设备信息表"，单击"创建工作表"按钮。

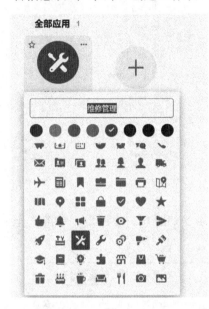

图 6-1-7　选择应用图标并修改其名称　　　　　　　　　图 6-1-8　创建工作表

3）根据设备信息表字段，将工作表控件拖拽到表单设计页面，如图 6-1-9 所示，将"文本"控件拖拽到表单设计页面，再编辑文本控件相关信息，"字段名称"输入为"设备名称"。

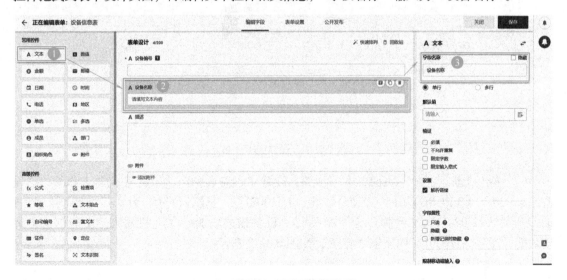

图 6-1-9　输入字段名称

4）如图 6-1-10 所示，编辑完成设备信息表后，单击"保存"按钮，然后单击"关闭"按钮。

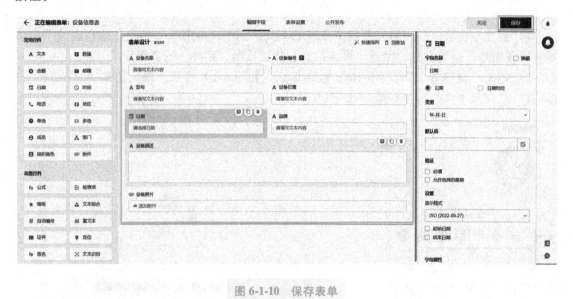

图 6-1-10　保存表单

5）设备信息表是依靠人工手动维护，需要手动添加记录，如图 6-1-11 所示，单击"记录"按钮。

图 6-1-11　手动添加记录

6）弹出"创建记录"页面，本书示例：设置"设备名称"为"工业机器人 001"，"设备编号"为"GYROBOT001"，"型号"为"HJ10001"，"设备位置"为"焊接区域"，"日期"为"2022-09-27"，"品牌"为"树根"，"设备描述"为"工业机器人 001 能够进行焊接功能，型号 HJ10001，保质期 3 年。"，如图 6-1-12 所示。

3. 创建报警同步表

1）本示例的报警同步表的字段包括租户 id、物模型 id、物实例 id、报警 id、报警名称、报警描述、报警等级、报警级别、开始时间、结束时间、拥有者。报警同步表的数据来源是

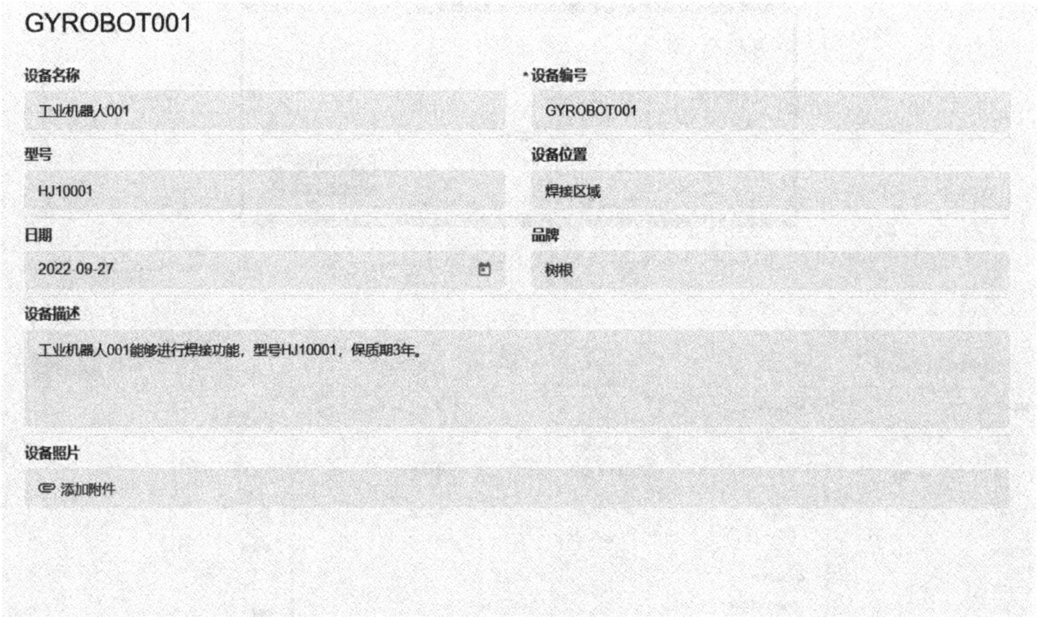

GYROBOT001
设备名称
工业机器人001
*设备编号
GYROBOT001
型号
HJ10001
设备位置
焊接区域
日期
2022-09-27
品牌
树根
设备描述
工业机器人001能够进行焊接功能，型号HJ10001，保质期3年。
设备照片
添加附件

图 6-1-12　输入记录信息

设备物实例的报警数据，因此，报警同步表的字段需与物实例的字段保持一致。

2）创建报警同步表，单击“应用项”按钮，在弹出菜单中单击“工作表”按钮，如图 6-1-13 所示。

3）系统弹出新建工作表页面，工作表名称输入为“报警同步表”，单击“创建”按钮，如图 6-1-14 所示。

4）如图 6-1-15 所示，进行表单设计。设计完成后单击“保存”按钮，并退出当前页面。

28. 创建报警同步表

维修管理
工作流
用户
设备信息表
+ 应用项
1
工作表
2
自定义页面
« 设备信息表 ···
+ 记录
全部
共1行，1/1页
设备名称
设备编号
型号
设备位置
日期
品牌
设备描述
设备照片
1
工业机器人001
GYROBOT001
HJ10001
焊接区域
2022-09-27
树根
工业机器人001能够进行焊

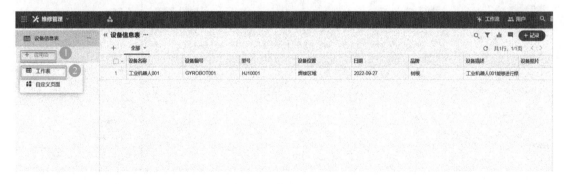

图 6-1-13　创建表单

4. 创建维修表单

1）与创建报警同步表的步骤相同，创建维修表单，维修表单字段包括工单编号、报警名称、报修时间、设备信息表、故障照片、故障类型、维修人员、维修记录、工单状态、维修完成时间、维修照片。表单设计页面如图 6-1-16 所示。

29. 创建维修表单

图 6-1-14 命名工作表

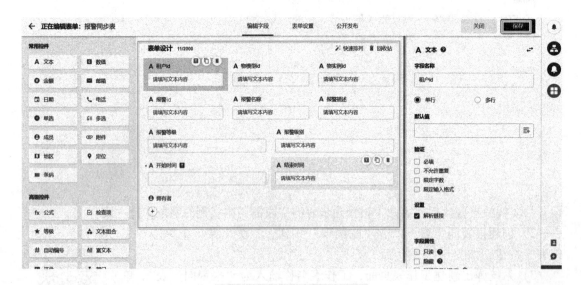

图 6-1-15 设计并保存表单

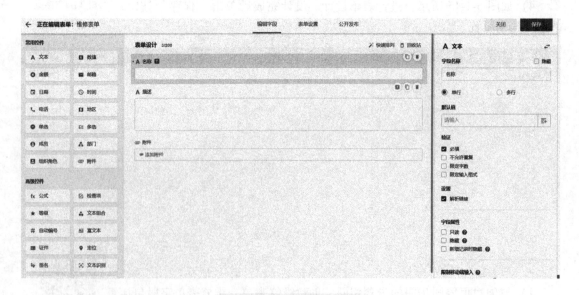

图 6-1-16 创建维修表单

2）如图 6-1-17 所示，拖拽一个"自动编号"的控件到表单设计页面。再编辑字段名称，输入"工单编号"。

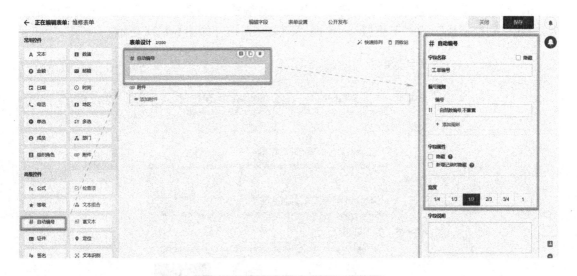

图 6-1-17　添加"自动编号"控件

3）在"编号规则"处单击"添加规则"按钮，弹出菜单中有"固定字符""创建时间""引用字段"3 个选项，可以进行组合，如图 6-1-18 所示。

4）选择"固定字符"，输入"GZ-"，再添加"创建时间"，类型设置为"YYYYMMDD"，再添加"固定字符"，输入"-"，如图 6-1-19 所示。

图 6-1-18　添加编号规则

图 6-1-19　编辑编号规则

5）在"编号"文本框中单击编辑按钮，如图 6-1-20 所示。

图 6-1-20　编辑编号

6）弹出"编号设置"对话框，选择"指定位数编号"，设置"位数"为"3"，"开始值"为"1"，"周期重置"为"不重置"，单击"确定"按钮，如图 6-1-21 所示。

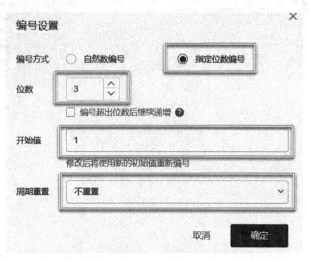

图 6-1-21 修改编号设置

7）维修表单中的报修时间、设备信息表、故障类型、维修人员、工单状态、维修完成时间等字段的编辑信息如图 6-1-22 ~ 图 6-1-24 所示。

图 6-1-22 设置"报修时间"和"设备信息表"字段

图 6-1-23　设置"故障类型"和"维修人员"字段

图 6-1-24　设置"工单状态"和"维修完成时间"字段

8）如图 6-1-25 所示，排列好表单，单击"保存"按钮。

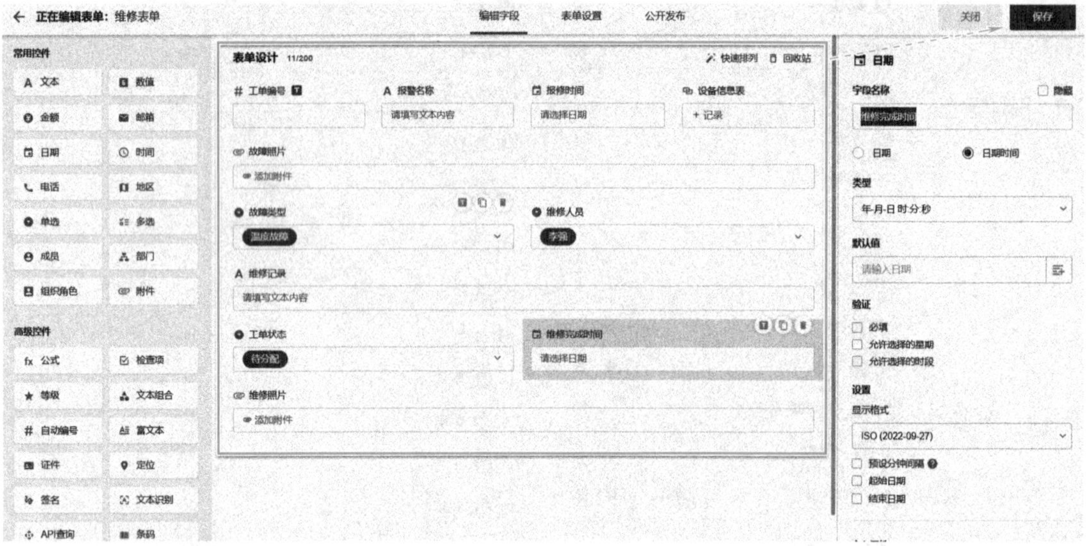

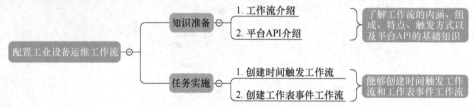

图 6-1-25 保存表单

任务 6.2 配置工业设备运维工作流

6.2.1 任务说明

【任务描述】

根据小树汽车审批流程制订规则，将工业设备的保修、派单、维修、反馈信息整合到一个统一的 App 应用中，通过工单的方式实现不同岗位之间的信息传递，从而使维修人员在需要维修时第一时间收到通知，及时响应；同时还能通过工单状态查看以往维修记录，避免漏检现象的发生。因此，在本任务中，工业 App 工程师需要完成以下两项任务。

1）创建时间触发工作流，定时触发信息同步。

2）建立报警相关工作流，创建工作表事件工作流。

【学习导图】

配置工业设备运维工作流的学习导图如图 6-2-1 所示。

图 6-2-1 配置工业设备运维工作流的学习导图

【任务目标】

知识目标	技能目标	素质目标
1）掌握工作流的内涵。 2）掌握 API 的内涵。	1）能够创建时间触发工作流。 2）能够创建工作表事件工作流。	1）增强学生对信息技术的应用能力和实践操作技能； 2）提高学生的逻辑思维和问题解决能力。

6.2.2　知识准备

1. 工作流介绍

（1）工作流　每项业务背后都有一套业务流程，它包含了一系列活动（可细分为任务），这些活动之间具有相互衔接的逻辑顺序或因果关系，流程最终会有一个产出给内部成员或外部客户，如产品研发流程、生成制造流程等。除了业务流程，还有为了控制风险的审批流程，如采购审批、请假审批等。

工作流为业务流程和审批流程提供了一个可自动执行的流程模型，通过分析拆解流程中的活动，在工作流中定义好任务、角色、规则并进行执行和监控，达到自动化流程的目的，最终实现重复性的任务由自动化代替，减少人工操作，从而提高效率。

一条自动化工作流程由 1 个触发器 + N 个动作节点组成。触发器也叫触发节点，是工作流的启动开关，满足了触发器的条件才能启动流程。动作节点是流程中自动执行的操作，流程中需要进行的数据操作、通知、审批等任务都需要对应的动作节点来完成。

（2）工作流的组成　一个工作流由触发器和若干个动作节点组成。触发器是流程启动的开关，通过多种类型的动作节点来完成各种任务，以此实现流程自动化。

一个简单的工作流模型：当有新的工单提交，会根据问题类型，自动指定不同的负责人跟进。触发的条件是：工单被创建或更新。然后自动执行动作 1，这一步主要进行逻辑分支，分为购买咨询和使用咨询两个分支。当更新记录时，自动执行动作 2，即在每个分支下执行相应的操作，如修改负责人字段。

（3）工作流的特点　工作流是一种新型的商业流程管理（BPM）工具，它和传统的 BPM 相比，有如下特点。

1）完全在互联网上运行，可以接通外部数据源。

2）创建和维护的过程更为友好，无须掌握过多 IT 知识就能够使用。

3）强调自动化的触发和执行。

工作流可以用来解决的信息化问题如下：

1）数据的自动化处理。当数据变更满足条件时，新增或修改其他表的数据。当设定的时间到达时，修改某些记录的数据。

2）业务流程的审批控制。例如，销售订单、项目变更等业务审批，请假、用人、物品领用等事物审批。

3）通知内部和外部人员查看或填写数据。以系统消息的方式通知内部成员数据的变更，进行查看或修改；将记录内容以邮件、短信的方式发送给外部用户查看或修改。

4）和外部系统的数据对接。将工作表的数据推送到外部系统；主动或被动地获取外部系统数据，写入或更新到工作表。

（4）触发方式

1）通过工作表触发。当工作表中创建了记录或更改记录数据、删除记录时即可触发流程。例如，"费用报销"表中有新的记录产生，就触发流程，通知领导进行审批操作。

2）定时触发。可以设定一个循环周期时间，每当时间到达一个周期时间，都可以执行一次计划动作。例如，每个工作日的晚上 6 点，给同事发送通知提醒"下班时间到了，别忘了写日报哦"。

3）按日期字段触发。选择工作表中的一个日期字段组成日期时间表，每当到表中的 1 个时间，就触发流程执行操作。例如，"员工档案"表中的员工生日（日期字段），每到某个员工的生日当天，就给这个员工发送祝福短信。

4）人员事件触发。当组织内有人加入或离职时触发流程。例如，单独做一个"员工管理"表，同步管理后台中的人员信息，当有人员离职时，自动触发流程，在"员工管理"表中将其标记为"已离职"。

5）WebHook 触发。工作表支持被动接收数据，其他系统有数据变更后，可以将变更的数据内容推送到平台服务器，服务器接收到推送消息后可以触发工作流，然后自动执行计划的操作（新增一行记录，发送一个通知消息等），从而打通和其他系统的数据对接，提高业务效率。

（5）工作表事件触发　工作表事件触发，即工作流会一直"监听"某个工作表，一旦这个表有数据变更，就自动执行设置好的一系列动作。

每一个自动化工作流都需要一个触发动作来启动，它是流程的第一个节点，即发起节点，也叫触发器或触发节点。通过工作表事件触发，需要配置 3 项内容：触发的表、触发方式和触发条件。

1）触发的表：选择一个工作表，触发器会"监听"此表的记录数据，一旦某个记录有数据变更，就能启动工作流。

2）触发方式：即工作表数据的变更方式，可以是新增记录、修改记录或者删除记录。

3）触发条件：仅筛选出符合条件的数据进入流程。

触发方式说明见表 6-2-1。

表 6-2-1　触发方式说明表

触发方式	说明
当新增或更新记录时	选择"选择触发字段"命令后，只有选择的字段被填写或修改时才会触发流程，这样可减少不必要的工作流执行，支持指定多个字段；如果不选择该命令，则表中数据有任何新增或更改都会触发工作流
仅新增记录时	当有新记录添加时，触发流程
仅更新记录时触发	仅已有记录的内容被修改时触发工作流，支持"选择触发字段"触发
删除记录时触发	删除一行记录后，触发流程

（6）定时触发　可以设定一个循环周期时间（如每周一早上 8:00），每到达一个时间周期就会自动触发流程。

场景举例：员工打卡用的是企业微信，在根云积木搭建的一个"员工考勤"应用中，每天早上 9:00 和晚上 21:00 从企业微信中同步打卡数据，周六、周日不需同步。可以配置一个定时触发的工作流，设计好相关的触发时间就能自动同步数据。每天 18:00 自动为每个员工生成一条工作日志记录，并发给员工填写。

定时触发相关参数说明见表 6-2-2。

表 6-2-2　定时触发相关参数说明表

参数	说明
开始执行时间	开始执行时间，即第一次开始执行的时间，以这个时间为基准开始第一次循环触发，默认当天 8:00
结束执行时间	如果流程不是永久循环执行下去，可以指定一个时间，到达指定时间后，流程就会自动关闭停用
循环类型	即循环的周期类型，可以是每小时、每天、每个工作日、每周、每月、每年或者自定义的周期时间 1）循环的日期是依据设置的开始执行时间的日期时间 2）工作日是周一至周五，同时不包含节假日，如果需要设置的是周一至周六，可以使用自定义周期

（7）WebHook 触发　工作表支持被动接收数据，其他系统有数据变更后，可以将变更的数据内容推送到服务器，服务器接收到推送消息后可以触发工作流，然后自动执行计划的操作（新增一行记录，发送一个通知消息等），从而打通根云积木和其他系统的数据对接，提高业务效率。

WebHook 触发方式的配置步骤为：①在工作表所在的应用下，创建工作流，选择 WebHook 触发；②配置触发方式，为每个应用生成一个专门的 URL，用来接收其他系统发来的请求，单击链接后面的按钮，复制此链接；③将上一步复制的 URL 粘贴到目标网页的数据推送设置中，保存设置；④返回根云积木，配置 WebHook 的触发参数列表。

2. 平台 API 介绍

（1）API 基础知识　API（Application Programming Interface，应用程序接口）是软件开发者将某个做好的功能开放给外部人员使用的一个窗口。外部人员无须访问源码或理解内部代码处理细节，只需要按 API 规定的格式传递一些参数，即可获取期望的数据或执行期望的操作。

API 接口的调用是通过一个 URL 地址传输的，URL 打开一次就是一次请求，刷新页面又算一次请求。请求 API 接口，实质上就是打开访问接口的 URL。因此，请求 URL 需要几个组成部分，见表 6-2-3。

表 6-2-3　请求 URL 组成部分说明

组成部分	说明
API 接口地址	即 API 接口服务公开给外部访问的地址
请求方式	常用的有 Get、Post 和其他方式，这取决于 API 接口服务，无须理解他们支持什么，只选择对应的方式即可
请求的参数	API 接口根据传递的参数处理对应的数据，例如，手机号就是一个参数
授权认证方式	在请求 API 时，不是谁请求都会处理，需要对用户的请求进行认证。常见的是 Token 认证和 Key（有时还会结合 Sign）。API 服务商会为用户提供这些信息

(续)

组成部分	说明
Header	请求过程中需要传递的表头信息是系统级的参数，包含存储认证信息 Token 的参数，一般情况下不需要配置，需要配置时，API 文档会特别说明
Body	存储传递的数据，它在请求方式为 Post 时才需要配置。常用来存储表单信息，有时授权认证的参数也可以存储在这里 例如，通过 API 接口将一个表单数据新增到第三方系统，表单的字段名称和字段值存放在 Body 中

总体来说，调用 API 接口时需要三步操作：①请求 API URL 地址；②传递参数；③授权身份认证。

（2）外部数据通过 WebHook 写入到工作表　工作流的 WebHook 功能，既可以被动接收其他系统传过来的数据，也能主动去获取其他系统的数据，然后将获取的数据写入到工作表中。

配置 WebHook：生成一个用来接收请求的 WebHook URL，用户只需将其他系统的数据发送到这个 URL 即可，单击复制链接，将 URL 配置到用户的系统中。

配置数据的请求参数列表有已发送请求范例、自定义参数列表两种方式。已发送请求范例：单击选择已发送请求范围后，请立即在您的系统中提交一个数据，并推送到 WebHook URL，工作流接收到数据后，就能自动生成参数列表。自定义参数列表，可以直接将对接系统中的字段按照表的 JSON 格式数据粘贴进来，自定义比较灵活，可以删除不需要的参数。

6.2.3　任务实施

30. 创建时间触发工作流

本任务主要建立四种工作表（设备信息表、人员表、报警同步表和维修工单表）和两种工作流（工作表事件工作流、时间触发工作流）。

1. 创建时间触发工作流

1）在本任务中，创建一个时间触发的工作流，利用 API 将根云平台数据调入根云积木的报警同步表中。如图 6-2-2 所示，返回到设备信息列表页面，单击"工作流"按钮。

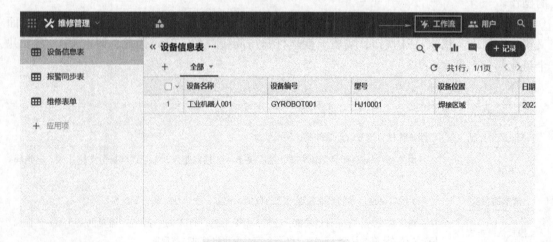

图 6-2-2　进入工作流页面

2）进入工作流页面，单击"时间"→"新建工作流"按钮，如图 6-2-3 所示。

图 6-2-3　新建工作流

3）弹出"如何开始你的流程"页面，选择"定时触发"，如图 6-2-4 所示。

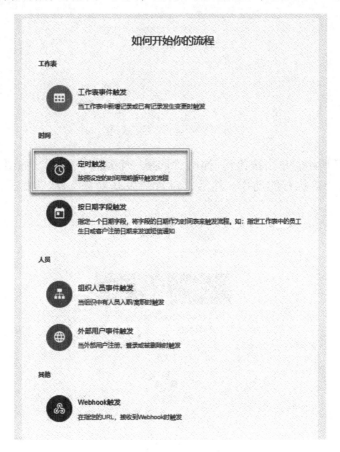

图 6-2-4　创建"定时触发"

4）进入工作流配置页面，如图 6-2-5 和图 6-2-6 所示。单击"设置触发方式"按钮，选择一个开始执行时间和结束执行时间，"循环"设置为"每天"。

图 6-2-5　设置定时触发规则

图 6-2-6　设置触发规则

5）如图 6-2-7 所示，单击按钮+。弹出"选择一个动作"页面，如图 6-2-8 所示，选择"发送 API 请求"为要执行的动作。然后，设置"发送对象"为"发送自定义请求"，如图 6-2-9 所示。

图 6-2-7　添加流程节点

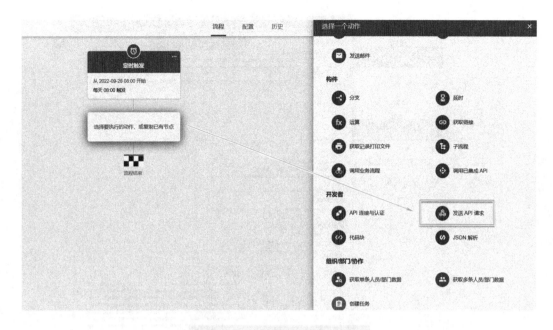

图 6-2-8 　选择"发送 API 请求"

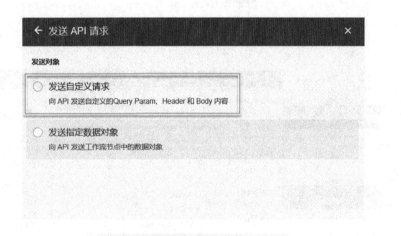

图 6-2-9 　选择"发送自定义请求"

6）如图 6-2-10 所示，单击"发送自定义请求"按钮，弹出"发送自定义请求"编辑页面，单击页面标题，修改名称为"获取 token"，在"API URL（必填）"下拉列表中选择"POST"，再在右侧文本框中输入 API 地址"https://openapi. rootcloud. com/account-manage/v2/auth/login"，设置"Body"为"raw JSON"，在下方文本框中输入 JSON 文件，然后单击"测试 API"按钮，会有"响应 Body"内容出现，最后单击"保存"按钮。

7）如图 6-2-11 所示，再添加一个"发送自定义请求"节点，单击"发送自定义请求"按钮，弹出编辑页面，单击页面标题栏修改名称为"解析 API"；在"API URL（必填）"下拉列表中选择"GET"，在右侧文本框中输入 API 地址"https://openapi. rootcloud. com/a-larm-event/v1/historian/alarms/query/all"；在"Headers"下方左侧文本框中处输入"Author-ization"，在下方右侧文本框中输入"Bearer"（注意："Bearer"后面有空格），再单击按钮，选择"获取 token"下的"［Body］access_token"，最后单击"保存"按钮。

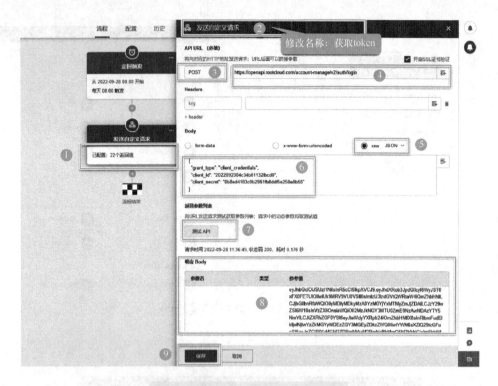

图 6-2-10　编辑"获取 token"节点

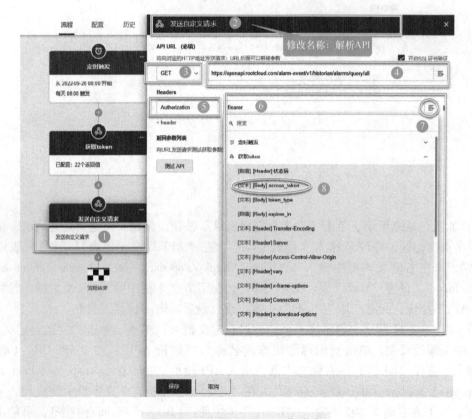

图 6-2-11　编辑"解析 API"节点

8）再返回上一个节点，复制"响应 Body"中的参考值，如图 6-2-12 所示。再到下一个节点，如图 6-2-13 所示，单击"测试 API"按钮。系统弹出"编辑 API 测试数据"对话框，

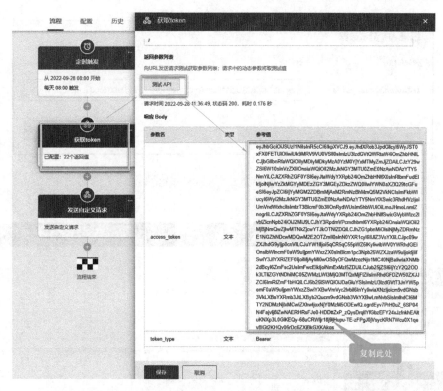

图 6-2-12　复制"响应 Body"中的参考值

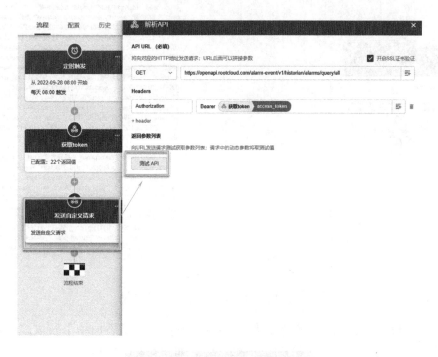

图 6-2-13　单击"测试 API"按钮

将"响应 Body"的参考值粘贴到"参数值"文本框中，如图 6-2-14 所示。测试成功则有"响应 Body"出现，如图 6-2-15 所示。

图 6-2-14 粘贴"响应 Body"中的参考值

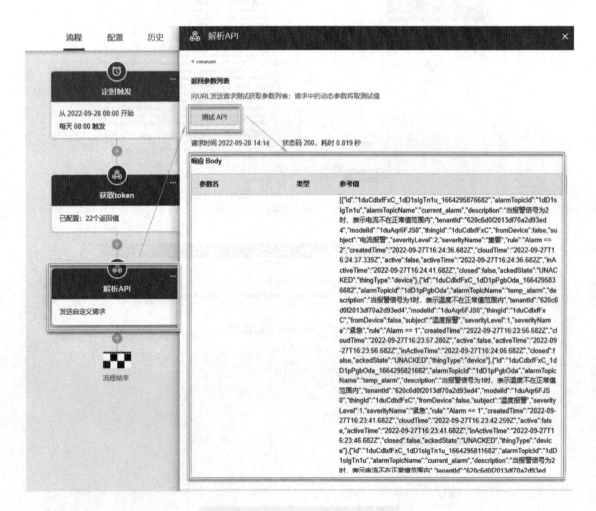

图 6-2-15 测试成功有"响应 Body"

9）解析 API 后，得到多个数组，如图 6-2-16 所示，需要添加一个获取多条数据的节点。"获取方式"选择为"从对象数组获取数据"，如图 6-2-17 所示。

10）如图 6-2-18 所示，设置新添加的节点，设置数据类型为"发送 API 请求数组"，请

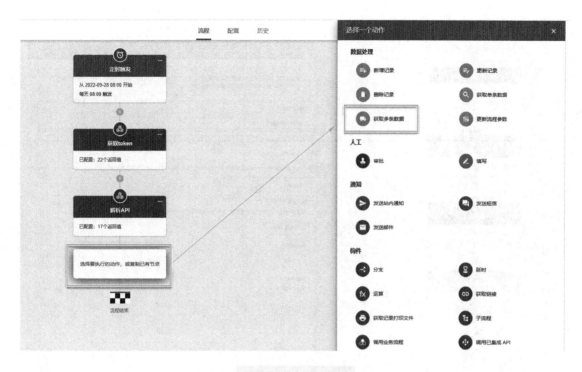

图 6-2-16　添加节点

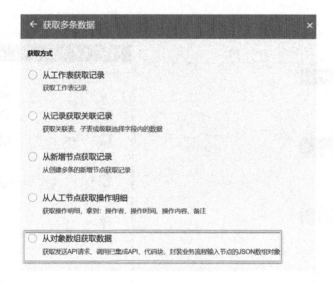

图 6-2-17　选择获取方式

求节点为"解析 API",数组为"payload",最后单击"保存"按钮。

11)添加第 6 个节点,如图 6-2-19 所示,选择"新增记录"。

12)设置第 6 个节点信息,如图 6-2-20 所示,单击"设置此节点"按钮,选择"报警同步表",选择"基于多条记录逐条新增记录",设置数据源为"从对象数组获取数据",新增记录需要一一对应报警同步表,单击按钮 ,选择"从对象数组获取数据",租户 id 对应tenantId。根据表 6-2-4 选择对应记录。最后,单击"保存"按钮。

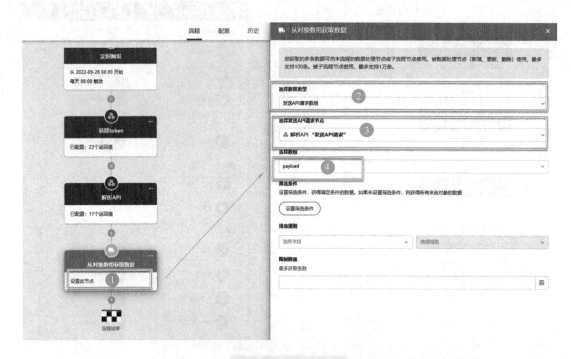

图 6-2-18　设置节点

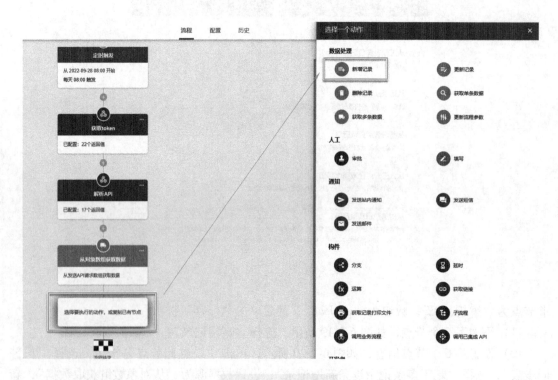

图 6-2-19　添加节点

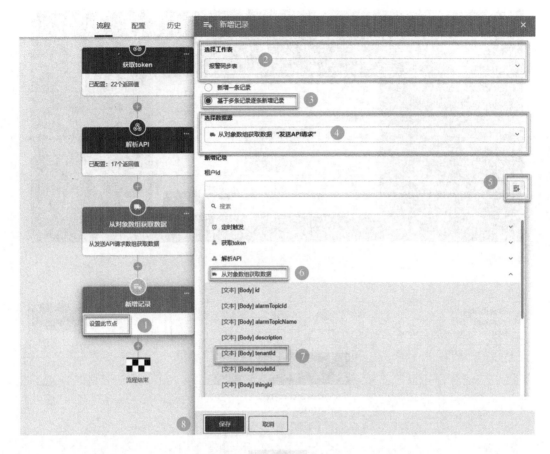

图 6-2-20

表 6-2-4　表单字段与对应的相应参数

新增记录	对应数组
租户 id	tenantid
物模型 id	modelid
物实例 id	thingid
报警 id	alarmTopicName
报警名称	subject
报警描述	description
报警等级	severityLevel
报警级别	severityName
开始时间	createdTime
结束时间	inActiveTime
拥有者	（选择任意成员）

13）如图 6-2-21 所示，单击"未命名工作流"，修改信息，本书示例名称为"报警信息同步"。修改完成后，发布工作流，如图 6-2-22 所示。

图 6-2-21　修改工作流名称

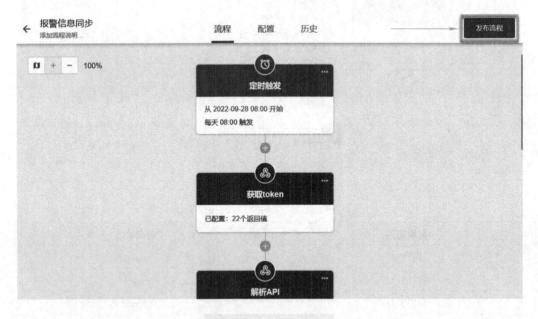

图 6-2-22　发布工作流

2. 创建工作表事件工作流

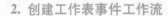

31. 创建工作表
事件工作流

1）创建时间触发工作流的目的是将根云平台报警信息定期传入根云积木中的报警信息同步表中，本任务需要通过工作表事件去触发工作流，当报警信息同步表有新的字段更新时，触发维修工单表。如图 6-2-23 所示，单击"工作流"→"工作表事件"→"新建工作流"按钮。

2）如图 6-2-24 所示，单击"设置触发方式"按钮，设置节点触发方式，单击页面标题修改名称为"报警触发"，设置工作表为"报警同步表"，触发方式为"开始时间"。最后，单击"保存"按钮。

3）添加第 2 个节点，如图 6-2-25 所示，选择"获取多条数据"，获取方式选择"从工作表中获取记录"。

图 6-2-23 新建工作流

图 6-2-24 修改触发方式

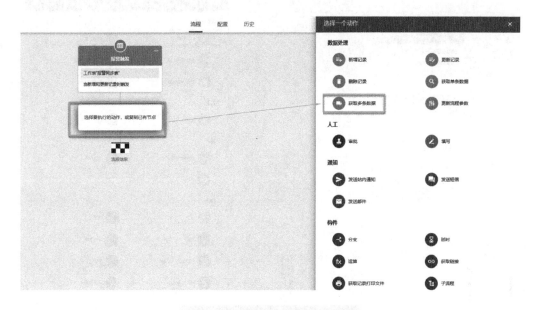

图 6-2-25 选择"获取多条数据"

4）如图 6-2-26 所示，设置节点信息，设置工作表为"报警同步表"，筛选条件为"物模型 id"（或者为"物实例 id"），最后，单击"保存"按钮。

图 6-2-26　设置节点信息

5）添加第 3 个节点，将指定的物实例或物模型的报警信息输出到维修工单表中，如图 6-2-27 所示，选择"新增记录"。

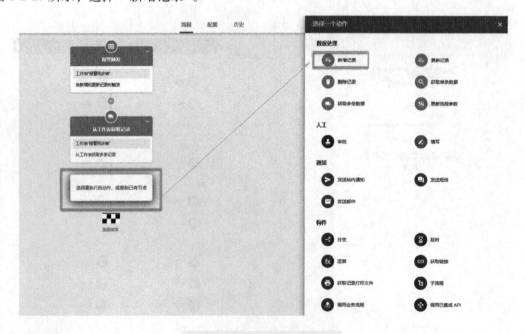

图 6-2-27　选择"新增记录"

6）如图 6-2-28 所示，逐一编辑第 3 个节点信息。最后，单击"保存"按钮。

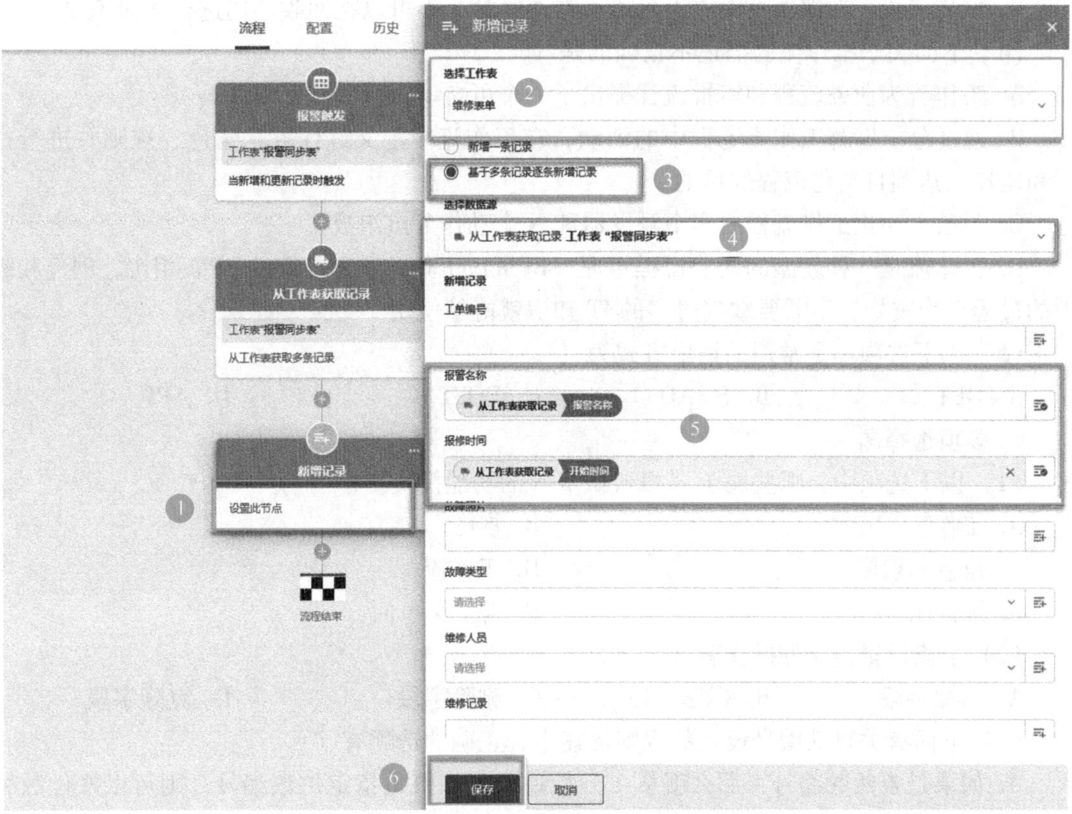

图 6-2-28　编辑节点信息

项目训练

1. 单项选择题

（1）下面选项中不是"根云积木"的功能模块的是（　　）。

A. 工作表　　　　　　B. 视图　　　　　　C. 角色和权限　　　　　　D. 触发器

（2）以下关于"根云积木"的功能模块的描述错误的是（　　）。

A. 视图是业务数据的不同场景的展示页面，可以根据业务场景和操作人员展示出不同的数据

B. 角色和权限是指控制成员对业务数据增加、删除、更改、查询的操作权限

C. 工作流可以实现业务数据的自动化处理和自动流转

D. 统计图表只能用于统计单一维度的数据，帮助用户进行分析和决策

（3）以下关于字段设置的描述不正确的是（　　）。

A. 添加字段：在左侧控件区的控件即为字段，选择合适的控件并拖拽到中间编辑区即可

B. 标题字段：通常选择具有明显的、唯一标识性的字段作为标题字段

C. 删除：字段删除后，如果字段默认值、视图筛选、工作流中用到了此字段，则会显

示为"此字段已删除"字样

D. 恢复字段：在编辑页面右上角可查看回收站，不可以在回收站内进行字段恢复

（4）下面关于工作流的描述不正确的是（　　　）。

A. 工作流为业务流程和审批流程提供了一个可自动执行的流程模型

B. 通过分析拆解工作流流程中的活动，在工作流中定义好任务、角色、规则并进行执行和监控，达到自动化流程的目的

C. 一条自动化工作流程由多个触发器和 N 个动作节点组成

D. 工作流是一种新型的商业流程管理（BPM）工具，它和传统的 BPM 相比，创建和维护的过程更为友好，不需要掌握过多的 IT 知识就能够使用

（5）以下选项不是常用的请求方式为（　　　）。

A. GET　　　　　　　　B. HEAD　　　　　　　C. POST　　　　　　　　D. API

2. **多项选择题**

（1）以下选项中，哪些属于"根云积木"的功能模块。（　　　）

A. 工作表　　　　　　　　　　　　　B. 视图

C. 角色和权限　　　　　　　　　　　D. 工作流

E. 统计图表　　　　　　　　　　　　F. 自定义页面

（2）字段设置包含的操作有（　　　）。

A. 添加字段　　　　B. 标题字段　　　　C. 删除字段　　　　　　　D. 克隆字段

（3）下面有关自动编号设置的规则描述中，正确的选项有（　　　）。

A. 如果是自然数编号，那么就从 1 开始递增，如果是指定位数编号，则可以按位数补充不足的 0

B. 设置了重置周期以后，当达到重置时间时不会从初始值重新开始计数

C. 记录的创建时间可以选择多种格式，也可以自定义格式

D. 固定字符主要有两种用途，一种是用作连接符，例如，创建日期和编号之间，用"-"符号连接起来；另外一种用于标识不同的业务

（4）下列选项中属于工作流的特点的有（　　　）。

A. 完全在互联网上运行，可以接通外部数据源

B. 创建和维护的过程更为友好，不需要掌握过多的 IT 知识就能够使用

C. 强调自动化的触发和执行

D. 系统中的流程可以快速改变

（5）工作流可以用来解决的信息化问题包括（　　　）。

A. 数据的自动化处理：当数据变更满足条件时，新增或修改其他表的数据。当设定的时间到达时，修改某些记录的数据

B. 业务流程的审批控制：销售订单、项目变更等业务审批；请假、用人、物品领用等事物审批

C. 通知内部和外部人员查看或填写数据：以系统消息的方式通知内部成员数据的变更，进行查看或修改；将记录内容以邮件、短信的方式发送给外部用户查看或修改

D. 和外部系统的数据对接：将工作表的数据推送到外部系统；主动或被动地获取外部系统数据，写入或更新到工作表

3. 判断题

（1）工作表用于收集和存储业务数据。想录入任何数据，都需要建立对应的工作表，如员工表、客户表、订单表、库存表等。（　　）

（2）自动编号控件，可以为每一条记录自动生成多个自定义格式的流水号。（　　）

（3）一条自动化工作流程由多个触发器和 N 个动作节点组成。（　　）

（4）API 是将某个做好的功能开放给外部人员使用的一个窗口。外部人员无须拥有访问源代码或理解内部代码的处理细节，只需要按 API 规定的格式传递一些参数，即可获取期望的数据或操作。（　　）

（5）通过工作表事件触发，即工作流会一直"监听"某个工作表，一旦这个表有数据变更，就自动执行设置好的一系列动作。（　　）

项目拓展

从发达国家的实践经验看，繁荣的工业软件和工业领域的 App 生态体系是通过将工业技术知识与最佳工程实践转化为工业应用软件的过程实现的。

美欧等国际领军企业围绕"智能机器+云平台+App"功能架构，整合"平台提供商+应用开发者+海量用户"等生态资源，抢占工业数据入口主导权，培育海量开发者，提升用户黏性，不断建立、巩固和强化以平台为载体、以数据为驱动的工业智能化新优势，抢占新工业革命的制高点。

例如，美国 GE 公司围绕构建航空发动机、大型医疗设备等高端装备产品的全生命周期管理服务体系，面向全球用户提供应用开发环境以及各类应用和服务，构建以开发者平台和 App 为核心的产业生态体系，提供涵盖医疗、发动机、核电、石油化工等设备资产管理等领域超过 150 种 App。日本东京风电公司基于这些应用提高 2%发电量。

以西门子、博世、ABB 等为代表的大型制造业企业和 App 解决方案提供商依据工业4.0 的体系标准，结合实际应用需求，研发、推广各类工业 App，加快实现工业 4.0 体系建设。例如，西门子以 MindSphere 为契机，封装工业领域 App，切入工业数字化服务领域。通过 MindSphere 实现一体化工厂管理理念，涵盖工厂生命周期各环节，提供一体化数据模型解决方案。在 2017 年 4 月 24 日举办的汉诺威工业博览会上，西门子展示了自身及其合作伙伴开发的约 50 种工业 App，包括预测维护、流程优化、零部件监控等工业领域的各种应用。

PTC 提出"平台+Apps+生态"布局，ThingWorx 平台包含针对制造企业研发、制造、服务各领域的标准 App 套件，如针对研发领域的 Navigate，针对制造领域的 Manufacturing Apps、Operator Advisor，以及针对服务领域的 Asset Advisor 等。提供按行业划分的 App，有基于离散型制造业，如数字化工厂套件；有基于流程行业，如某些饮料提供商或者资料提供商的生产线或设备监控等。同时，在 ThingWorx App 市场中有超过 600 个 App 覆盖了不同行业和功能领域，帮助客户快速开发与部署工业互联网解决方案。

项目小结

工业 App 可以帮助企业快速搭建个性化业务应用，不需要代码开发就可以打通企业内部数据，可以通过 API 和 Webhook 与其他系统对接，实现业务自动化。通过工业 App 可以提高工业现场的信息交换效率，帮助工业现场人员获取工业生产信息，帮助企业提高生产效率。同时，工业 App 也可以帮助企业降低实施成本。关于设备维修不及时的问题，本项目创建的工业 App 可以及时将报警信息同步到维修工单里，做到及时响应报警。

在本项目中，首先添加应用并创建 3 个工作表，分别为设备信息表、报警同步表和维修表单；然后创建一个时间触发的工作流，用于定期将根云平台的报警信息传入到"根云积木"的报警同步表；再创建一个工作表事件触发的工作流，用于将报警同步表新增的报警信息添加到维修工单中。

附　录

附录 A　概念术语

1. Iaas（Infrastructure-as-a-Service）：意思是基础设施即服务，谁拥有了 Iaas 就可以将引荐外包到别的地方去。全球比较著名的 IaaS 公司有亚马逊、IBM、Bluelock、CSC、GoGrid 等。IaaS 公司提供场外服务器、存储和网络硬件等服务，用户也可以选择租用。这样能为用户或企业节省维护成本和办公场地，方便公司随时通过这些硬件资源运行应用。云计算有 3 个分层，分别是 Infrastructure as a Service（IaaS）、Platform as a Service（PaaS）、Software as a Service（SaaS）。其中，基础设施在最末端，平台处在中间，软件则处在最顶层。Iaas、PaaS 和 SaaS 就是云服务提供的三种层次，最基础的是 Iaas，中间的为 PaaS，最后直观呈现出来的是 SaaS。

2. Paas（Platform-as-a-Service）：意思是平台即服务。把服务器平台作为一种服务提供的商业模式。通过网络进行程序提供的服务称之为 SaaS（Software as a Service），而云计算时代相应的服务器平台或者开发环境作为服务进行提供就成为了 PaaS（Platform as a Service）。

3. SaaS（Software-as-a-Service）：意思是软件即服务。SaaS 是随着互联网技术的发展和应用软件的成熟，在 21 世纪开始兴起的一种完全创新的软件应用模式。在传统模式下，厂商通过 License 将软件产品部署到企业内部多个客户终端实现交付。SaaS 定义了一种新的交付方式，也使软件进一步回归服务本质。企业部署信息化软件的本质是为了自身的运营管理服务，软件的表象是一种业务流程的信息化，本质还是第一种服务模式，SaaS 改变了传统软件服务的提供方式，减少本地部署所需的大量前期投入，进一步突出信息化软件的服务属性，或成为未来信息化软件市场的主流交付模式。

4. SDK（Software Development Kit）：意思是软件开发工具包。SDK 是一些被软件工程师用于为特定的软件包、软件框架、硬件平台、操作系统等创建应用软件的开发工具的集合。一般而言，SDK 即开发 Windows 平台下的应用程序。它通过编译器、调试器、软件框架等来促进应用程序的创建。它可以简单地为某个程序设计语言提供应用程序接口（API）的一些文件，但也可能包括能与某种嵌入式系统通信的复杂的硬件。一般的工具包括用于调试和其他用途的实用工具。SDK 还经常包括示例代码、支持性的技术注解或者其他为基本参考资料澄清疑点的支持文档。

5. API（Application Programming Interface）：意思是应用程序接口，又称为应用编程接口，是软件系统不同组成部分衔接的约定。由于近年来软件的规模变得日益庞大，常常需要把复杂的系统划分成小的组成部分，编程接口的设计十分重要。程序设计的实践中，编程接口的设计首先要使软件系统的职责得到合理划分。良好的接口设计可以降低系统各部分的相互依赖，提高组成单元的内聚性，降低组成单元间的耦合程度，从而提高系统的维护性和扩展性。

6. IoT（Internet of Things）：意思是物联网，是指通过各种信息传感器、射频识别技术、全球定位系统、红外感应器、激光扫描器等各种装置与技术，实时采集任何需要监控、连接、互动的物体或过程，采集其声、光、热、电、力学、化学、生物、位置等各种需要的信息，通过各类可能的网络接入，实现物与物、物与人的泛在连接，实现对物品和过程的智能化感知、识别和管理。物联网是一个基于互联网、传统电信网等的信息承载体，它让所有能够被独立寻址的普通物理对象形成互联互通的网络。

7. 5S 管理：5S 现场管理法是现代企业管理模式，5S 即整理（Seiri）、整顿（Seiton）、清扫（Seiso）、清洁（Seiketsu）、素养（Shitsuke），又被称为"五常法则"。

8. OT（Operation Technology）：即操作技术，是工厂内的自动化控制系统操作专员为自动化控制系统提供支持，确保生产正常进行的专业技术。

9. IT 数据：在计算机科学中，IT 数据是指所有能输入到计算机及网络并被计算机程序处理的符号的总称，是用于输入计算机及网络进行处理加工的，具有一定意义的数字、图像和模拟量等的统称。在计算机系统中，数据以二进制信息单元 0、1 的形式表示。

10. OTA（Over the Air Technology）：即空间下载技术，是通过移动通信（GSM 或 CDMA）的空中接口对 SIM 卡数据及应用进行远程管理的技术。空中接口可以采用 WAP、GPRS、CDMA1X 及短消息技术。OTA 技术的应用使移动通信不仅可以提供语音和数据服务，还能提供新业务下载。简而言之，OTA 就是推送更新数据包，当手机处于联网状态时，就会收到更新提示。OTA 升级是目前智能手机操作系统 iOS、Android 等提供的标准软件升级方式。它功能强大，可以无损失升级系统，主要通过网络（例如 WiFi、5G）自动下载 OTA 升级包、自动升级，但是也支持通过下载 OTA 升级包到 SD 卡升级。

11. MES（Manufacturing Execution System）：MES 系统是一套面向制造企业车间执行层的生产信息化管理系统。MES 可以为企业提供包括制造数据管理、计划排程管理、生产调度管理、库存管理、质量管理、人力资源管理、工作中心/设备管理、工具工装管理、采购管理、成本管理、项目看板管理、生产过程控制、底层数据集成分析、上层数据集成分解等管理模块，为企业打造一个扎实、可靠、全面、可行的制造协同管理平台。

12. MOM（Manufacturing Operation Management）：指通过协调管理企业的人员、设备、物料和能源等资源，把原材料或零件转化为产品的活动。它包含管理由物理设备、人和信息系统来执行的行为，并涵盖了管理有关调度、产能、产品定义、历史信息、生产装置信息以及与资源状况相关的信息的活动。

13. Apache Flink：Apache Flink 是由 Apache 软件基金会开发的开源流处理框架，其核心是用 Java 和 Scala 编写的分布式流数据流引擎。Flink 以数据并行和流水线的方式执行任意流数据程序，Flink 的流水线运行时，系统可以执行批处理和流处理程序。此外，Flink 运行时也支持迭代算法的执行。

14. SQL（Structured Query Language）：意思是结构化查询语言，是一种用于特殊目的的编程语言，也是一种数据库查询和程序设计语言，用于存取数据、查询、更新和管理关系数据库系统。结构化查询语言是高级的非过程化编程语言，允许用户在高层数据结构上工作。它不要求用户指定对数据的存放方法，也不需要用户了解具体的数据存放方式，具有完全不同底层结构的数据库系统，可以使用相同的结构化查询语言作为数据输入与管理的接口。结构化查询语言的语句可以嵌套，这使它具有极大的灵活性和强大的功能。

15. MySQL：MySQL 是一种关系型数据库管理系统，关系数据库将数据保存在不同的表中，而不是将所有数据放在一个大仓库内，这样就提高了访问速度和灵活性。MySQL 是最流行的关系型数据库管理系统之一，在 Web 应用方面，MySQL 是最好的 RDBMS（Relational Database Management System，关系数据库管理系统）应用软件之一。

16. Kafka：Kafka 是由 Apache 软件基金会开发的一个开源流处理平台，由 Scala 和 Java 编写。Kafka 是一种高吞吐量的分布式发布订阅消息系统，它可以处理消费者在网站中的所有动作流数据。这些动作（网页浏览、搜索和其他用户的行动）是现代网络上的许多社会功能的关键因素。这些数据通常是由于吞吐量的要求而通过处理日志和日志聚合来解决的。对于像 Hadoop 一样的日志数据和离线分析系统，但又要求实时处理，这是一个可行的解决方案。Kafka 的目的是通过 Hadoop 的并行加载机制来统一线上和离线的消息处理，也是为了通过集群来提供实时的消息。

17. PostgreSQL：PostgreSQL 是一种特性非常齐全的自由软件的对象-关系型数据库管理系统（ORDBMS），是以加州大学计算机系开发的 Postgres 4.2 版本为基础的对象关系型数据库管理系统。Postgres 的许多领先概念只是在比较晚的时候才出现在商业网站数据库中。PostgreSQL 支持大部分的 SQL 标准并且提供了很多其他现代特性，如复杂查询、外键、触发器、视图、事务完整性、多版本并发控制等。同样，PostgreSQL 也可以用许多方法扩展，例如，通过增加新的数据类型、函数、操作符、聚集函数、索引方法、过程语言等进行扩展。另外，因为许可证的灵活，任何人都可以以任何目的免费使用、修改和分发 PostgreSQL。

18. Oracle：Oracle Database 又称为 Oracle RDBMS，或简称 Oracle，是甲骨文公司的一款关系数据库管理系统，是在数据库领域一直处于领先地位的产品。可以说，Oracle 数据库系统是世界上流行的关系数据库管理系统，系统可移植性好、使用方便、功能强，适用于各类大、中、小计算机环境。它是一种高效率、可靠性好、适应高吞吐量的数据库方案。

19. POC 验证：概念验证（Proof of concept，POC），是对某些想法的一个较短而不完整的实现，以证明其可行性，示范其原理，其目的是为了验证一些概念或理论。概念验证通常被认为是一个具有里程碑意义的实现的原型。

20. GDP：国内生产总值（Gross Domestic Product，GDP），是按市场价格计算的一个国家（或地区）所有常住单位在一定时期内生产活动的最终成果。GDP 是国民经济核算的核心指标，也是衡量一个国家或地区经济状况和发展水平的重要指标。国内生产总值有三种表现形态，即价值形态、收入形态和产品形态。

21. KPI：关键绩效指标（Key Performance Indicator，KPI）是通过对组织内部流程的输入端、输出端的关键参数进行设置、取样、计算、分析，衡量流程绩效的一种目标式量化管理指标，是把企业的战略目标分解为可操作的工作目标的工具，是企业绩效管理的基础。KPI 可以是部门主管明确部门的主要责任并以此为基础，明确部门人员的业绩衡量指标。建立明确的、切实可行的 KPI 体系，是做好绩效管理的关键。关键绩效指标是用于衡量工作人员工作绩效表现的量化指标，是绩效计划的重要组成部分。

22. PLC：可编程逻辑控制器（Programmable Logic Controller，PLC）是一种专门为在工业环境下应用而设计的数字运算操作电子系统。它采用一种可编程的存储器，在其内部存储执行逻辑运算、顺序控制、定时、计数和算术运算等操作的指令，通过数字式或模拟式的输入、输出来控制各种类型的机械设备或生产过程。

23. Modbus：Modbus 是一种串行通信协议，是 Modicon 公司（现在的施耐德电气有限公司，Schneider Electric）于 1979 年为使用可编程逻辑控制器（PLC）通信而发布的。Modbus 已经成为工业领域通信协议的业界标准，并且现在是工业电子设备之间常用的连接方式。

24. Profibus：Profibus 是一个用于自动化控制的现场总线标准，在 1987 年由德国西门子等 14 家公司及 5 个研究机构所推动。Profibus 是程序总线网络（Process Field Bus）的简称。Profibus 和用在工业以太网的 Profinet 是 2 种不同的通信协议。

25. OPC UA：OPC UA（开放平台通信统一体系结构）是一种独立于平台的标准，通过该标准，各种类型的系统和设备可以通过在客户端和服务器之间发送请求和响应消息进行通信，或者可以通过与 MQTT 类似的订阅发布模型进行通信。OPC UA 是设备间的通信，工业场景使用较多，目的是让不同的工业设备拥有同一种语言，方便设备通信。

26. BACnet：BACnet 是用于智能建筑的通信协议，是国际标准化组织（ISO）、美国国家标准协会（ANSI）及美国采暖、制冷与空调工程师学会（ASHRAE）定义的通信协议。BACnet 针对智能建筑及控制系统所设计的通信，可用在暖通空调系统（HVAC，包括暖气、通风、空气调节），也可以用在照明控制、门禁系统、火警侦测系统。其优点在于能降低维护系统所需成本，并且安装比一般工业通信协议更为简易。它提供有 5 种业界常用的标准协议，可防止设备供应商及系统业者的垄断，基于此，未来系统的扩展性与兼容性也大为增加。

27. MQTT：MQTT（消息队列遥测传输）是 ISO 标准下基于发布/订阅范式的消息协议。它工作在 TCP/IP 协议族上，是为硬件性能低下的远程设备以及网络状况糟糕的应用环境而设计的发布/订阅型消息协议，为此，它需要一个消息中间件。MQTT 是一个基于客户端-服务器的消息发布/订阅传输协议。MQTT 协议是轻量、简单、开放和易于实现的，这些特点使它的适用范围非常广泛。MQTT 在通过卫星链路通信传感器、偶尔拨号的医疗设备、智能家居及一些小型化设备中已广泛使用。

28. COAP：COAP 是一种物联网协议。COAP 为 Constrained Application Protocol 的缩写。COAP 是一种低开销的简单协议，专门针对受限设备（如微控制器）和受限网络而设计。

29. Hive：Hive 是基于 Hadoop 的一个数据仓库工具，用来进行数据提取、转化、加载，这是一种可以存储、查询和分析存储在 Hadoop 中的大规模数据的机制。Hive 数据仓库工具能将结构化的数据文件映射为一张数据库表，并提供 SQL 查询功能，能将 SQL 语句转变成 MapReduce 任务来执行。

30. SparkSQL：SQL 是 Spark 用来处理结构化数据的一个模块，它提供了一个编程抽象，其称为 DataFrame，并且可以作为分布式 SQL 查询引擎，实际上它也是一个 API。SparkSQL 中提供的接口会提供给 Spark 更多关于结构化数据和计算的信息。

31. Spark：Spark 是专为大规模数据处理而设计的快速通用的计算引擎。Spark 是美国加州大学伯克利分校的 AMP 实验室所开发的类 Hadoop MapReduce 的通用并行框架。Spark 拥有 Hadoop MapReduce 所具有的优点，但不同于 MapReduce 的是：Job 中间输出结果可以保存在内存中，不再需要读写 HDFS，因此 Spark 能更好地适用于数据挖掘与机器学习等需要迭代的 MapReduce 算法。

32. Shell：在计算机科学中，Shell 俗称壳（用来区别于核），是指"为使用者提供操作界面"的软件（命令解析器）。它类似于 DOS 系统下的 COMMAND. COM 和后来的 cmd. exe。

它接收用户命令，然后调用相应的应用程序。

33. APaaS：APaaS（Application Platform as a Service）即应用程序平台即服务。APaaS 是一类基于云的软件，它为用户提供了一个开发、部署和管理应用程序的平台，而无须构建和维护通常与开发和启动应用程序相关的基础设施的复杂性。它为用户提供了开发新应用的硬件、操作系统、存储或网络能力。

34. Webhook：网页开发中的网络钩子（Webhook）是一种通过自定义回调函数来增加或更改网页表现的方法。这些回调函数可被可能与原始网站或应用相关的第三方用户及开发者保存、修改与管理。

35. BPM：即业务流程管理，是一种以规范化的构造和端到端的卓越业务流程为中心，以持续地提高组织业务绩效为目的的系统化方法，常见的商业管理教育如 EMBA、MBA 等均将 BPM 包含在内。通常，BPM 也指针对流程管理的信息化系统，其特点是注重以流程驱动为核心，实现端到端全流程信息化管理。

36. URL：统一资源定位系统（Uniform Resource Locator，URL）是因特网的万维网服务程序上用于指定信息位置的表示方法。

附录 B 平台内置函数一览表

函数表达式	说明	举例
$ udf( )	实例化用户在 IOTHUB-API 服务上注册的自定义函数（UDF）所在的容器类	$ udf("some. test. Class"). invoke($ input) 返回：将当前工况输入作为参数调用用户自定义 some. test. Class 的 invoke 方法执行的结果
$ sum( )	累加不特定多数个浮点数，得到一个浮点数（整形会自动转换为浮点数）	$ sum(1, 1.5, 2) 返回：4.5

$ location( )	将经纬度转换为省市区信息（根据给定坐标系）	$ location （114. 000863, 22. 598430）
		返回：{
		　"country"："中国",
		　"city"："深圳市",
		　"latitude"：22. 598430,
		　"district"："南山区",
		　"districtCode"：440305,
		　"locationSource"："GPS",
		　"state"："广东省",
		　"longitude"：114. 000863
		}

$ gprmcLocation( )	将 GPRMC 格式的地理信息字符串转换为省市区信息（根据给定坐标系）	$ gprmcLocation （'$ GPRMC, 092927. 000, A, 2235. 9058, N, 11400. 0518, E, 0. 000, 74. 11, 151216,,, D * 49'）
		返回：{
		　"country"："中国",
		　"city"："深圳市",
		　"latitude"：22. 598430,
		　"district"："南山区",
		　"districtCode"：440305,
		　"locationSource"："GPS",
		　"state"："广东省",
		　"longitude"：114. 000863
		}

$ position( )	将连接变量__raw_loc__的地理信息 JSON 转换为省市区信息（根据给定坐标系）	$ position(__raw_loc__)
		返回：{
		　"country"："中国",
		　"city"："深圳市",
		　"latitude"：22. 598430,
		　"district"："南山区",
		　"districtCode"：440305,
		　"locationSource"："GPS",
		　"state"："广东省",
		　"longitude"：114. 000863
		}

$ online( )	根据给定布尔值，计算设备在线状态	$ online （true）
		返回：{
		　"connected"："true"
		}

（续）

函数表达式	说明	举例

$ connect( )	参考当前计算上下文，计算设备在线状态、若工况中包含参数中的属性，认为设备在线	$ connect("__online__")
		返回：当前设备为直连设备且工况中包含__online__的连接变量
		{
		　"connected"："true"
		　"directlyLinked"："true"
		}

$ recent( )	返回目标属性的当前有效值，参数为目标属性名。如果目标属性当前工况有值上报，则取上报值，反之则取目标属性上一个非空值。如果目标属性从未被赋值，则返回null。不支持复合物子节点属性，例如，$ recent("node. property")。	$ recent("speed") 返回：speed 属性的当前有效值
$ recentWithDefault( )	返回目标属性的当前有效值，参数为目标属性名。如果目标属性当前工况有值上报，则取上报值，反之则取目标属性上一个非空值。如果目标属性从未被赋值，则返回默认值 DefaultValue。不支持复合物子节点属性，例如，$ recentWithDefault("DefaultValue"，"node. property")。	$ recentWithDefault （60,"model. speed") 返回：model 属性下的 speed 字段的当前有效值
$ lastStateWithDefault( )	返回目标属性的上一个有效值，参数为目标属性名。无论目标属性当前工况是否有值，都取目标属性上一个非空值。如果目标属性从未被赋值，则返回默认值 DefaultValue。不支持复合物子节点属性，例如，$ lastStateWithDefault （ "DefaultValue"，"node. property")	$ lastStateWithDefault （60,"model. speed") 返回：model 属性下的 speed 字段的上一次上数的有效值
$ lastState( )	返回目标属性的上一个有效值，参数为目标属性名 　无论目标属性当前工况是否有值，都取目标属性上一个非空值。如果目标属性从未被赋值，则返回 null。不支持复合物子节点属性，例如，$ lastState("node. property")。	$ lastState("speed") 返回：speed 属性的上一次上数的有效值
$ timestamp( )	获取设备本次上数的时间，返回值为以长整型表示的时间戳	$ timestamp( ) 返回：设备本次上数的时间，例如 1599475541447，表示 2020-09-07T10：45：41. 447Z
$ createTime( )	获取设备本次上数的生成时间，返回值为以长整型表示的时间戳	$ createTime( ) 返回：设备本次上数的生成时间，例如 1599475541447，表示 2020-09-07T10：45：41. 447Z

（续）

函数表达式	说明	举例
$ cloudTime( )	获取设备本次上数的上云时间，返回值为以长整型表示的时间戳	$ cloudTime( ) 返回：设备本次上数的上云时间，例如 1599475541447，表示 2020-09-07T10：45：41.447Z
$ printf( )	根据给定格式，用于在表达式试运行中调试打印属性值，实时计算时忽略	$ printf("属性 a 的值为：%s", a) 返回：按照上述格式包含 a 取值的字符串表示在调试控制台上
$ print( )	用于在表达式试运行中调试打印属性值，实时计算时忽略	$ print(a) 返回：a 取值的字符串表示在调试控制台上
$ lastStamp( )	获取设备上一次上数的时间，返回值为以长整型表示的时间戳	$ lastStamp( ) 返回：设备上一次上数的时间，例如 1599475541447，表示 2020-09-07T10：45：41.447Z
$ max( )	计算同类型可比较的不定参中最大的一个，对象类型可以是数值型或字符串	$ max(1, 1.5, 2) 返回：2
$ min( )	计算同类型可比较的不定参中最小的一个，对象类型可以是数值型或字符串	$ min(1, 1.5, 2) 返回：1
$ child( )	返回复合物多设备节点属性聚合值，仅适用于复合物模型多设备节点	$ child("max", "node", "speed") 返回：当前复合物 node 节点下所有实例中 speed 的最大值

$ pointInCircle( )	根据上下文中的设备地理位置（经纬度坐标），判断设备是否在给定的圆形区域内	$ pointInCircle(16.412924, 39.947918, 100)
		返回：true（给定设备的经纬度坐标为［16.412007, 39.947545]）
		$ pointInCircle (16.412924, 39.947918, 50)
		返回：false（给定设备的经纬度坐标为［16.412007, 39.947545]）

$ pointInPolygon( )	根据上下文中的设备地理位置（经纬度坐标），判断设备是否在给定的多边形区域内	$ pointInPolygon (16.312924, 39.987918, 16.422007, 39.987918, 16.422007, 39.927545, 16.312924, 39.927545)
		返回：true（给定设备的经纬度坐标为［16.412007, 39.947545]）
		$ pointInCircle (16.412924, 39.987918, 16.422007, 39.987918, 16.422007, 39.927545, 16.412924, 39.927545)
		返回：false（给定设备的经纬度坐标为［16.412007, 39.947545]）

$ utcToTime( )	将 UTC（universal time coordinated）时间戳 timestamp（距离 1970-01-01 00：00：00 的毫秒数）转换成" yyyy-MM-dd HH：mm：ss" 的形式。时区为指定时区（timezone）的字符串，若时区未输入，默认根据系统时区进行转换	$ utcToTime(1603266321838L)
		返回：系统默认 0 时区时："2020-10-21 07：45：21"
		$ utcToTime （1603266321838L, "Asia/Shanghai"）
		返回：系统默认 0 时区时："2020-10-21 15：45：21"

函数表达式	说明	举例

$ dateFromTsString( )	"已过时"将给定的时间字符串按照给定的格式转换为日期结构的JSON，已过时，应改用'$ dateFrom-TimestampString'。	$ dateFromTsString（"2021-05-07 09：48：39"，"yyyy-MM-dd HH：mm：ss"）
		返回：{
		　"dayOfWeek"：5，
		　"hour"：9，
		　"month"：5，
		　"dayOfMonth"：7，
		　"year"：2021，
		　"second"：39，
		　"minute"：48
		}

$ dateFromTimestamp-String( )	将给定的时间字符串按照给定的格式转换为日期结构的 JSON	$ dateFromTimestampString（"2021-05-07 09：48：39"，"yyyy-MM-dd HH：mm：ss"）
		返回：{
		　"dayOfWeek"：5，
		　"hour"：9，
		　"month"：5，
		　"dayOfMonth"：7，
		　"year"：2021，
		　"second"：39，
		　"minute"：48
		}

$ dateFromTs( )	"已过时"将 UTC 时间戳转换为日期结构的 JSON。若时区未输入，默认根据系统时区进行转换。已过时，应改用'$ dateFromTimestamp'	$ dateFromTs(1620352119000L)
		返回：系统默认 0 时区时，{
		　"dayOfWeek"：5，
		　"hour"：9，
		　"month"：5，
		　"dayOfMonth"：7，
		　"year"：2021，
		　"second"：39，
		　"minute"：48
		}
		$ dateFromTs(1603266321838L，"Asia/Shanghai"）
		返回：{
		　"dayOfWeek"：5，
		　"hour"：9，
		　"month"：5，
		　"dayOfMonth"：7，
		　"year"：2021，
		　"second"：39，
		　"minute"：48
		}

（续）

函数表达式	说明	举例

$ dateFromTimestamp( )	将 UTC 时间戳转换为日期结构的 JSON。若时区未输入，默认根据系统时区进行转换	$ dateFromTimestamp(1620352119000L)
		返回：系统默认 0 时区时，{
		　"dayOfWeek"：5，
		　"hour"：9，
		　"month"：5，
		　"dayOfMonth"：7，
		　"year"：2021，
		　"second"：39，
		　"minute"：48
		}
		$ dateFromTimestamp(1603266321838L, "Asia/Shanghai")
		返回：{
		　"dayOfWeek"：5，
		　"hour"：9，
		　"month"：5，
		　"dayOfMonth"：7，
		　"year"：2021，
		　"second"：39，
		　"minute"：48
		}

$ hourFromTs( )	获取 UTC 时间戳的小时部分。若时区未输入，默认根据系统时区进行转换	$ hourFromTs（1620352119000L）
		返回：系统默认 0 时区时：1
		$ hourFromTs(1603266321838L, "Asia/Shanghai")
		返回：9

$ minuteFromTs( )	获取 UTC 时间戳的分钟部分。若时区未输入，默认根据系统时区进行转换	$ minuteFromTs(1620352119000L) 返回：48
$ secondFromTs( )	获取 UTC 时间戳的秒钟部分。若时区未输入，默认根据系统时区进行转换	$ secondFromTs(1620352119000L) 返回：39
$ utcToIso8601( )	将 UTC 时间戳转换为 ISO 8601 标准的时间字符串	$ utcToIso8601(1603266321838L) 返回："2020-10-21T07：45：21.838Z"
$ hasProperty( )	判断当前计算上下文中是否有目标属性	$ hasProperty（"node","targetProperty"） 返回：true 如果输入中的 node 节点包含 targetProperty 属性，等价于 node?. targetProperty ！＝null

$ getBit( )	按位取值	$ getBit(input，0，1)
		返回：从最低位起的第 0 位
		$ getBit(input)
		返回：input 原始值（默认 startPosition＝0, endPosition＝32）
		$ getBit(input，startPosition)
		返回：从最低位起的第 startPosition 位

（续）

函数表达式	说明	举例

$ checkFence()	根据上下文中的设备地理位置（经纬度坐标），判断设备是否符合围栏定义	$ checkFence(1)，当前设备第 1 个电子围栏定义：圆形围栏（圆心经纬度坐标 [16.412924，39.947918]，半径 100m，进栏告警）
		返回：true（给定设备的经纬度坐标为 [16.412007，39.947545]）
		$ checkFence(0)，当前设备第 0 个电子围栏定义：圆形围栏（圆心经纬度坐标 [16.412924，39.947918]，半径 50m，进栏告警）
		返回：false（给定设备的经纬度坐标为 [16.412007，39.947545]）

附录 C　工业机器人属性表

属性名称	属性 ID	数据类型	读写操作设置	属性值来源
报警	Alarm	Integer	读写	连接变量
工作模式	Mode	Integer	读写	连接变量
今日开机率	Open_rate	Number	读写	规则指定
执行信号	WorkIO	Integer	读写	连接变量
总产量	Output	Number	读写	规则指定
今日产量	Today_output	Number	读写	规则指定
设备类型	DeviceType	String	读写	手动写值
设备编码	DeviceNo	String	读写	手动写值
设备名称	DeviceName	String	读写	手动写值
设备 ID	Device_ID	String	读写	手动写值
区域	Area	String	读写	手动写值
今日利用率	Use_rate	Number	读写	规则指定
作业灯	Work_light	Integer	读写	连接变量
待机灯	Wait_light	Integer	读写	连接变量
报警灯	Alarm_light	Integer	读写	连接变量
停机灯	Close_light	Integer	读写	连接变量
今日报警时长	Alarm_hour	Number	读写	规则指定
今日作业时长	Running_hour	Number	读写	规则指定
今日待机时长	Waiting_hour	Number	读写	规则指定
急停按钮	Emg	Integer	读写	连接变量
设备状态	Device_status	Integer	读写	规则指定
今日开机时长	Open_hour	Number	读写	规则指定
今日作业率	Work_rate	Number	读写	规则指定
今日待机率	Wait_rate	Number	读写	规则指定

附录 D　设备模拟器

设备模拟器是根云平台提供的，能够模拟设备上报数据、设备接收"写入实时数据"指令的工具。当没有设备接入时，可以采用设备模拟器模拟设备进行上报数据。当启动仿真设备时，会激活对应的物实例，使对应的物实例变为在线状态。

设备模拟器有两种使用场景，一种是用户已经注册好实例，但无具体的物理设备，需要通过模拟器检验该模型是否符合生产要求；另一种是用户已经注册好实例，并且已有物理设备，需要使用模拟器仿真数据，在实例上查看工况，从而检验该模型和实例是否满足设备上数的要求。当前设备模拟器仅支持模拟直接连接的设备、通过网关连接的设备上数；仅支持属性值来源为"连接变量"的属性仿真上数；对于平台的预置属性，仅支持位置信息数据仿真。

1. 上传频率

配置数据上传频率。如图 D-1 所示，在仿真设备模板列表中，单击"查看"按钮，进入仿真设备模板的详情页面。配置数据"上传频率"。模拟器默认每 60s 上报一次数据，也可以根据实际需要修改上传频率。

图 D-1　配置数据上传频率

2. 自定义规则

模型导入后，需要为模型的至少一个连接变量设置数据仿真的规则，否则模拟器无法上报仿真数据。平台支持批量选择连接变量，按参数类型批量编辑规则，同时支持批量删除连接变量。

在仿真设备模板列表中，单击"查看"按钮，进入仿真设备模板的详情页面。在需要仿真数据的连接变量后，单击"编辑"按钮，支持批量选择连接变量，按参数类型批量编辑规则，同时支持批量删除连接变量。根据需要产生数据的类型和范围，配置数据仿真的规则详见表 D-1。

表 D-1　数据类型说明

参数	说明
数据类型	Number：数值类型，支持随机值、恒定值、渐变值 String：字符串类型，支持恒定值 Integer：整数型，支持随机值、恒定值、渐变值

（续）

参数	说明
数据类型	Boolean：布尔类型，支持随机值、恒定值 JSON：当前仅支持定义预置属性和当前位置的坐标设置
规则类型	随机值：用户设置一个取值范围，设备模拟器在这个范围内随机产生一个数值 恒定值：用户设置一个固定的数值，设备模拟器只产生这个数值 渐变值：用户设置一个取值范围和取值步长，设备模拟器从数值范围的最小值，以步长为间隔产生数据，直至数值范围的最大值 坐标：用户通过自定义或地图选点设置起点经纬度和终点经纬度，模拟器按照地图可行的随机路线，模拟从起点以 100km/h 的速度向终点移动，然后按照设置的频率产生位置信息

3. 历史数据复现

如果实际设备上报的数据没有规律，或者用户希望仿真设备依据已有的数据进行上报，可以选择将线下的历史数据导入指定的仿真设备模型中进行模拟。使用上传的历史数据进行仿真，可以不需要为仿真模型的连接变量配置规则类型。如果已经配置了连接变量的规则类型，设备模拟器依然以历史数据作为生成仿真数据的依据。在仿真设备模板列表中，单击"查看"按钮，进入仿真设备模板的详情页面。如图 D-2 所示，切换至"历史数据"选项卡，单击"上传"按钮，选择符合模板格式的数据表格进行上传。

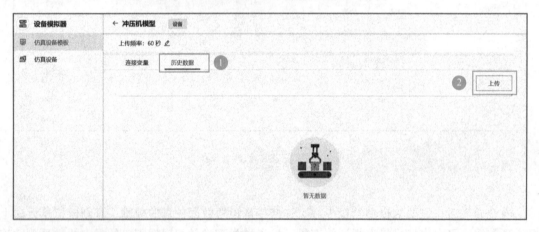

图 D-2　历史数据

上传成功后，可以在"历史数据"选项卡中查看具体的数据。后续上传的数据表格会基于已有数据进行增加，不会覆盖已有内容。若需要全部覆盖，建议先清除原数据，再重新上传。

4. 同步更新仿真模板

当用户在控制台中的"物>物模型"中修改了模型属性时，为保证仿真数据的正常上报，需要更新仿真设备模板。设备模拟器支持在维持原有规则、频率不变的状态下，一键更新仿真模板，以便用户在修改了物模型的属性信息后，能快速同步到仿真设备模板。

5. 仿真设备批量管理

仿真设备支持批量操作功能，支持批量启动、关闭、删除仿真设备，以便当仿真设备多的情况下，能快速操作，提高效率。

1）以管理员身份运行本书配套资源中的"GBox 开发系统"安装包，如图 E-1 所示。按照安装向导，逐步进行操作，直至安装完成。

2）安装完成之后，会在计算机桌面出现图 E-2 所示的"GBox 开发系统""GBox 网管系统"两个图标。

图 E-1　安装 GBox 开发系统

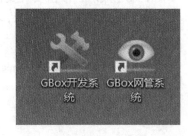

图 E-2　安装完成

附录 F　Navicat 软件的安装

Navicat MySQL 是一个强大的 MySQL 数据库服务器管理和开发工具。它可以与任何 3.21 或以上版本的 MySQL 一起工作，支持触发器、存储过程、函数、事件、视图、管理用户等，对于新手来说易学、易用。其精心设计的图形用户界面（GUI）可以让用户用一种安全简便的方式来快速方便地创建、组织、访问和共享信息。Navicat 支持中文版本，下载地址：http://www.navicat.com/，安装步骤如下。

1）进入 Nacicat 官网，找到对应的 Navicat Premium 版本进行下载。目前最新的版本是 Navicat Premium16。

2）下载完成后，双击安装文件进行安装，如图 F-1 所示，单击"下一步"按钮。

3）如图 F-2 所示，进入"许可证"页面，选择"我同意"，单击"下一步"按钮。

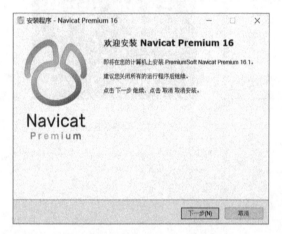

图 F-1　安装 Navicat　　　　　　　　　　　图 F-2　同意许可证条款

4）如图 F-3 所示，可以安装到默认路径；也可单击"浏览"按钮，选择安装文件夹的路径，单击"下一步"按钮。

5）如图 F-4 所示，勾选"Create a desktop icon"（创建桌面快捷方式），单击"下一步"按钮。

6）如图 F-5 所示，单击"完成"按钮，完成该软件的安装。

7）如图 F-6 所示，打开安装好的软件，单击"连接"按钮，选择"MySQL"，进行新建连接。

8）如图 F-7 所示，填写 MySQL 数据库相关信息。

9）双击右侧新建的连接，连接到对应数据库。

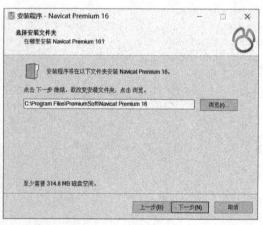

图 F-3　选择安装路径

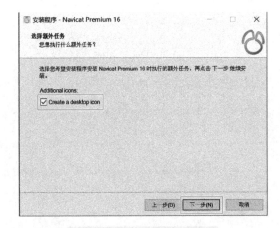

图 F-4　创建桌面快捷方式

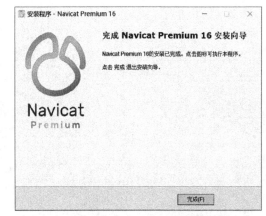

图 F-5　完成软件的安装

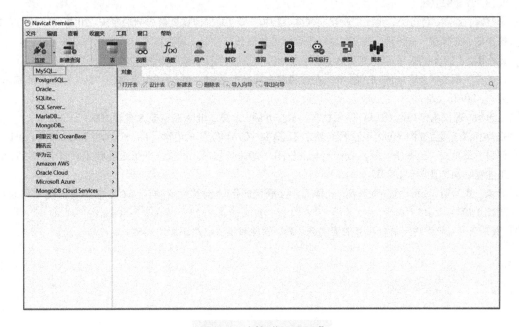

图 F-6　连接"MySQL"

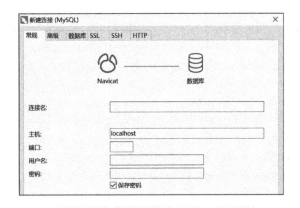

图 F-7　填写 MySQL 数据库相关信息

参考文献

［1］赵敏. 工业互联网平台的六个支撑要素——解读《工业互联网平台白皮书》［J］. 中国机械工程, 2018, 29（8）：8.

［2］余晓晖, 刘默, 蒋昕昊, 等. 工业互联网体系架构 2.0［J］. 计算机集成制造系统, 2019, 25（12）：14.

［3］杨梦培, 刘潇建, 张旸旸. 工业互联网平台标准体系研究［J］. 信息技术与标准化, 2019（4）：4.

［4］夏小禾.《"十四五"机器人产业发展规划》出炉［J］. 今日制造与升级, 2022（1）：2.

［5］芭芭拉·明托. 金字塔原理：思考、表达和解决问题的逻辑［M］. 汪洱, 高愉, 译. 海口：南海出版公司, 2013.

［6］王永华. 现代电气控制及 PLC 应用技术［M］. 6 版. 北京：北京航空航天大学出版社, 2020.

［7］张莹婷.《工业互联网 App 培育工程实施方案（2018—2020 年）》的解读［J］. 工业炉, 2019, 41（4）：1.

［8］何强, 田洪川, 王振华, 等. 工业 App 白皮书（2020）［R］. 北京：中国工业技术软件化产业联盟, 工业互联网产业联盟, 2021.

［9］樊森, 景浩盟, 录天凤, 李海花. 我国工业互联网园区建设及发展建议［J］. 信息通信技术与政策, 2022（10）：15-18.

［10］贺东东. 工业互联网平台赋能中国制造［J］. 软件和集成电路, 2018（6）：3.